村改居社区治理法治化研究

——以 X 市村改居社区为分析样本

孟存鸽　著

中国财经出版传媒集团
中国财政经济出版社

图书在版编目（CIP）数据

村改居社区治理法治化研究：以X市村改居社区为分析样本／孟存鸽著. --北京：中国财政经济出版社，2023.3

ISBN 978-7-5223-1932-2

Ⅰ.①村… Ⅱ.①孟… Ⅲ.①社区-社会主义法制-研究-中国 Ⅳ.①D920.0

中国国家版本馆CIP数据核字（2023）第014934号

责任编辑：李筱文　　责任校对：徐艳丽

封面设计：卜建辰　　责任印制：党　辉

中国财政经济出版社 出版

URL：http：//www.cfeph.cn

E-mail：cfeph@cfeph.cn

社址：北京市海淀区阜成路甲28号　邮政编码：100142

营销中心电话：010-88191522

天猫网店：中国财政经济出版社旗舰店

网址：https：//zgczjjcbs.tmall.com

北京财经印刷厂印刷　各地新华书店经销

成品尺寸：170mm×240mm　16开　16.5印张　240 000字

2023年3月第1版　2023年3月北京第1次印刷

定价：68.00元

ISBN 978-7-5223-1932-2

（图书出现印装问题，本社负责调换，电话：010-88190548）

本社质量投诉电话：010-88190744

打击盗版举报热线：010-88191661　QQ：2242791300

前　　言

城乡社区是我国城乡社会最基层单位，城乡社区治理则是国家治理和社会治理的最基层、最小单元，是治理最基础、最重要的地方，也是治理最薄弱、最困难的地方。正如习近平总书记在福建调研时指出：“社区在全面推进依法治国中具有不可或缺的地位和作用。”可见，社区治理能否实现法治化是国家治理走向现代化和全面推进依法治国的基础和关键。村改居社区是我国工业化和城镇化高速发展下传统农业社会向现代工业社会转型期间产生的一类特殊社区，其“非城非乡”“亦城亦乡”，具有明显的“混合性”和“过渡性”特征。此类社区治理较之于单纯的农村社区和城市社区治理更为复杂，更加困难，治理法治化的整体水平也比较低。因此，积极探索提升村改居社区治理法治化的路径具有重要的理论和现实意义。

治理法治化与社会化、专业化、智能化是国家和社会治理现代化的基本目标和要求，法治化同时也是实现国家治理现代化的重要保障。社区治理法治化既是在一定价值引领、文化涵养、制度规范下的客观治理过程，也是一种显性的治理结果，是可以被感知和测度的。据此，我们选择了 X 市部分村改居社区及其治理的典型样本进行调查研究，通过系统考察村改居社区形成的背景、生成机理、基本特征和治理实践，包括治理主体、治理体制、治理内容、治理规范、治理绩效等发现：村改居社区治理法治化整体水平处于低位状态，甚至陷入治理法治化困境。其突出表现为：社区治理体制混乱，治理主体权责不清；基层政府过度行政，侵蚀社区自治权；集体财产边界模糊、社区股份经济合作社与社区自治组织人事交叉；社区干部法治思维欠缺、运用法治方式处理问题能力不足；社区居民权力、义务观念淡薄，参与治理动力不足；社区矛盾纠纷调解处理不力；社区自治法律适用错误，社区治理面临法律依据少、自治规范效力乏力、道德失范等问题。这些问题的产生受到多重因素的制约和影响，包括观念层面、制度层面和实践层面，亟需在理论上进行梳理，在实践中拨乱反正和完善。

基于村改居社区自身特征、社区治理法治化的要求以及村改居社区治理法治化制约因素的分析，应积极探索提升村改居社区治理法治化水平的路径和机制。村改居社区治理法治化研究应蕴含着中国文化和现实，体现本土化和地域性特点；村改居社区治理法治化研究应从理念到制度、内部到外部、制度完善到制度运行实行系统的法治化。一是积极推动社会治理法治化理念的培育与确立。二是多元主体参与社区治理能力的提升。提高社区居民参与社区治理的意愿，通过培训和学习提升社区自治组织参与社区治理的能力。三是限制基层政府公权力，强化基层政府依法办事自觉性，向社区积极放权赋能，实现社区自治和政府管理良性互动。四是加强集体经济的规范化建设，科学合理的界定社区股份经济合作社与社区其他组织体的关系，包括人事关系和财产关系。五是多元治理规范的协调与完善，构建以自治为基础的法治、德治、自治相互融合的治理规范体系。

法治是实现国家治理现代化的重要保障。社区治理法治化要求多元治理主体须在宪法和法律的框架内，运用法治思维和法治方式，通过民主协商来决定和处理社区公共事务。村改居社区治理法治化是在一定价值引领、文化涵养、制度规范下的客观治理过程，是由理论到实践逐步应用、推广的漫长过程，需要社区中的诸多治理主体长期努力，才能实现体制上的顺畅和治理法治化水平的提升，实现有序治理，使其最终融入城市社区。

2022 年 12 月

目　录

绪　论

一、研究背景与意义

（一）研究背景

党的十八届四中全会明确指出，要“推进多层次多领域依法治理”，“全面推进依法治国，基础在基层，工作重点在基层”。2014 年 11 月，习近平总书记在福建调研时指出：“社区在全面推进依法治国中具有不可或缺的地位和作用。”党的十九届四中全会提出：“国家治理体系和治理能力现代化，要求完善以法律法规制度为基础的社会治理体系的整体构建。”国家“十四五规划”进一步提出：“健全党组织领导的自治、法治、德治相结合的城乡基层治理体系……推动社会治理重心向基层下移，向基层放权赋能。”2022 年 7 月，习近平总书记在新疆考察时指出：“社区很重要，上面千条线，底下一根针，很多工作都要靠社区去完成。”可见，法治与治理息息相关，法治是国家治理的基本方式，法治化是国家治理现代化的必由之路。社区治理是国家治理体系的一部分并处于链条的末梢，是治理的重点和难点，社区治理能否实现法治化是国家治理走向现代化和全面推进依法治国的基础和关键。

20 世纪 90 年代，随着改革开放的深入发展，城市经济发展对空间的需求急剧增加，农村优质劳动力持续向城市转移，城市的边界不断向乡村扩张。原本属于农村集体所有的、除宅基地外的所有土地被地方政府通过强制性征收方式划入城市的范畴，学者将这些被城市包裹的村庄形象地将之称为“都市里的村庄”，即城中村，然而这并不是终点。源于中国的城乡土地二元制度以及国家保护耕地与缩小征地范围政策的出台，地方政府为了释放出更多的投资空间发展地方经济、通过市容市貌整治提升城市形象、改善老百姓居住环境均进行了规模浩大的城中村征地拆迁运动且持续高涨。在城镇化过程中，由于征地撤村、村落合并、村庄并入城市等原因，在我国的行政版图上，几乎每天都有约 70 个村落被人为地抹去，仅在 2001 年，就减少了 25458 个自然村落。①

① 李培林：“透视‘城中村’——我研究‘村落终结’的方法”，载《思想战线》2004 年第 1 期，第 21 页。

不计其数的城中村已经、正在、将要从中国的行政版图上被强制性地去除，取而代之的是整齐划一的高楼大厦，农民“被上楼”集中安置。

X市作为国家中心城市，自21世纪初城中村改造大拆迁以来，数以千计的城中村已由原来传统的农村行政村被改造成城市社区。2018年年初，X市人民政府提出：“2020年解决三环内城中村改造。”2018年10月成立X市绕城高速公路以内城中村和村庄三年清零行动作战指挥室。据统计，X市三环以内共有292个城中村，其中187个城中村处于城市高楼的包围中，按照要求2019年年底前184个村子将陆续启动拆迁改造。整村拆迁之后的城中村以一个或多个村庄为单位，就地或异地整体上楼安置，进而形成“封闭式”的城中村回迁安置小区，即村改居社区。村改居社区及原住居民在法律政策上被界定为实现了“四个转化”，即农民转变成居民、村委会转变成居委会、集体土地所有权转变为国有土地所有权、农村集体经济转变为股份制经济组织形式。① 被拆迁人身份的转变只需一纸文书，然而，实际中的转变远非那么简单明了，城中村改造后的村改居社区正以极其复杂多面的样态艰难地行进在向城市社区的转型道路上。

城乡社区是我国城乡社会最基层的单元，城乡社区治理也是国家治理和社会治理的最基层、最小单元，是治理最基础、最重要的地方，也是治理最薄弱、最困难的地方。村改居社区是我国工业化和城镇化高速发展下传统农业社会向现代工业社会转型期间产生的一类特殊社区，其“非城非乡”又“亦城亦乡”，具有明显“混合性”和“过渡性”特征。此类社区治理较之于单纯乡村社区和传统城市社区的治理更为复杂，也更加困难，治理法治化的整体水平处于低位状态，甚至陷入治理法治化困境。其突出表现为：社区治理体制混乱，治理主体权责不清，社区干部法治思维欠缺，社区居民参与治理动力、能力不足；基层政府过度行政，侵蚀社区自治权，社区矛盾纠纷调解处理不利等；集体经济组织与社区组织人事交叉、财产关系边界模糊，股份经济合作社治理机构设置不合理等；村改居社区多元治理规范间存在冲突，村改居社区治理法律适用错误，居民参与

① 本书仅研究由城中村改造拆迁而来且已经实现了“四个转变”的村改居社区。

社区治理的法律规定不足，社区自治规范制定程序、内容违法与效力乏力等。以上问题都影响着村改居社区治理法治化水平的提升。这些问题的产生受到多重因素的制约和影响，包括观念层面、制度层面和实践层面，亟需在理论上进行梳理，在实践中拨乱反正和完善，推进村改居社区的有序治理。

（二）研究意义

治理是为了实现善治，而善治的基本要素都要有赖于以法律法规为基础的制度保障。村改居社区是处于基层政府（街道办事处）和社区居民之间的一个群众自治组织体，是构筑在社会公众基础上的民主自治组织形式，更是连接政府和居民的桥梁与纽带，其地位的重要性不言而喻。X市村改居社区数量庞大，涵盖人口众多且社区内部人口结构复杂，对其能否有效治理，关系此类社区和谐稳定。社会治理的法治化是一个多层级多领域的法治化建设，以村改居社区治理法治化为视角，选题新颖意义重大。在推进国家治理体系和治理能力现代化的大背景下，以村改居社区治理的法治化视角切入，以解决社会转型期出现的实际问题、服务地方经济社会发展为主旨，对X市村改居社区治理中存在的相关法律问题进行全面考察，在系统梳理、剖析、反思的基础上，通过理论研究和实证研究，试图构建一种多元主体协同参与，在依法治理、依德治理与依规依约治理相融合的治理依据下，运用法治思维和法治方式将治理事务纳入系统治理框架，实现村改居社区治理城镇化、现代化，最终融入城市社区，促进经济社会和谐平稳发展。

1. 研究意义。

第一，丰富社会治理法治化研究内容，完善社会治理研究体系。村改居社区治理法治化研究是法治社会建设研究的重要组成部分，建设法治社会是依法治国的必然要求，是建设社会主义法治国家的重要组成部分。村改居社区既是社会治理的末梢单元，也是一种过渡性社区，蕴含着诸多新的利益关系，对其进行专门系统研究可以从空间上与传统乡村社会治理法治化和城市社区治理法治化研究构成完整的基层社会治理法治化版图。有助于对法治社会建设领域的深入理解和把握，推进多层次多领域的依法治理研究，使法治社会治理研究形成一个完整的链条。

第二，有利于政府指导村改居社区治理，推动多元主体参与社区治理的格局形成。治理理念要求政府从管理型向服务型转变，在调研基础上对X市村改居社区治理模式进行深入分析研究，明确基层政府与村改居社区在治理中的关系；基层政府向村改居社区放权赋能激活社区自治力量，实现社区内部治理主体与外部治理主体之间的良性互动。

第三，是村改居社区集体经济发展的需要，也是实现成员集体财产权益的需要。有利于村改居社区内部规范治理，建立产权清晰、结构合理、监督完善的特殊法人的集体经济组织，现集体经济组织和社区的彻底剥离，为促进村改居社区集体经济规范发展和保障成员财产权益提供制度建议。

第四，是村改居社区内部社会关系有序发展的可靠保障。村改居社区人口结构复杂、内部治理机构人员任职交叉严重、职责混同等问题使得村改居社区面临着诸多新型的社会关系，为使其有序和谐治理，只有通过稳定的并被社区内多数居民所接受的规则来调整和实现。

第五，为以后的城中村改造提供经验借鉴。村改居社区在城中村改造中遗留的问题和回迁后特有的矛盾纠纷长期得不到解决，极易引起原住居民对政府、社区干部的不信任和对开发商的愤恨，进而采取激进方式维权。梳理这些特有矛盾纠纷并进行破解研究，为政府顺利解决这些矛盾纠纷提供参考，有利于村改居社区的和谐稳定，也为正在进行的或将要进行的城中村改造提供经验借鉴，避免同类矛盾纠纷再现。

2. 应用价值。

第一，为决策部门制定法规政策提供参考。村改居社区是地方政府主导下农民被动城镇化的“活体”，国家的法律与政策对其依法治理和长远发展至关重要，研究结果可为相关部门制度的出台提供参考。

第二，为治理主体依法依规积极主动参与社区治理提供建议。使村改居社区中的各类治理主体知悉从事社区事务治理的权力边界和义务，为多元主体积极主动依法参与社区治理提供建议。

第三，为村改居社区特有的矛盾纠纷解决提供新思路。将研究结果提交给基层政府、信访中心、街道办事处、村改居社区、司法部门、法律服务等部门，为其处理村改居社区的特有矛盾纠纷提供参考意见。

二、国内外研究综述

村改居社区产生的根本原因在于中国的城乡土地二元所有制及土地征收制度，属于典型的中国特色产物。作为一种过渡性社区，随着工业化、城镇化的不断推进和社会治理法治化及社会治理向基层下沉的政策引导，学术界关于村改居社区治理的法治化研究也逐渐增多。

（一）国外研究综述

国外没有对村改居社区治理法治化的专门研究成果。村改居社区是我国特有的城乡二元制度的“活体”，对于均实行城乡一体化的发达国家并无村改居社区治理法治化的研究文献可供学习和借鉴。但是，国外的“多中心治理理论”对研究我国城镇化下的村改居社区中多元主体参与社区治理具有重要的启发和参考价值。

（二）国内研究综述

1. 关于村改居社区的界定。学者对村改居社区的定义有一些不同意见。李培林认为是处于城市和村落之间的“混合社区”。[①] 曹国栋认为：“转制社区是地方政府因推行城中村改制、全面实现城镇化过程中出现的一种类型独特的社区。它区别于城市社区和农村社区，同时又兼具这两者的特征，是过渡阶段的产物。”[②] 也有学者用“转型社区”来称此类社区，指的是一类特殊的城市新型社区，经过“转制”了的“都市里的村庄”。[③] 陈晓莉认为：“村改居社区是指在城镇化过程中，因城中村拆迁改造，农村整村拆迁安置并撤村建居的新型社区。此类社区具有明显的过渡性、异

---

① 李培林：“巨变：村落的终结——都市里的村庄研究”，载《中国社会科学》2002年第1期，第171页。

② 曹国栋：《转制社区干部培训实用读本》，广州出版社2006年版，第2页。

③ 李志刚、于涛方、魏立华、张敏：“快速城市化下‘转型社区’的社区转型研究”，载《城市发展研究》2005年第5期，第84页。

质性和不稳定性特征。"① 通过上述定义发现，关于村改居社区的界定有几点是形成共识的：村改居社区的建立与城中村问题的解决不可分离；学者都认识到了此类社区的过渡性，认为转制社区是兼具城市社区和农村社区的特点，但又与城乡社区有所不同的特殊社区。

2. 关于治理与法治理论的研究综述。治理一词的含义是指在一个既定的范围，运用权威去维持秩序，满足公众的需求。目的是在不同的制度关系中运用权力去引导、控制以及规范民众的各种活动，以最大限度地增进公共利益。② 俞可平认为："国家治理现代化的测度应有五个标准，即公权力运行的规范化和制度化、公共治理和安排的民主化、宪法和法律成为治理的最高权威的法治、追求社会稳定和秩序下的效率要求、不同主体及制度规范之间的协调统一。" 其中民主和法治成为国家治理的本质特征。③ 我国的社会治理理论符合"治理"的一般要求，呈现出由政府和多个社会组织体组成的社会网络运用各种方式提供社会性公共服务的制度安排，治理主体之间体现为互相依赖，更为广泛地以互相信任为基础的谈判、协商和以相互监督为基础的合作。此外，中国的社会治理理论也必然具有本土化特色，即表现为坚持党委领导、政府主导、公民参与、社会协同的协作模式。④

何谓法治？自古以来学者、政客有着众多的理解，但都并未对法治的内涵和外延予以确定。目前，学术界较为一致地认同亚里士多德关于法治的论断，即法治必须具备两个要素：一是已成立的法律获得普遍的服从；二是民众所服从的法律本身应是严格制定的。严存生认为："法治之法必须是良法。法治社会必须有法，法治最本质的特点是宪法和法律具有至上

---

① 陈晓莉："新型城市化发展中村改居社区治理变革"，载《求实》2013 年第 10 期，第 60 页。

② 俞可平：《治理与善治》，社会科学文献出版社 2000 年版，第 5 页。

③ 俞可平："民主法治：国家治理的现代化之路"，载《民主与法制时报》2013 年 12 月 23 日，第 14 版。

④ 窦玉沛："从社会管理到社会治理：理论和实践的重大创新"，载《行政管理与改革》2014 年第 4 期，第 24 页。

的权威地位。获得这一地位的前提是法律必须是良法。”① 张文显认为完整意义的法治包含三个方面，即法律制度、法治体制和法律文化。② 关于法治的基本内容，可以从良法和善治进行主要概括。法律是治国之重器，良法是善治的前提，在法治体系的建设中，首先还是要强调以良法为基础和前提。只有良法才能获得善治，只有良法才能保证善治。③ “良”与“恶”以及“好”与“坏”是一种价值判断而非事实判断，所以它回答的不是法律的正确与否的问题，而是美与丑、好与坏的问题。良法主要回答的是某一生效的法律是否具有道德性、正义性的问题。④ 恶法仅是形式上合法的法律，并不具有实质上的合法性。苏力认为法律是人们群体生活的产物，也是在群体生活中得以传承的。要在我国建立一个运行有效力并有效率的社会主义法治，依据、借助、利用好中国本土的传统和习惯非常关键，要从老百姓生活实践中的非正式法律规范去寻找本土资源，注重我国的传统。⑤

法治与治理息息相关。法治是国家治理的基本方式，是国家治理现代化的重要标志，国家治理法治化是国家治理现代化的必由之路。⑥ 治理是为了实现善治，而善治的基本要素都要有赖于法律和制度的保障。⑦

3. 关于村改居社区治理法治化中主要问题的研究综述。社会学和管理学对村改居社区治理的研究成果较为丰富，在数量和质量上明显优于法学学科。

村改居社区的封闭性，客观上有利于原住居民凝聚力和社区认同的形成，但无形中又将原住居民以外的其他社区居民群体排除在参与社区治理

---

① 严存生：“法治社会的‘法’与‘治’”，载《比较法研究》2005年第6期，第1页。
② 张文显：《法治中国的理论建构》，法律出版社2016年版，第229页。
③ 王利明：《良法与善治》，北京大学出版社2015年版，第9—10页。
④ 严存生：“法治社会的‘法’与‘治’”，载《比较法研究》2005年第6期，第2页。
⑤ 苏力：《法治及其本土资源》，北京大学出版社2015年版，第15页。
⑥ 张文显：“法治与国家治理现代化”，载《中国法学》2014年第4期，第5页。
⑦ 吴家庆、王毅：“中国与西方治理理论之比较”，载《湖南师范大学社会科学学报》2007年第2期，第62页。

之外。这些人在经济、福利、权力等方面与原住居民分属不同的身份和管理系统，新的“二元性”特征显著。[①] 刘红等学者认为村改居社区的治理困境表现在：基层政府单一治理明显，组织体系交叉严重，社区居民参与社区治理的意愿较低。[②] 杨继承结合工作实践发现村改居社区是各种利益的交汇点、矛盾的聚焦地，工作体制和管理体制是此类社区治理的深层次问题。[③] 陈晓莉认为村改居社区干部基本上都来自原行政村干部，这些人存在年龄大、文化素质低、观念陈旧、工作方式方法简单等问题，并提出村改居社区治理困境的主要根源在于基层政府对此类社区社会管理缺位和制度支持乏力。[④]

村改居社区已完成撤村建居的批复，属于城市社区的范畴，但集体经济的客观存在是此类社区与传统城市社区的重大差异，也是此类社区的一大特点；集体经济组织与社区组织的人事混同、财产边界不清更是导致此类社区治理体制不顺畅的关键因素。农村集体经济改制后的股份制经济组织有形无实，未发挥应有功能。[⑤] 改制后的集体经济组织的运行机制、治理结构与现代企业法人制度相去甚远。[⑥] 村改居社区集体资产治理结构不完善、监督机制不健全。[⑦] 有学者认为，村改居社区因不同于行政村的结构变化冲击集体经济基础，存在集体经济组织成员界定困难、集体经济因承载空间和地方政策支持受限、集体经济组织与自治组织关系的不顺畅等

---

① 马广川、林聚任：“分割与整合：‘村改居’的制度困境及未来”，载《山东社会科学》2015年第9期，第82页。

② 刘红、张洪雨、王娟：“多中心治理理论视角下的村改居社区治理研究”，载《理论与改革》2018年第5期，第156—158页。

③ 杨继承：“村改居社区建设需要理顺三大关系”，载《太原日报》2011年11月18日，第10版。

④ 陈晓莉：“新型城市化发展中村改居社区治理变革”，载《求实》2013年第10期，第60页。

⑤ 马广川、林聚任：“分割与整合：‘村改居’的制度困境及未来”，载《山东社会科学》2015年第9期，第81页。

⑥ 杜国明：“‘村改居’后农村集体经济组织面临的新问题探讨——基于广东省的调研分析”，载《农村经济》2011年第8期，第11页。

⑦ 刘海鹰：“村改居社区治理的现实困境与路径选择”，载《山东理工大学学报》2019年第5期，第46页。

问题。[①] 张雪峰认为，村改居社区集体经济组织存在所有权模糊、经营模式单一、转型遭遇法律困境等问题。极少数省份在立法层面或司法层面曾就集体经济组织成员身份认定标准做出过探索，但并未形成基本共识。[②] 孙迎春认为，集体经济组织存在成员资格的取得标准不一、政社合一问题严重、集体经济组织权力机构虚置等法律问题。[③]

针对农村和城市社区运行，国家立法有着不同的制度设计。村改居社区作为转型社区中的一类特殊社区不可避免地陷入法律适用的困境。村改居社区虽为城市社区，但缘于观念、经济利益等因素考量却依旧适用农村群众自治组织运行的制度设计，进而引发一系列自治难题。[④] 社区治理面临法律依据少、自治规范不足等治理依据问题。[⑤] 夏芸芸认为，社区治理的专项立法缺位，自治规约效力乏力，社区居民法治意识薄弱。[⑥] 刘云认为，地方治理法治化是法治中国建设整体推进的重要层级，但存在地方治理法治化水平不均衡、地方立法质量不高、地方性法规与法律相冲突等问题。[⑦] 郑迎修认为，社区立法滞后、内容不科学、重实体轻程序，且未能得到有效实施。[⑧] 从法律实施角度看，在社会转型期，时间、事实和社会三个维度上法律体现出了空前的复杂性。[⑨]

---

① 张克俊、付宗平：“‘村改居’社区集体经济面临的困境及出路”，载《农村经济》2015 年第 9 期，第 10—11 页。

② 张雪峰：“城镇化背景下‘村改居’社区集体经济组织面临的问题及创新模式”，载《青海社会科学》2019 年第 2 期，第 94—95 页。

③ 孙迎春：《农村股份经济合作社——治理结构法律制度研究》，中国政法大学出版社 2020 年版，第 3 页。

④ 韩清怀：“城市扩张过程中基层转型社区治理困境与路径选择”，载《上海法学研究》2019 年第 12 期，第 128 页。

⑤ 郭祎：“城市社区治理的法治化路径探究”，载《宁夏党校学报》2015 年第 6 期，第 69 页。

⑥ 夏芸芸：“城市社区治理法治体系建构研究”，载《学习与实践》2018 年第 12 期，第 76—77 页。

⑦ 刘云：“地方治理法治化困境与路径”，载《人民论坛》2015 年第 35 期，第 116 页。

⑧ 郑迎修：“我国城市社区治理法治化探析”，载《郑州大学学报（哲学社会科学版）》2014 年第 2 期，第 66 页。

⑨ 许奎：“社会治理法治化的民间规则之维”，载《学术前沿》2019 年第 1 期，第 82 页。

4. 关于村改居社区治理法治化的完善建议的研究综述。中国之治就是公众权益保障和发展之治。① 村改居社区治理应选择民主法治化道路。② 社区治理法治化既是社区社会公共性法律的重要支柱，又是社区多元民主治理结构形式的重要机制。③ 吴晓燕建议通过文化建设培育村改居社区外来居民对社区的认同感，提高社区全体居民参与意愿。④ 刘红认为，应从引导村改居社区原住民和流动人口积极参与社区治理，并且基层政府在村改居社区公共事务治理以及公共产品提供上起主导作用。⑤ 加强基层法治机构和队伍建设，加快完善基层法律规范，增强社区干部法治思维和能力，提升社区治理法治化的路径。⑥ 运用法治思维和法治方式践行地方治理，规范地方行政执法来推进治理法治化建设。⑦ 刘红认为，应确立统一的城改标准和程序，彻底解决转制后集体资产、管理体制不顺畅的问题；消除原住居民与外来居民间制度的不平等，实现社区居民平等待遇。⑧ 张雪峰建议在村改居社区治理中推行"政经分离"模式，为集体经济组织的专业化、市场化提供可能；通过第三方财务监管平台实现对集体资产的财务监管。⑨ 孙迎春认为，在集体经济组织成员资格认定上应为不同群体设

---

① 黄建宏、高云天："构筑'中国之治'的社会之基：新时代社会治理共同体建设"，载《新疆师范大学学报（哲学社会科学版）》2020年第3期，第9页。

② 韩清怀："城市扩张过程中基层转型社区治理困境与路径选择"，载《上海法学研究》2019年第12期，第130页。

③ 张文龙："城市社区治理模式选择：谁的治理，何种法治化?"，载《河北法学》2018年第9期，第21页。

④ 吴晓燕："从文化建设到社区认同：村改居社区的治理"，载《华中师范大学学报（人文社会科学版）》2011年第5期，第14页。

⑤ 刘红、张洪雨、王娟："多中心治理理论视角下的村改居社区治理研究"，载《理论与改革》2018年第5期，第159—160页。

⑥ 郭祎："城市社区治理的法治化路径探究"，载《宁夏党校学报》2015年第6期，第70—71页。

⑦ 刘云："地方治理法治化困境与路径"，载《人民论坛》2015年第35期，第116页。

⑧ 马广川、林聚任："分割与整合：'村改居'的制度困境及未来"，载《山东社会科学》2015年第9期，第82页。

⑨ 张雪峰："城镇化背景下'村改居'社区集体经济组织面临的问题及创新模式"，载《青海社会科学》2019年第2期，第96—97页。

计不同规则，以事实要素作为成员身份的确定标准，赋予集体经济组织成员大会科学、民主、自主决定的权力。集体经济组织的权力机构应采取成员大会模式，体现制度中的民主、平等价值观念。① 民间规范的内在规定性决定了其在社会治理法治化中的不可或缺性，民间规则功能的多样性决定了其参与社会治理法治化进程的全方位性。② 在社区治理中，除法律规范外，由社区自治组织创制的社区自治章程之类的民间法也发挥着重要作用。以法治精神和法治理念统领社区治理法律规范和自治规范体系的完善，依法厘清社区治理主体职责权限，促进社区治理力量走向整合。③ 自治、法治、德治并不需要外部力量强制去整合，只要表现出各自的精神本质，就能找到结合的方式，顺其自然地结合在一起。④ 自治、法治、德治相结合可以提高善治的质量与水平，也可以提高治理的可选择性和灵活性。⑤ 社会治理是多元主体参与的过程，应当包括政党、政府、社会组织、企业、公民；应坚持法律规范、道德约束、心理疏导、舆论引导等手段的综合运用。⑥

21 世纪初诸多学者将研究的重点放在城中村管理及城中村改造上，遗憾的是学者并没有对改造之后的村改居社区做进一步的跟踪调研。现有的研究成果为村改居社区治理法治化研究提供了可资借鉴的观点和方法，为后续的研究奠定了基础，但仍存有不足：第一，后续跟踪研究整体欠缺。目前，学术界更多地将目光、精力聚集在“三块地”改革、传统的农村社

---

① 孙迎春：“农村股份经济合作社——治理结构法律制度研究”，中国政法大学出版社 2020 年版，第 66 页、第 111 页。

② 许奎：“社会治理法治化的民间规则之维”，载《学术前沿》2019 年第 1 期，第 82 页。

③ 夏芸芸：“城市社区治理法治体系建构研究”，载《学习与实践》2018 年第 12 期，第 78—80 页。

④ 殷格：“在实践中找准自治、德治、法治结合方式”，载《中国社会科学报》2020 年 10 月 14 日，第 10 版。

⑤ 邓大才：“走向善治之路：自治、法治与德治的选择与组合——以乡村治理体系为研究对象”，载《社会科学研究》2018 年第 4 期，第 38 页。

⑥ 窦玉沛：“从社会管理到社会治理：理论和实践的重大创新”，载《行政管理与改革》2014 年第 4 期，第 25 页。

区和城市社区治理法治化研究上。而曾为中国城镇化发展做出巨大贡献的、从传统村落转变而来的村改居社区治理法治化的研究似乎被遗忘，后续跟踪跟进研究整体乏力，获得重大成果却鲜有报道。第二，视角狭窄，系统研究不够。法学研究视角主要聚焦在集体经济改制后的股份合作制公司或合作社，而欠缺多元主体参与社区治理的操作性研究、社会治理视野下法治思维与法治手段在社区治理中的实证应用研究、村改居过程中遗留的矛盾纠纷及改造后特有矛盾纠纷的归纳分析和破解研究，系统性体系化研究仍然不够。第三，研究内容缺乏，深度不足。对于集体资产的类型、确定及所有权的转移、成员资格取得及衍生问题、集体经济组织的组织机构设置模式及理事会、监事会成员任职资格等问题的实证研究不够深入；在治理依据中强调法律规则的适用，忽视了村改居社区前身这种熟人社会的道德、习惯及自治规范的治理功能，使得研究的广度深度不足。第四，研究方法单一，交叉学科研究不足。田野调查研究缺乏，实证分析不足，使得现有成果说服力不强。现有研究主要集中于社会学、政治学等学科，法学研究与其他学科的综合交叉研究仍然欠缺。

三、研究思路与方法

（一）研究思路

首先，明确指导思想和研究方案。遵循多元主体参与治理、经社分离、多元规范治理的指导思想，系统检索和梳理村改居社区、转型社区治理法治化研究的相关资料，围绕明确问题、分析问题、解决问题的研究思路制定研究方案，为写作奠定坚实的学术基础。其次，构建研究内容整体逻辑框架。根据研究目的选择研究内容，分析各项研究内容之间的内在逻辑关系，建立有机统一的理论框架。再次，深入开展村改居社区治理法治化的社会调研活动。根据研究的内容和范围展开调查研究，为理论研究提供充实的实证资料，增强论证深度和说服力。最后，提出村改居社区治理法治化提升的对策建议。在实证研究的基础上，结合村改居社区治理的理论依据、法律规定和相关政策，提出符合现实需要的提升村改居社区治理法治化的对策建议。

以问题和目标为导向，遵循“铺垫问题、理论阐述、实证考察、发现问题、分析问题、解决问题、得出结论”的逻辑思路，进行系统研究。一是梳理村改居社区产生的制度背景，为问题的提出做好铺垫；二是根据社会治理法治化理论，明确村改居社区治理法治化研究应遵循的基本原则；三是在X市区域内科学选择样本，对样本进行深入调研，得出村改居社区治理法治化水平低的现状，并对制约因素进行归纳，发现“病症”，明确研究问题；四是逐一对村改居社区治理法治化中的主要问题进行学理和实证分析，找准“病因”；五是从制度层面和实际操作层面对制约村改居社区治理法治化的问题提出破解的对策建议，做到“对症施药”。

（二）研究方法

第一，文献分析法。现有的研究成果及相关资料是研究的基础。围绕主题，充分利用校图书馆、网络资源搜集社会治理法治化、基层治理法治化、城市与农村社区治理法治化及村改居社区治理法治化研究的报纸、期刊、专著等文献资料，查找并阅读相关的法律法规，掌握此类社区治理法治化研究的现状和最新动态，为论文写作奠定理论基础。关注国家相关的时事政策，保证研究方向、目的、目标与国家方针政策相契合。

第二，调查研究法。注重社会调查，发现真问题。在转型期，西北地区是后发地区，X市是西北地区的重要核心城市，本研究立足X市，调研X市，思考X市，研究X市，服务X市。2013年以来，课题组曾对西部某省境内约60个社区（村）、街道办事处、城改办、农工局等单位进行相关调查研究，召开座谈会42场。座谈、访谈对象300人以上，涵盖社区（村）主任、党支部书记、社区服务中心工作人员、社区原住居民、社区外来居民、农民、街办主任、基层政府公务人员、政府法律顾问、律师等，调研对象全面，覆盖范围广泛。通过社会调查，获取了大量真实可靠的第一手资料，使得理论研究有着大量的数据资料支撑，真正做到学术研究服务于地方经济社会发展的需要。

第三，比较分析法。村改居社区是社会转型期出现的一类独特的社区，是过渡阶段的产物，但最终将融入城市社区。将村改居社区与城市社区进行比较分析，发现并归纳村改居社区自身的特点及在治理主体、治理内容、治理依据等方面与城市社区的不同，从而确定研究内容和主要问题；将村改居社区的集体经济组织与传统乡村社会的集体经济组织及现代企业法人制度进行比较，设计出适合村改居社区集体经济组织的治理制度，而非“一刀切”地照搬，适用乡村社会的农村集体经济制度。

四、重点难点与创新

（一）重点难点

第一，村改居社区治理法治化中存在的问题及原因分析。对村改居社区治理法治化的大量调查资料进行去粗取精、去伪存真，力求发现真问题，由表及里揭示出问题背后的原因，这是一个非常艰辛和严谨的过程。村改居社区治理法治化的应然状态为何？本研究应以何为指导原则？这将为后面村改居社区治理法治化研究的基本构想设定测度和标准。通过对村改居社区治理法治化的考察，得出此类社区治理法治化水平较低的现实，以及造成治理法治化水平低的原因有哪些并提出解决的对策建议。这些都是研究的重点。

第二，村改居社区治理法治化水平较低的原因有哪些，提升村改居社区治理法治化水平的对策建议。以应然状态下的村改居社区治理法治化为测度或指导原则，结合制约村改居社区治理法治化水平的原因分析，从制度层面、实践层面提出解决问题的对策建议。使实然状态下的村改居社区向应然状态逐步靠拢，最终实现村改居社区治理的法治化和现代化，融入城市社区。这些是研究的难点。

（二）创新之处

第一，丰富和深化了社会治理法治化的多层次多领域研究。党的十八届四中全会后，关于治理法治化研究的内容较为丰富，但大多立足于宏观的社会治理法治化研究，对于这种社会矛盾最突出、最集中、最复杂、最活跃的村改居社区治理法治化的研究极少。将村改居社区治理纳入法学的研究领域，弥补了目前此类社区治理法治化研究的不足，丰富了治理法治化的多层次、多领域研究及社会治理法治化的完整性构建。

第二，较为系统地提出了村改居社区治理法治化的制度完善。较多问题及对策建议在村改居社区治理法治化研究领域皆属于首次提出。立足于法学角度，分别从社会治理法治化理论体系的要素进行深入研究，构建了一套包含治理主体、治理内容、治理依据的村改居社区治理法治化体系。首先，村改居社区治理的多元主体协同共治是我们所追求的目标，但调研发现当务之急是提高社区内部治理主体的参与意愿与治理能力；通过基层政府向社区放权赋能，内外合力激发村改居社区自治活力。其次，通过政经分离，加快股份经济合作社规范建设来完善村改居社区集体经济治理的法治化。地方政府应分类指导，加强管理，从集体资产的明确与转移、成员身份的科学自主认定及以户为单位的成员代表大会的模式选择、理事与监事任职人员“宜窄不宜宽”的资格要求、理事会与监事会的弹性设置来完善集体经济组织的治理制度，保障集体经济组织的人格独立性，实现集体经济组织与村改居社区的彻底剥离。最后，明确多元治理规范在村改居社区治理中的综合应用。法治是法律主治，不仅是法律之治，还包括道德规范、村改居社区自治规范等非正式社会规范的应用。应从加强和完善法律规范、强化道德规范建设、重视自治规范生成及践行来构建“法治、德治、自治”相融合的多元治理规范体系。

第三，以大量实证调研为立足点，发现、破解村改居社区治理法治化中的难题，将实证研究、理论探索与制度构建紧密结合，X 市村改居社区治理法治化为学术研究提供“社会科学实验室”。采用法学、社会学、政治学等多学科交叉综合型研究方法，将 X 市村改居社区治理法治化实践探索中好的做法经验进行理论升华，与具体制度构建结合起来，总结出可复制可推广的具体方案，为以后的城中村拆迁改造和村改居社区治理法治化水平的提升提供经验借鉴。坚持从实践中来，到实践中去，把论文写在祖国大地上，做到学术研究服务地方经济社会发展的现实需要。

第一章

村改居社区的形成与特征

第一节　村改居社区的形成

一、土地所有权二元结构及土地征收制度设计

农村的土地归农民集体所有与城市的土地归国家所有的土地所有权二元结构及土地征收的法律制度设计是村改居社区产生的根本原因。1949 年中华人民共和国成立后，农村的土地所有权制度随着国家政治、经济社会发展的现实需要一直在进行着变化、调整，历经“农民私人所有、农民私人所有向农民集体所有的过渡和农民集体所有”三次巨变，最终确立了“集体所有，农户利用”的农村土地制度格局。根据土地所有权归属的不同将农村土地产权立法分为以下几个阶段：

（一）第一阶段：“农民所有，农民利用”的农村土地产权制度

中华人民共和国成立之初，基于千百年来农民对“耕者有其田”的土地理想、新生政权维护巩固的需要、中国共产党一直以来的土地政策、恢复因战争重创的社会经济等因素考量，在土地改革时期（1949—1953 年）实行国家土地所有制和农民土地私有制并存的土地所有权制度，即在农村确立了农村土地农民所有的土地制度。

1. 农村土地产权立法规定。这一阶段我国关于土地所有权的法律分别为 1949 年 9 月通过的起临时宪法作用的《中国人民政治协商会议共同纲领》和 1950 年 6 月通过的《中华人民共和国土地改革法》（以下简称《土地改革法》）。《中国人民政治协商会议共同纲领》第三条、第二十七条首次以根本法的形式明确了农民对土地的所有权制度并予以保障，中国农民

实现了几千年来“耕者有其田”的夙愿。[①]《土地改革法》第一条、第十条进一步明确农民对土地的所有权以及将土地分配给农民或失去土地的地主的土地分配原则；同时也表明在农村地区没收、征收的土地的所有者也有可能是国家。附则中的第三十五条、第三十六和第三十七条明确了该法的适用范围是一般农村，不适用于大城市的郊区、少数民族地区及土地改革业已基本完成的农村地区。[②] 因此，该阶段立法的目的主要是废除地主阶级剥削的土地所有制，在一般农村实行农民土地私有的土地所有权制度。

2. 城市郊区土地产权立法规定。1950 年 11 月 10 日，根据《土地改革法》第三十五条制定的《城市郊区土地改革条例》在政务院第五十八次政务会议上通过，对于城市郊区的土地所有权归属做了详细规定。依据该条例第三条和第四条的规定，政府通过没收、征收的方式取得城市郊区的土地所有权；第八条规定，中农、贫农、雇农在城市郊区的土地均予保护，维持不动。此阶段城市郊区的土地产权制度体现为土地国家所有制和土地农民所有制并存的格局。

综上，中华人民共和国成立初期农村土地产权最大的特征是“农民所有、农民利用”，所有权主体和使用权主体集于农民一身；城市的土地所有权制度呈现国家所有和农民所有并存的格局。党和国家的土地制度得到了人民的支持，实现了“耕者有其田”的理想，农民成为土地的真正主人，新生政权也得到民众支持并得以巩固。

（二）第二阶段：“集体所有，集体利用”的土地产权制度

农村土地私人所有制实行后，农民因卖地而无地可种、经营能力弱、

---

① 《中国人民政治协商会议共同纲领》第三条：“中华人民共和国必须取消帝国主义国家在中国的一切特权，没收官僚资本归人民的国家所有，有步骤地将封建半封建的土地所有制改变为农民的土地所有制，保护国家的公共财产和合作社的财产，保护工人、农民、小资产阶级和民族资产阶级的经济利益及其私有财产，发展新民主主义的人民经济，稳步地变农业国为工业国。”第二十七条：“土地改革为发展生产力和国家工业化的必要条件。凡已实行土地改革的地区，必须保护农民已得土地的所有权。凡尚未实行土地改革的地区，必须发动农民群众，建立农民团体，经过清除土匪恶霸、减租减息和分配土地等项步骤，实现耕者有其田。”

② 《中华人民共和国土地改革法》第三十七条：“本法不适用于土地改革业已基本上完成的地区。”

规模经营难以实现等弊端逐渐显露。源于农民个体生产经营的不良现状及社会经济发展的需要，国家提倡将农民“组织起来”克服小农经济的缺陷，改变农业的落后面貌。发展农民互助合作，逐步实现农业的机械化和规模化经营，引领农民走上共同富裕的道路。① 1953 年 1 月 5 日，毛泽东同志在关于农业互助合作的谈话中讲到：“要阻止农民卖地，办法就是合作社。互助组还不能阻止农民卖地，要合作社，要大合作社才行。”合作社存在、发展的目的最终是要逐步消灭农村中的资本主义的剥削制度，克服小农经济的落后性，发展农业经济，适应社会主义工业化的需要。②

土地作为最重要的稀缺资源，所有权的改变不可能是一蹴而就的，需要缓慢、逐步地推进。在农村土地私人所有下先是经历了农民私人所有和集体经营的阶段，紧接着再是逐步地收回私人所有的土地，完成农村土地所有权归集体所有、集体利用这个过程。1955 年 11 月 9 日通过的《农业生产合作社示范章程》和 1956 年 6 月 30 日通过的《高级农业生产合作社示范章程》对农村土地所有制的变革及为后来土地公有制的确立意义重大，影响深远，可以说是拉开了农村土地私有制向土地公有制转变的序幕。

1. 农地私有制下所有权和经营权的分离。《农业生产合作社示范章程》共十二章八十二条，调整对象仅限于初级合作社，但是对未来高级合作社给予了原则性指导。从《农业生产合作社示范章程》第一条、第二条、第三条、第十七条等条款的规定来看，农业生产合作社的性质是农民的集体经济组织，在党和人民政府的领导、帮助下，逐步地吸收全体劳动人民入社，它统一地使用社员的土地、耕畜、农具等主要生产资料，并逐步把这些生产资料公有化。这表明土地作为农民最重要的资源和财产将要再次随着中央政策的调整进行变革，土地私人所有制已经开始动摇。在初级阶

① 刘广栋、程久苗：“1949 年以来中国农村土地制度变迁的理论和实践”，载《中国农村观察》2007 年第 2 期，第 73 页。

② 《农业生产合作社示范章程》第　条：“要逐步地用生产资料的劳动群众集体所有制代替生产资料的私人所有制，逐步地用大规模的、机械化的生产代替小生产，使农业高度地发展起来，使全体农民共同富裕起来，使社会对于农产品的不断增长的需要得到满足。”

段，对于加入合作社的社员交来统一使用的土地和其他生产资料在一定的期间还保留社员的所有权，并且按照土地的数量、质量给予社员以适当的土地报酬，但土地报酬应低于农业劳动报酬。对于社员交来的土地，由农业生产合作社将分散的土地联合起来，统一使用，加以合理地、有计划地经营。《农业生产合作社示范章程》确立了农民以土地入股、集体经济组织统一经营、统一分配社员劳动成果的方式。

此阶段实现了农村土地的“两权分离”，即农民土地所有权和经营权的分离。可见，在合作社的初级阶段，保留了农民的土地所有权，土地依然归农民私人所有。因此，在合作社初期，入社的农民虽然将土地及其他生产资料交给合作社使用，但农民依然对土地享有所有权，即土地的所有权和使用权已不是集于农民一身，而是发生了分离，农民土地所有权的权能受到了一定的限制。

2. 农地公有制下集体所有权与集体经营权的“两权合一”。随着生产的发展和社员社会主义觉悟的提高，合作社逐步取消了社员用于入社的土地及生产资料的报酬，继而在社员同意的前提下，用付给代价的办法或者别的互利的办法将社员入社交来的土地及其他生产资料陆续转为全体社员集体所有。此时，农地所有权的主体彻底发生改变，由原来的农民私人所有变更为农民集体所有，构建了集体成员共同经营的农村土地格局。但允许农户依据户人口数量及结合当地土地的多少享有一定数量的自留地，以此来满足农户种植蔬菜或者别的园艺作物的需要。此时，除极少数自留地外，农地绝对多数地实现了公有制，即农村土地的集体所有和集体统一经营的“两权合一”的格局。合作社由初级阶段逐步地过渡到高级阶段。《高级农业生产合作社示范章程》第一条明确规定了本法的适用对象仅为高级农业生产合作社。该章程的第二条和第十三条明确了此时社员私人所有的主要生产资料转为合作社集体所有。① 此阶段已实现农民土地私有制

① 《中华人民共和国高级农业生产合作社示范章程》第二条：“农业生产合作社按照社会主义的原则，把社员私有的主要生产资料转为合作社集体所有，组织集体劳动，实行各尽所能，按劳取酬，不分男女老少，同工同酬。”第十三条：“入社的农民必须把私有的土地和耕畜、大型农具等主要生产资料转为合作社集体所有。”

向合作社集体所有的公有制的转变，改变了土地所有权的归属关系，农村土地的所有权和使用权由分离走向了合一。通过这两部章程，我国的农村土地制度实现了由农民土地私有制向农民集体土地公有制的第二次变革。

3. 农地集体所有权向全民所有权的转变。1958 年，中共中央决定在全国农村建立人民公社，在遵循“一乡一社”的原则下，将“小社”合并为“大社”，甚至突破乡镇的界域以县为单位组成联社。人民公社目前是集体所有制，但以后的发展则为全民所有制，并最终实现共产主义。“社”的骨架被拉大的同时伴随的是原来单个社所有的生产资料的整合及整合财产过程中出现的诸多问题。为此，1962 年 2 月 13 日中共中央发布《关于改变农村人民公社基本核算单位问题的指示》，建立了“三级所有，队为基础”的土地制度。生产队相当于初级合作社，生产大队相当于高级合作社。土地变成公社、生产大队、生产队三级所有，生产队作为基本核算单位对土地的经营、管理及收益的分配有自主权。显然，生产队在这一时期已经发展为土地的所有者和使用主体。1962 年 9 月 27 日通过的《农村人民公社工作条例（修正草案）》规定了人民公社的性质、规模、管理等事项。该条例第一条明确了人民公社集体所有制经济组织形式，使得土地的社会主义公有制得以完全确立。① 1967 年后“三级所有，队为基础”的土地制度保持稳定，农村的土地集体所有制进一步得到巩固和完善。人民公社时期的土地制度经历了产权绝对公有的人民公社化运动，即“三级所有，队为基础”的调整阶段到“三级所有，队为基础”的稳定时期。②

4. 关于土地征收的制度规定。1953 年 12 月 5 日政务院公布《国家建设征用土地办法》，并于 1957 年修正，1958 年批准实施。《国家建设征用

① 《农村人民公社工作条例（修正草案）》第一条：“农村人民公社是政社合一的组织，是我国社会主义社会在农村中的基层单位，又是我国社会主义政权在农村中的基层单位。农村人民公社是适应生产发展的需要，在高级农业生产合作社的基础上联合组成的。它在一个很长的历史时期内，是社会主义的互助、互利的集体经济组织，实行各尽所能、按劳分配、多劳多得、不劳动者不得食的原则。”

② 罗红云：《中国农村土地制度研究（1948—2008）》，上海财经大学出版社 2012 年版，第 163 页。

土地办法》第十八条对已征用土地的权属做了明确规定。[①] 从规定内容来看，征用的土地的所有权归属于国家，即便后来用地单位不再需要使用该块征用的土地时，也应交还给国家而非原集体。也就是说，如果建设单位需要利用集体土地进行生产经营时，国家需要将集体土地的所有权转换为国家所有，利用土地的单位再向国家申请。从这一刻开始，中国土地所有权的流转基调已经确定，即土地集体所有向土地国家所有的单向流转，确立了国家作为土地征收、征用的唯一合法主体及对土地一级交易市场的垄断地位。

（三）第三阶段："集体所有、农民利用"的农村土地产权制度

1. 农地公有制下所有权和经营权的分离。"文化大革命"结束后，中国的经济制度开始发生转变。1978年邓小平同志提出改革开放，对内首先在农村进行土地制度改革。因为"文化大革命"时期产生的各种不良影响，使得农村的生产经营存有诸多问题，为了解决当时中国农村的组织涣散、经济发展凋敝的现状，解放、蓬勃发展农村经济，1982年的《全国农村工作会议纪要》指出："土地等基本生产资料公有制是长期不变的，集体经济要建立生产责任制也是长久不变的。"1982年实行的各种生产责任制，包括小段包工定额计酬、包产到户到组等都是社会主义经济的生产责任制。关于土地的产权问题《全国农村工作会议纪要》第四条规定："集体划分给社员长期使用的自留地、自留山以及宅基地，所有权仍属集体。"《全国农村工作会议纪要》确立了农村土地集体所有与农户经营使用的制度，这又再一次实现了农地所有权和使用权的"两权分离"，对原有的人民公社制度确立的"三级所有，队为基础"的产权结构产生巨大冲击。

2. 城市土地所有权的立法规定。1982年《中华人民共和国宪法》（以下简称《宪法》）第十条首次以根本法的形式明确了我国城市土地的所有权归属，填补了新中国成立以来城市土地所有制立法的空白。同时也规定了农村和城市郊区土地的权属，并明确禁止土地产权的流转；明确了国家

---

① 《国家建设征用土地办法》第十八条："凡征用之土地，产权属于国家。用地单位不需要时，应交还给国家，不得转让。"

基于公共利益的需要，可以依照法律规定对土地实行征用。① 此时，国家以根本法的形式确立土地所有权的二元结构，即我国城市土地属于国家所有与农村和城市郊区的土地属于集体所有的格局。此外《宪法》第九十五条明确规定设立乡、镇人民代表大会和人民政府，改变了人民公社政社合一的体制，标志着人民公社彻底地走向解体，成为过去式。②

3. 土地征收制度：国家对土地一级市场的垄断。1982 年 5 月 4 日通过的《国家建设征用土地条例》施行后，1958 年的《国家建设征用土地办法》即行废止。该条例的出台意义重大，明确了国家对土地征用的基本思路。该条例第二条规定了经济、文化、国防建设与兴办社会公共事业需要使用集体土地的，必须以此条例办理，并对集体以土地入股形式参与经营予以禁止。③ 该条例第五条明确了征用后的土地所有权不再属于集体所有，而是归属国家所有。④ 该条例关于土地征收的规定依然继承了《国家建设征用土地办法》关于征地的制度规定，但明确禁止集体将土地入股参与经营的方式。

国家为了加强土地管理、维护土地的社会主义公有制、保护开发土地资源、合理利用土地、切实保护耕地、促进经济社会的可持续发展，根据宪法制定了《中华人民共和国土地管理法》（以下简称《土地管理法》，1986 年 6 月 25 日第六届全国人民代表大会常务委员会第十六次会议通过）这是新中国第一部系统的土地管理法规，该法很大程度上继承了以往关于

---

① 1982 年《宪法》第十条："城市的土地属于国家所有。农村和城市郊区的土地，除由法律规定属于国家所有的以外，属于集体所有；宅基地和自留地、自留山，也属于集体所有。国家为了公共利益的需要，可以依照法律规定对土地实行征用。任何组织或者个人不得侵占、买卖、出租或者以其他形式非法转让土地。一切使用土地的组织和个人必须合理地利用土地。"

② 1982 年《宪法》第九十五条第一款："省、直辖市、县、市、市辖区、乡、民族乡、镇设立人民代表大会和人民政府。"

③ 《国家建设征用土地条例》第二条："进行经济、文化、国防建设以及兴办社会公共事业，需要征用集体所有的土地时，必须按照本条例办理。禁止任何单位直接向农村社队购地、租地。农村社队不得以入股的形式参与任何企业、事业的经营。"

④ 《国家建设征用土地条例》第五条："征用的土地，所有权属于国家，用地单位只有使用权。"

农村土地的立法制度。该法第二条明确了土地的公有制性质，禁止侵占、买卖、出租或者以其他形式非法转让土地的行为，赋予国家对集体土地的征收权。[①] 该法第六条明确了城市市区、农村和城市郊区土地所有权归属。[②] 可见，《土地管理法》对农村和城市市区、郊区的土地所有权主体做出了明确的规定，土地只能属于国家所有和集体所有，即土地所有制的二元结构；农村土地必须通过国家征收方式转变为国有性质土地后才能入市交易。如1986年的《土地管理法》第四十三条规定："任何单位或个人需要使用土地的必须使用国有土地，包括国家所有的土地和国家征收的原属于农民集体所有的土地。"此条规定确定了国家对土地一级市场的垄断地位。2007年颁布的《中华人民共和国物权法》（以下简称《物权法》）也延续了1986年《土地管理法》对土地所有权的规定。[③] 以上规定，不仅明确了城市市区、农村和城市郊区的土地所有权归属、国家对土地一级市场的垄断地位，也人为地将不同权属土地上的老百姓区分为城镇居民和农村农民，进而实行着不同的管理制度。

综上，此阶段不再是以"办法"的形式，而是以法律的形式确立了中国土地所有制的二元结构，同时法律亦赋予国家作为对集体土地征收、征用的唯一合法主体地位，实现国家对土地一级市场的绝对垄断权。按照此时的法律，农村经营性土地也不得入市，如果单位或组织需要使用集体土地，只能通过国家征收方式，将农村土地集体所有转变为土地国家所有后才能入市交易，国家再通过划拨或者转让的方式将土地使用权交付给用地单位进行经营建设。可见，我国土地所有权的流转只能是单向流转，即土

① 1986年《土地管理法》第二条："中华人民共和国实行土地的社会主义公有制，即全民所有制和劳动群众集体所有制。任何单位和个人不得侵占、买卖、出租或者以其他形式非法转让土地。国家为了公共利益的需要，可以依法对集体所有的土地实行征用。国有土地和集体所有的土地的使用权可以依法转让。"

② 1986年《土地管理法》第六条："城市市区的土地属于全民所有即国家所有。农村和城市郊区的土地，除法律规定属于国家所有的以外，属于集体所有；宅基地和自留地、自留山，属于集体所有。"

③ 2007年《物权法》第四十七条："城市的土地，属于国家所有。法律规定属于国家所有的农村和城市郊区的土地，属于国家所有。"

地只能由集体所有向国家所有转变，反之不可；国家也以法律的形式将农民集体所有土地使用权入市的路径彻底堵死。那么，在土地总量不变的情况下，随着工业化和城镇化的高速发展，市场对土地的需求犹如海绵吸水般饥渴，国有建设用地供给严重不足，势必会造成国家依据法律规定大量征收农民集体所有的土地来满足市场的用地需求。地方政府大规模的“圈地运动”不断地吞噬着农民集体所有的建设用地、耕地、基本农田等土地，致使农民集体所有的土地数量持续削减。与此同时，国有土地数量不断增加，城市的半径逐渐被人为地拉长，不断向农村延伸。此时的土地所有权制度和土地征收的法律制度设计以及早期城镇化下的“要地不要人”的思想为以后城中村的出现及最终的村改居社区的建立埋下了制度之因，成为村改居社区形成的根本原因。

二、工业化和城镇化的高速发展

中国经济的快速发展是村改居社区形成的间接原因。20 世纪 90 年代中后期，在改革开放政策继续推进、西部大开发政策落地实施以及中国加入 WTO（世界贸易组织）等时代经济背景下，我国的工业化进入高速发展期。①

（一）工业化带动人口向城市迁移

费孝通先生在《乡土中国》一书中这样说：“以农为生的人，世代定居是常态，迁居是变态。”② 在几千年的农耕社会中，农民日出而作日落而息，老百姓的居住环境与生产环境皆十分稳定。但是，随着工业化的发

① 进入 21 世纪后，国务院批准了中西部 14 个中心城市已经运行的省级开发区，提升为国家经济技术开发区。各大城市也追求大都市化，进行摊大饼式的城区扩张，房地产开发热是此次圈地的一大特点。X 市作为西部地区中心城市也不例外，工业化和城镇化深入发展、高新技术产业开发区建设、高校扩招而修建新校区等导致 X 市征地案件数量直线式上升，农地规模骤减。在城乡二元制度及要地不要人的旧的城镇化背景下，X 市所形成的城中村数量更是多的惊人，在全国都居于前列。

② 费孝通：《乡土中国》，人民出版社 2017 年版，第 3 页。

展、交通通信技术的进步以及工厂对劳动力的需求使得几千年来形成的农耕文明社会关系下人与土地之间稳定的空间关系被打破，农村人口大量迁徙、流动。工业化和城镇化的铁律打破了原有的平衡，震撼和改变了整个社会结构。[①] 从20世纪90年代中后期，我国人口的迁移呈现农村人口向城市转移、落后地区向发达地区转移的规律。工业化所需的劳动力、城市带给年轻人的新鲜感和更多的发展机会以及相较于农业而言的高收益都在极具诱惑力地吸引着农村的中青年劳动力，大量农村劳动力涌向城市务工、经商、定居，这又促进了城镇化的发展。工业化是城镇化的最原始动力，而城镇化是工业化的重要依托，工业化的发展带动了城镇化的加速。

（二）政府持续高涨的“圈地运动”

在中国乡村社会，农民依然遵循着在家门口供奉土地公的习俗，“土能生白玉，地可产黄金”是土地公画像两边的对联，意思是土为万物之源，土地是庄稼人的命根子，只要有了地并把地经营好，就不用担心会挨饿受穷。习俗和对联内容接地气地道出了农民对土地的赖以为生及土地的重要性。在工业化和城镇化高速发展下，土地不仅是农民的“白玉”“黄金”，也是地方财政的重要来源。

1. 工业化和城镇化的需要。工业化和城镇化的快速发展促使城市对空间的需求急剧增加，城市的国有土地储备量已远远无法满足市场对建设用地的需求。因此，当政府需要建设用地时，便手持“公共利益”的“盾牌”，从农民手里进行集体土地的强制性征收。在集体土地征收的过程中，农民或者农民集体组织的参与权、决定权往往被忽视，只能被动地接受地方政府的决定、安排。考虑征地成本、城乡二元制度等因素，起初的征收仅为农民集体所拥有的耕地和宅基地以外的建设用地。即使属于农村集体所有的耕地已全部或大部分被征收，但地方政府的“圈地运动”依然轰轰烈烈地进行着，农民集体所有的土地面积在不断地缩减，与此同步的是城

① ［法］孟德拉斯：《农民的终结》，李培林译，中国社会科学出版社1991年版，第1—6页。

市建成区①面积的持续扩张。如截至21世纪初，X市Y区建成区面积达到了65.35平方千米，占全区总面积152平方千米的42.9%。城市的扩张、农地的萎缩直接地反应在全国及地方的粮食产量上，从1999年到2003年，全国粮食产量和X市粮食产量均连续5年下降。X市统计年鉴公布的资料显示，1999年为204.4万吨，2000年为201.92万吨，2001年为197.1万吨，2002年为195.8万吨，2003年为174.2万吨。② 粮食产量连续下降的原因有很多，如自然灾害、耕地非粮化等，但从以上数据和当时的时代背景不难发现，导致这五年粮食产量减少的主要因素是第三次圈地运动的到来，这使得大量的耕地被征收，土地所有权及相应的土地的用途发生改变所致。③

2. “土地财政”的诱惑。中国的“圈地”主要指把耕地变为工商用地。市场化和工业化促进了土地的开发和利用，第二、第三产业创造的土地收益远远高于第一产业，由此决定了土地资源的配置从农地转为建设用地。所以，地方政府“圈地”的动力源于土地转变用途带来的价值升值，而不是为了提高农业的生产规模。地方政府通过土地所有权的转变及土地用途的改变，低价征地，高价出让，获取巨额土地资本增值收益，用于其原始积累及城市扩张中的财政需求。“土地财政”已然成为地方创造政绩、增加财政收入、改善部门福利的渠道和捷径，成为市场化改革的经验之一。这也就不难理解为什么伴随着中国经济的高速增长，“圈地之风”会

---

① 城市建成区，是指市政区范围内经过征收的土地和实际建设发展起来的非农业生产建设地段，包括市区集中连片的部分以及分散在近郊区与城市有密切联系，具有基本完善的市政公用设施的城市建设用地。引自《中国城市统计年鉴》（2009年）的指标解释。

② 根据X市统计年鉴公布的数字进行整理所得。

③ 曾宪明在《城市化进程中的农地制度变迁：国际比较研究》一书中指出：改革开放以来，我国在工业化和城镇化进程中出现了三次大规模圈占农民土地的现象。第一次圈地浪潮发生在1984—1986年的乡镇企业大发展期；第二次圈地浪潮发生在1992—1994年（苏联解体和东欧剧变，引发人们对社会主义命运和中国改革走向的思考），此时拉开了新一轮改革开放和加速发展的帷幕；第三次浪潮发生在1999—2006年，中国加入WTO，标志着中国的改革开放进入了一个新的阶段，中国将全面参与全球化的进程。

屡禁不止。① 由于制度的不够详尽，中央政策所表达的理念和价值取向与地方政府的实际操作仍存在明显差距。实践表明，源于政府对土地一级市场的垄断，集体土地征收致使农业用地转为建设用地后的价格差大部分被政府和开发商获取，征地增值收益被分配到原集体经济组织和被征地农民手里的数额则少得可怜。② 林瑞瑞等学者的调研资料显示我国地方中省级与市级层面的征地增值收益分配比例中，集体、政府和开发商所得增值平均比例分别为3.70∶22.32∶73.98和4.21∶26.01∶69.78，三主体所获收益差异悬殊。③ 政府在这一买一卖之间收益颇丰，利润极具诱惑力。有的地方政府甚至违背征地的程序性规定，以各种理由为幌子，从事着“先用后征、边用边征、越权审批、改变土地用途”等违规行为来获取巨额的征地利润。征到最后，农民集体所有的土地就仅剩下宅基地，其余土地皆以政府征收的形式转变为国家所有被用于地方经济建设。

政府将征收的土地使用权在市场进行拍卖、转让，一幢幢高楼大厦在“农转非”的土地上拔地而起，招商引资所修建的工业园区、商业园区如雨后春笋般涌现。同时，伴随的是“失去耕地的农民”基于优越的地理位置疯狂地在宅基地上“杂乱无序地种房”来获取租金收入以维持一家老小的开支。行政村农户宅基地上的房屋像盆地一般夹杂在高楼大厦、工业园区、商业园区中，传统的农村村落就是这样子被工业化和城镇化的发展被动地裹挟到城市的骨架之中，“传统与现代”“农村与城市”在这里形成最刺眼的对比。

（三）城中村“被动”出现

早期城镇化呈现这样一种奇特景象：只有村子保留下来，村落（宅基地）以外的地几乎全被征收，即“没有耕地的农民”群体出现了。这类群

① 曾宪明：《城市化进程中的农地制度变迁：国际比较研究》，武汉大学出版社2016年版，第341页。

② 孟存鸽：“农民公平分享征地增值收益的制度保障研究”，载《理论导刊》2019年第6期，第81页。

③ 林瑞瑞、朱道林、刘晶：“土地增值产生环节及收益分配关系研究”，载《中国土地科学》2013年第2期，第3页。

体虽被称为“农民”，但经济来源已非“面朝黄土背朝天”的农业耕作，而是依靠行政村优越的地理位置在宅基地上“种房”并用于出租所得的租金收益。这里的“农民”“村”也非传统意义上的农民和农村，农民集体所有土地的部分或全部被城市市区土地合围或与城市市区土地交错的现象时有发生，这些被城市包裹的村庄学术界和老百姓形象地将之称为“都市里的村庄”，即城中村。[①] 所谓城中村，指的是城镇规划区内处于乡城转变过程、介于乡村与城镇之间的特殊社会单元。如X市就以村落拥有的集体土地数量对城中村进行界定。[②]《X市城中村改造管理办法》第三条规定：“城中村是指在身处城市建成区地域内，但已失去或基本失去耕地，却仍然实行村民自治及农村集体所有制的村庄。”可见，“城中村”虽身处城市之中，甚至位于城市核心地带，但依然是“村”的建制，在制度设计上仍然实行村民自治和农村集体所有制，在治理依据中适用《中华人民共和国村民委员会组织法》（以下简称《村民委员会组织法》）等传统乡村社会治理的法律制度。不同于农村村落的是这里的农村集体经济组织成员已不再拥有耕地，经济来源亦非农业。然而，根源于城乡二元管理体制，他们虽然身处繁华闹市，却无法享受城市居民所拥有的城镇户口、就业、保险、福利待遇，成员依然是农村户口。如截至2006年，X市城六区及四个开发区，共计行政村624个，其中人均拥有耕地在0.3亩以下的城中村就有286个，涉及农民数量约37万人，加上C区、L区及YL区的40个城中村，共计326个，涉及人口约46万人。[③] 2012年，在X市Y区某街道办事处调研得到的数据显示，仅该街道辖区内就有20个城中村，村民小组71个，农户7 550个，农业人口25 558人，常住人口6万人，实有人口近20万人。城市包围农村的工业化、城镇化发展路径使得城中村的数量越来越多。

---

① 傅鼎生：“‘入城’集体土地之归属——‘城中村’进程中不可回避的宪法问题”，载《政治与法律》2010年第12期，第17页。

② X市将人均耕地在0.3亩以下的被城市包围的农村村落称为城中村。

③ 孟存鸽：“城中村改造拆迁补偿问题研究”，载《特区经济》2011年第9期，第288页。

城中村不仅是原住民生活的家园，也为外来打工者提供栖身之所。都市里的这种“村落”，既像是古老历史的遗物，又像是高速城镇化过程中新生的“活体”。①一方面，城中村介于农村与城镇两种社会系统之间，且包含农村社会和城镇社会的多种因素，是一种“亦城亦村”的社会组织体单元，呈现出典型的两栖性和临界性；另一方面，城中村处于农耕文明向工商文明转变的过程中，逐渐与农村社会核心因子相去甚远，且又没有进入城镇社会中心，因此处于特殊的双重排斥的窘境，是一种“非城非村”的另类社会。②这种身处闹市的村落是经济社会发展中形成的一种特殊社会区域，具有其独特的社会属性和治理环境，成为基层社会治理中的难题。

三、地方政府的城中村改造

地方政府主导下的城中村改造是村改居社区形成的直接原因。城中村改造是地方政府主导下的自上而下、农民被动城镇化的行为，因为地方政府主导力量的强势介入，各城市城中村改造皆呈现出大规模、快速化、整体性推进的特点。刚进入新世纪，国内一线城市均已迈开城中村改造的步伐。如广州市遵循“先行试点，积极稳妥，逐步升温，不出乱子”的原则，从2001年开始着手对7个试点村进行城中村改造。截至2010年，广州市已将139个城中村从农村管理体制转变为城市管理体制，将脏乱无序的村落改造成为现代化的文明社区。③杭州市从1998年启动城中村改造工程，并于2004年出台了《关于继续深入开展撤村建居与城中村改造的实施意见》（市委办〔2004〕5号）。截至2015年年底，杭州市主城区246个城中村中已有68个完成了改造，剩余178个城中村的具体改造任务也已

① 李培林：“巨变：村落的终结——都市里的村庄研究”，载《中国社会科学》2002年第1期，第169页。

② 卢福营：“融合型治理：城中村治理创新的目标与依据”，载《中国治理评论》2020年第2期，第49页。

③ 李俊夫：《城中村改造》，科学出版社2013年版，第60页。

明确：2016 年 21 个村、2017 年 22 个村、2018 年 27 个村、2019 年 32 个村、2020 年 76 个村。[①] 2002—2005 年，作为西部地区核心城市的 X 市处于城中村改造的起步阶段，其在总结本市改造经验及借鉴外省改造办法的基础上，于 2007 年出台了《X 市城中村改造管理办法》。截至 2008 年 12 月，已完成 53 个整村 882 万平方米的拆除工作，安置房已累计开工建设 411.7 万平方米，占产权置换面积 518 万平方米的 80%。[②] 城镇化的迅猛发展以及当时法律对于土地权利制度的相关规定和地方城改政策法规的相继出台，意味着部分村落必将走向终结，城中村改造是村落消失的主要途径。

城中村改造是指对城市中仍实行农村管理体制的村庄进行城镇化改造，将城中村居民纳入城市管理体制的过程。城中村改造包括有形改造和无形改造两个方面，城中村有形改造是指将城中村所有建筑物推倒重建，转变为整齐划一房屋建设样态的城市社区；无形改造是实现城中村“四个转变”，即把村民委员会转制为社区居民委员会、把农村户籍人口转制为城市户籍人口、把集体经济转为股份制公司运作的经济、把集体土地转变为国有土地。[③] 有形改造是城市空间的挖掘与提升、人居环境的改善，无形改造是农民的市民化、人的城镇化的身份转变。

（一）调试现实与法律的冲突

依据一般理念判断，城中村已是“城”，而非“乡”，之所以还被称为城中之“村”，是因为村落所依附的土地所有权仍归属于农民集体所有而非国家所有，集体经济建制的单位名称生产队或生产大队没有改变，村民仍然被固化在集体土地上，身份也依然是农民，只是失去了农地的、不用种地的农民。城中村的出现形成了在城市市区内两种土地所有权并存的局

---

① 参见中共杭州市委办公厅、杭州市人民政府办公厅《关于继续深入开展撤村建居与城中村改造的实施意见》（市委办〔2004〕5 号）的规定。

② 孟存鸽：“城中村改造拆迁补偿问题研究”，载《特区经济》2011 年第 9 期，第 288 页。

③ 陈晓莉：《城中村治理中的政府管理与村民自治研究》，中国社会科学出版社 2018 年版，第 25 页。

面。但按照法律规定城市土地是属于国家所有的，那么，现实与法律规定就发生了冲突，① 进而就必须对现实进行改变或对法律进行调试。当时为了解决这种制度上的矛盾，地方政府选择了对城中村进行改造，即将城中村从以前的农村管理制度改造成城市管理体制的现代社区。如《X市城中村改造管理办法》中明确凡是实行城中村改造拆迁的村子，必须坚持“四个”转变同步进行；对于被拆迁的城中村的村民转为城市居民后，要统一纳入城镇居民就业管理范围，并且因为城中村改造拆迁而新增加的就业岗位，应优先用来安排被拆迁村民。② 从表面上看，地方政府的城中村改造使得城中村土地上的权利发生了变动，由集体所有转变为国家所有，符合了法律关于城市土地所有权的规定，各地的城中村改造无论从有形还是无形上都实现了乡村村落向城市社区的转变。

（二）国家紧缩征地政策的倒逼

土地是人类社会赖以生存的物质基础，农村土地更关乎中国的长远发展，并承载着粮食安全的特殊使命。数据显示，1996年全国耕地总量为19.49亿亩，到2005年只有18.31亿亩，前后相差1.18亿亩。这10年正是我国工业化和城镇化高速发展的时期，也是农地征收最疯狂的时期，导致大量耕地资源消失。耕地数量和质量直接和粮食产量、安全挂钩，尤其在2000年以后，粮食产量大幅缩减，年人均粮食拥有量跌破400公斤（见表1-1）。以上数据释放出极其危险的信号，已引起党中央的高度重视。为此，2006年通过的《国民经济和社会发展第十一个五年规划纲要》强调18亿亩耕地是未来5年一个具有法律效力的约束性指标，是一道不能逾越的红线。2007年的全国“两会”上，时任总理温家宝强调，在土地问题上，绝不能犯不可改正的历史性错误，遗祸子孙后代，一定要守住全国耕

① 傅鼎生：“‘入城’集体土地之归属——‘城中村’进程中不可回避的宪法问题”，载《政治与法律》2010年第12期，第19页。

② 《X市城中村管理办法》第十五条：“城中村改制，应当坚持户籍制度、管理体制、经济组织形式和土地性质同步转变的原则。”第二十一条：“城中村村民转为城市居民后，统一纳入城市就业管理范围。因城中村改造增加的就业岗位，应当优先用于安排原村民。”

地不少于18亿亩这条红线。此后，几乎每年的“两会”都会强调这一红线数据。

表1－1　中国粮食产量、人口和人均粮食一览表（1999—2003年）

序号	年度	粮食产量（万吨）	增率（%）	人口（亿人）	增率（%）	人均粮（公斤）
1	1999	50 839	－0.77	12.5786	0.81	404.2
2	2000	46 218	－10.00	12.6743	0.76	364.7
3	2001	45 262	－2.11	12.7629	0.76	354.6
4	2002	45 711	0.98	12.8453	0.64	355.9
5	2003	43 070	－6.14	12.9227	0.60	333.3

资料来源：依据中国统计信息网、360个人图书馆公布资料统计。

农村是城市的米袋子、菜篮子，承载着特殊的使命，关乎全中国人民的粮食供给和粮食安全。粮食要充足，粮食要安全，饭碗要牢牢端在自己的手中，前提条件是种植粮食的土地必须是充足的。因此，保护耕地，缩小征地范围就显得尤为迫切、重要。中央对各地土地征收的范围进行了严格的限制，实行“占补平衡”，我国土地管理的相关法规要求非农建设占用耕地必须“占一补一”。在国家政策层面提出缩小征地范围、保护耕地的背景下，地方政府征地范围和程序受到了较大的限制。既然不能再任意妄为地征收农村的耕地，地方政府只好将目光锁定在城中村集体土地上，即城中村农民集体仅有的宅基地。① 在城市建设用地需求急速扩张和18亿亩耕地红线必须保住的双重压力下，地方政府只能选择对城中村进行改造

① 2012年左右，课题组曾对X市多个街办的城中村进行调研，发现截至2010年X市对辖区的新农村建设已基本完成，主要内容是道路、下水道、活动室建设及文体器材安装等。后来由于规划限制，不再推进新农村建设，重点工作是城中村改造。区级政府、新区或者街道办事处对辖区内村子的新农村建设不再投入或者投入很少，大部分村庄都在等待拆迁。X市各区土地征收补偿标准不一，G区村子的土地征收补偿标准相对稳定：三环以外按每亩61 480元补偿，三环以内按每亩64 000元补偿，城中村改造的土地补偿标准趋于市场化，每亩14.5万元左右，生活依托房每人15平方米。从表面上看，两种土地征收补偿标准较为悬殊，但实际结果差别不大，因为实际操作实行的是要么“高地价低补偿（拆迁补偿）”，要么“低地价高补偿（拆迁补偿）”。

以挖掘最大的土地资源，腾出更多的建设用地指标，提高土地利用率来满足经济社会发展对土地的需求，缓解国家紧缩征地政策和地方政府用地间的矛盾。地方政府进行了轰轰烈烈的城中村改造，“撤村建居”“农民上楼”成为各地普遍采用的土地整理办法。

（三）人的城镇化理念的提出

旧型城镇化“要地不要人”“重物轻人”。起初的“圈地运动”只是为了单纯地解决用地指标，各地做法一致地“要地不要人”，根本没有考虑到被征地农民的长远利益。以前农民还可以守着土地，市民守着城市相安无事。现在的问题是，农民的土地被城市化了，人却没有被城市化，农民就成了游离的人，对城市的怨恨便开始产生，这就很容易造成社会问题。城中村的农民身处城市之中，已完全丧失耕地，从事非农工作或坐收房租，却不能享受城市市民待遇。把城镇化过于简单地视为土地的硬化、高楼大厦的修建、产业的聚集，而较少关注人力资源开发和人的发展，特别是把失地农民排除在城镇体系之外，甚至不惜牺牲城中村及其民众的利益，导致了城中村的“边际化”，也带来了一系列影响经济社会可持续性发展的新问题。

党的十八大报告提出农业转移人口市民化，也就是注重人的城镇化。新型城镇化的核心不再是片面追求城市规模扩大、空间扩张的城镇化，而是人的城镇化，注重人的需求和发展、社会文化的塑造以及居民对公共服务设施的享受，体现人文关怀。为此，地方政府对最初征地“要地不要人”的做法进行了修正，展开了轰轰烈烈的城中村改造工作，即原被征地集体经济组织的农民转为市民，享受城镇市民应有的权益。这仅仅是人的城镇化的一种体现。国务院颁布的《土地管理法实施条例》第二条规定：“农村集体经济组织全部成员转为城镇居民的，原属于其成员集体所有的土地，属于国家所有。”为此，原国家土地管理局施行的《确定土地所有权和使用权的若干规定》明确规定，因国家建设征用土地，农民集体建制被撤销或其人口全部转为非农业人口，其未经征用的土地，归国家所有。考虑被征地农民的长远发展，基于此将农民转变为市民后，统一纳入城市就业管理范围。因城中村改造而增加的就业岗位，应当优先用于安排原村民。并对原村民进行就业培训，使其更好适应现代市场竞争机制。如《X市城中村管理办法》第十六条规定："实施改造的城中村，其人员依照法定程序转为城镇居民户口。"珠海、深圳、广州、杭州等莫不如是。根据2004年至2014年的统计数据，这10年间西部地区城镇化水平平均每年增长1.2个百分点。按照国家统计局发布的数据，2010年西部地区的城镇化率已经超过41.2%，然而按照2010年调查数据中的户籍统计，西部12个省、市、区居民户口只有11.7%。这中间的差距就是城镇化率和市民化率之间的差距。全国的城市化率1980年仅为19.4%，2014年则上升到54.8%。[①] 基于当时的城乡二元制度，如果要改变宅基地的所有权，那么土地之上的一切都应进行集体制度向国有制度的转变。

新发展理念要求转变城镇化方式，走绿色发展道路，将生态文明理念植入城中村城镇化过程，注重社会与自然之间的和谐共生，致力于实现可持续发展和生产生活生态共融。新发展理念要求共享发展，强调以人为本，做到无论是经济增长还是社会发展，都要立足于人的城镇化。在未来一个时期的城中村发展中，尤其要把推进城中村居民的完全市民化作为工作重点，让城中村居民真正共享城镇化的利益，在参与和奉献的同时，拥有真切的获得感、幸福感。[②] 正如中国（河南）创新发展研究院院长喻新安所言："新型城镇化的真谛，是人的无差别发展。这是新型城镇化最本质、最核心、最关键的东西。""以人为核心"的城镇化发展是要逐步消解城乡分化。

（四）改善城市市容市貌的需要

城中村改造有利于提升村民的居住环境。城中村并不是我国城镇化进程的阳光写照，反而被普遍认为是问题村。大量由于历史和现实的原因，我国目前的城中村皆呈现出所处地理位置优越、公共基础设施薄弱、居住人员结构复杂等特征。正因为城中村以上特点和原因使得地方政府无暇顾

---

① 边燕杰、宗力：《转型中的西部社会：发展现状与社会治理》，社会科学出版社2016年版，第28页。

② 卢福营："融合型治理：城中村治理创新的目标与依据"，载《中国治理评论》2020年第2期，第44页。

及，成为管理盲区，严重影响了城市功能的发挥和城市空间资源的配置，往往也制约了城市的建设和发展。城中村的房屋“黑、窄、密”，居住环境“脏、乱、差”，这些已是不争的事实。对城中村进行改造可以改变村民的住房条件和生活环境，符合城中村村民拆迁的渴望，也是“人的城镇化”发展理念的要求和践行。2020年6月，在X市GL区CJ社区的访谈中遇到一位父辈曾经是山东逃灾到此定居的60岁男性老党员，在谈及目前居住环境时，他眼含泪水激动地说：“感谢党和政府这么好的政策，怎么也想不到这辈子还能住上这么干净、方便、整洁的房子，这一切归功于党的政策和政府的安置工作。”因此，实施城中村改造，已成为改善城中村村民居住条件、引导农民真正融入城市、改善城市形象和提升城市品质的迫切需要。城市要发展，要快速和谐发展，城中村就是必须面对和解决的问题。①

从西方发达国家发展经验来看，绝大多数农村转变为城市是必然的，只是时间早晚的问题。由于西方国家工业化水平和个人受教育程度普遍较高，因此，农村到城市是一个自然吸附、主动融合的过程，而且西方国家也没有实行城市和农村两套管理体制，因此不存在类似中国的城中村。在我国城乡二元制度下，所有城市发展都将遇到这一问题，而所有城市都在竭力解决这一问题。根源于中国的城乡土地二元所有制结构，政府为了释放更多的投资空间、提高城市承载力、改善城市容貌和老百姓的居住环境、发展城市经济，各大城市均进行了规模浩大的城中村征地拆迁运动且持续高涨。数以万计的城中村已经、正在以及将要从中国的行政版图上被人为地抹去，取而代之的是整齐划一的“水泥巨物”以及农民“被上楼”安置。城中村拆迁的结果是大量的由城中村改造转变而来的“村改居社区”的涌现，这里成为回迁后“新市民”生活的家园，同时也成为基层社会治理的基本单元。城中村改造本身就是一个破旧立新的过程，对于原住民而言，不仅是物质生活的重建，也包括精神生活的重塑。地方政府更不能以

① 孟存鸽：“城中村改造拆迁补偿问题研究”，载《特区经济》2011年第9期，第287页。

农民集中上楼“被安置”为终点，而应采取得力措施并循序渐进推进，帮助“新市民”真正融入城市。新型城镇化的“新”不应止步于新楼、新设施，应新在“以人为本”的新制度、新服务，注重人的需求和发展。

第二节　村改居社区的界定与特征

一、村改居社区的界定

（一）社区的含义

在传统的乡村管理体制下我国在城市实行以“单位制”为主、“街居制”为辅的管理模式，在农村实行“公社制”和“生产队”的管理模式。20世纪90年代开始，中国社会进入快速转型期，国家开始以城市和农村社区为基础进行新型的社会构造，“社区制”浮出水面。社区日益成为社会治理的基本单元和重要载体，使得“社区”一词成为热点词语和学术界研究的重要对象。社区不仅是社会学的一个专用名词，更是老百姓观念中的一个居住区，在现实生活中逐渐被广泛使用。

德国社会学家滕尼斯在1887年最早提出社区一词的概念。他认为社区是由若干亲族血缘关系结成的社会联合，强调血缘纽带和联合，即共同体。美国学者对社区的定义主要有两个方面：一个是功能论的角度，认为社区是由共同目标和共同利益关系的人组成的社会团体；另一个是地域性的角度，认为社区是在一定地域内共同生活的有组织的群体。我国关于社区的概念，最早是费孝通先生在用来翻译community一词的，主要是指以地区为范围，人们在地缘基础上结成的互助合作的群体，用以区别在血缘基础上形成的互助合作的亲属群体。[①] 郑杭生教授在《社会学概论新修》

---

① 于显洋：《社区概论》，中国人民大学出版社2016年版，第26—27页。

中将社区定义为：社区是进行一定的社会生活、具有某种互动关系和共同文化维系力的人类群体及其活动区域。① 于显洋教授在《社区概论》中提出，社区是指在一定地理空间内的人群及其社会性活动的总称。综上，社区应包括三个要素：第一，特定的地理空间，包括村落、乡镇和城市；第二，生活在其中的一群人，包括人口的数量、观念、素质、密度等；第三，各种社会性活动，包括个体间的认同、相互关系及经济与文化活动等。社区这三方面内容同时存在的时候才会出现各种不同的关系群体，以及各自不同的心理体验。根据这个定义，社区的外延就非常广泛，小到一个村庄，大到一个国家都可以被称为社区。

基于我国城乡二元管理体制，国内学者在社区研究中根据社区所依附的土地所有权的差异也人为地把社区分成两大类，即农村社区和城市社区。1999年，民政部在北京西城区、南京市鼓楼区、杭州市下城区等8城市的9个区建立了城市社区建设试验区，自此，“社区建设”开始以运动的形式在全国广泛开展。2000年的《民政部关于在全国推进城市社区建设的意见》将社区定义为：社区是指聚居在一定地域范围内的人们所组成的社会生活共同体。目前，城市社区的范围一般是指经过社区体制改革后作了规模调整的居民委员会辖区。城市社区的构成有两大块，一块是由城镇的居民委员会改名而来，另一块是由并入城镇的村委会改名而来。就社区字面意思而言，“社”是指团体或机构，“区”是指一定的地域范围，再结合社区的核心要素，由此可见，社区是一定数量的人，聚居在一定范围内，基于共同的利益目标所组成的社会共同体。

在我国，不少中老年人对于社区一词较为陌生，但说起单位小区、商品房小区则更加亲近、熟悉，这里伴随着个人的生活、学习、成长的点滴。但社区不同于小区，小区仅仅是社区在空间、地域上的组成部分，一个社区里可能有多个小区。社区一词毕竟是一“舶来品”，它的出现是一种时尚，是与世界接轨的体现，是由理论到实践的逐步研究、应用、推广的过程，已为年轻一代人所熟知和接受。

---

① 郑杭生：《社会学概论新修》，中国人民大学出版社2003年版，第272页。

（二）村改居社区的界定

村改居社区是社区的下位概念，是城中村向城市社区过渡中的一类特殊社区，其必然符合社区的一般构成要件。

1. 城中村改造安置模式。说到村改居社区就不得不谈城中村拆迁改造。在城中村改造中，整村拆迁之后的城中村以一个或多个行政村为单位就地或异地整体上楼安置，进而形成“封闭式”的回迁安置社区。从 X 市城改安置方式来看，缘于城中村地理位置的优越性，村民都会要求就地安置，所以一般以就地安置为原则，实践中，基本也都是就地安置，鲜有异地安置的情形发生。如 2012 年 Y 区城中村改造后回迁的 6 个村和改造中的 25 个村全部实行就地安置。实行异地安置的主要原因是遗址或文物保护而无法就地建设安置，如大明宫遗址拆迁，因不能在原址建设安置，便实行异地安置。这些一个个由城中村改造（户籍、土地、集体资产按规定处理）、过渡、回迁安置而来，由村委会建制改为居委会建制的社区被学术界称为“村改居社区”。如调研中城改办工作人员称：“我们只要把撤村建社区的请示报告和相关材料报送民政部门，拿到民政部门撤村建社区的批复，新改造后的村子就算社区化了。村民转居民，村委会撤销，不再进行村委会选举。”

2. 一村一社区的建制。根据 2010 年《关于加强和改进城市社区居民委员会建设工作的意见》中有关社区居民委员会设置的指导意见和 X 省《关于贯彻〈关于加强和改进城市社区居民委员会建设工作的意见〉的实施意见》（X 办发〔2012〕9 号）的有关规定，本着便于管理、便于服务、便于自治、精简效能的原则，一般在 1 000—5 000 户或 3 000—15 000 人的社区设立居民委员会。但是，由城中村改造而来的村改居社区并未按照此规定来执行。X 市规定村改居后一个行政村可以独立设立一个居民委员会，也可以多个村合并设立一个居民委员会。① 然而，源于此类社区的历史由来、原本的自治组织较为完备、原有的集体经济组织改制后成立的股份制

---

① 《X 市城中村改造管理办法》第二十条：“新经济组织组建后，依法撤销村民委员会，设立社区居民委员会。一个行政村可以独立设立一个社区居民委员会或就近并入现有社区居民委员会，也可多个行政村合并设立一个社区居民委员会。”

经济组织形式、改制后所拥有的集体资产及成员生活依托商铺面积资产的差异等因素考量，导致不同的回迁安置小区或者其与不同的商品房小区很难整合到一个社区里面去，自然就形成了一村一社区的情形。

3. 村改居社区法律属性界定。学术界和实务界对由城中村改造而来的转制社区的称谓较多，如“混合社区”“转制社区”“转型社区”“村转居社区”“回迁安置社区”“城改社区”或“村改居社区”。如 X 市 Y 区政府相关职能部门通常将城中村改造回迁安置社区称为“新型农村社区”或“农村回迁村”。村改居社区与“新型农村社区”是完全不同的概念，有着本质区别。“新型农村社区”指的是传统农村通过统一规划，统一建设新的农民住房和服务设施，形成农村新的居住模式、服务管理模式和产业格局，也被称为“中心村”。如 X 市 GL 区的 HC 社区即为新型农村社区，这里的农户住房由政府和村统一规划，形成了以种植大棚蔬菜为生的产业格局，但村民依然是农业户口，社区所附着的土地所有权依然为农民集体所有，享受农村社会保障相关福利。各地村改居社区全部在城市建成区范围内，其与农村社区大相径庭，不能冠以“农村”之名。政府部门对这一类社区也没有一个清楚的认识和界定。访谈中，有的街道办事处干部认为村改居社区就是农村，包括一些社区干部也认为是农村，习惯性用“我村”“我队”的传统村落的专用词语进行表达。从以上分析可知，村改居社区并非是社会学对社区的一种分类称谓，也非官方文件中社区类型称谓，它是诸多因素错综交织的产物，是城乡二元管理体制在工业化和城镇化发展下的必然产物。① 如果按照经济社会发展的连续性，我们也可以将社区分为农村社区、村改居社区和城市社区。这类新转化的社区是“城市与传统村落之间的混合社区”，在城镇化的推动以及原来传统村落力量的惯性作用下，形成的一种新的介乎乡村与城市社区之间的中间形态，是城中村改造后的产物。② 正是因为它不是一种社区研究中标准意义上的社区称谓，因此，理论界对其称谓颇多，也较为随意。规范称谓有利于地方政府用城

① 吴莹：《上楼之后：村改居社区的组织再造与秩序重建》，社会科学文献出版社 2018 年版，第 42 页。

② 于显洋：《社区概论》，中国人民大学出版社 2016 年版，第 37 页。

市思维和办法谋划和解决村改居社区治理法治化中的问题。①

综合以上信息，形成共识的有以下几点：第一，村改居社区都是工业化和城镇化高速发展下，由传统村落经过地方政府主导下的改制而来。第二，都认为转制社区的前身是“城中村”，与“城中村”紧密相连，是由城中村改造而来的。第三，都看到了转制社区的过渡性，认为转制社区是兼具城市社区和农村社区的特点，但又与城乡社区有所不同的特殊社区。可以确定的是，所有村改居社区都已完成城中村改造，实现“四个转变”，即农民转变成居民、村委会转变成居委会、集体土地所有权转变为国有土地所有权、农村集体经济转变为股份制经济组织形式，民政部门已经撤村建居，显然已不是农村的行政村，而属于城市社区，从治理的制度运行上应该依据《中华人民共和国城市居民委员会组织法》（以下简称《城市居民委员会组织法》）来进行治理。法律属性的确定为村改居社区最终的走向、发展指明了方向和目标。从以上分析可见，认为统一称为“村改居社区”较为合理，既能体现出此类社区的由来以及改制中的“四个转变”的特殊性，又能体现出其最终的治理走向是要用城市社区的治理思维和办法去解决村改居社区治理中的问题，最终融入城市社区。

二、村改居社区的特征

村改居社区既回不到农村，又不能自然而然地融入城市社区。村改居社区作为城市社区，自然有一般社区的共性，但其毕竟是我国城镇化进程中的新活体，又有其自身的特征。

（一）形成的被动性

村改居社区的出现是农村被动城镇化的产物。村改居社区是地方政府自上而下政策主导下发展规划的产物，与城市社区居民自愿入住及乡村村落自然形成有很大的区别，它的形成具有被动性。城中村村民向城市居民

① 陈晓莉：“新型城市化发展中村改居社区治理变革”，载《求实》2013年第10期，第63页。

的改变不是自发自觉的结果，而是人为操作的产物。地方政府通过手中的公权力、行政力量，以制定地方法规、执行公共政策等手段，推动并引导城镇化进程。回迁农户在一系列由政府主导、强力推进的城镇化中的补偿、安置措施中被安排，由于被拆迁农民缺少主动权，拆迁安置普遍呈现出“被拆迁”“被补偿”“被转居”“被管理”等各个阶段的“被动”现象的特点。① 可见，村改居社区形成于我国快速城镇化进程中，地方政府是此类社区形成的主导者。从其产生的历程来看，带有很强的被动性。要用城市的管理模式去治理被动城镇化的村改居社区显然困难重重，这也为村改居社区的治理法治化和现代化埋下了治理困境的种子，治理体制的不顺畅成为村改居社区治理法治化的主要障碍。就目前城中村改造拆迁来看，社会组织及被拆迁农民依然没有参与的机会和平等的对话权，依旧是地方政府主导下的改造、拆迁、补偿和安置。

（二）转变的过渡性

社区两委会是社区组织架构中的两个基本机构，分别是社区党组织和社区居委会。在调研的13个村改居社区中，原行政村两委会已全部转变为社区党组织和社区居委会，第一届两委会成员原则上由原行政村两委会班子成员平移为社区两委会成员，原村民代表、村民小组长通过协商的方式平稳过渡为居民代表。

村改居社区是我国城乡二元管理体制下工业化与城镇化高速发展的产物，其虽从传统村落演进而来，但经过了有形改造和无形改造，无论是从居住环境、生活方式、经济结构、自治组织、治理依据等方面都发生了改变，已与传统村落渐行渐远。改造回迁安置后的村改居社区虽已从形式上实现了“四个转变”，致使社区的组织机构变了、社区的管理体制变了、管理对象和内容变了、管理的方式也变了，但是基于对乡村管理体制的根深蒂固、旧的治理依据的习惯性、城市社区管理能力的不足、原住民对“被拆迁”的抵触情绪、原村集体经济组织的改变等诸多因素的考量或影

---

① 陈晓莉、白晨：“回迁安置社区社会管理创新的语境与思路”，载《学习与实践》2012年第4期，第84页。

响，使得改制后的村改居社区马上进入一套全新的制度设计中并能顺畅运行是不可能的。因此，各城市在进行城中村拆迁安置后，均会规定一个过渡期，以便实现“四个”转变的顺利过渡。如X市《关于城中村无形改造工作若干问题的通知》就规定，此类社区的原住民从转为城市居民之日起5年内可继续享受有关惠农政策，惠农政策和城市居民政策不重复享受。

城镇化是社会发展的必然，是社会进步文明的体现。目前，村改居社区在社区的组织机构、治理依据、经济组织等方面与城市社区存在差异，但这种过渡性是暂时而非永久性的，只是由于其与生俱来的特性、形成的被动性以及对乡村治理模式的习惯性，注定这又将会是一个漫长融入的过程。

（三）亦城亦乡的二元性

村改居社区的前身是城中村，城中村本质上仍属于农村的行政村建制，这种由传统农村改造来的产物具有亦城亦乡的二元性。整村拆迁安置后的村改居社区受现代城市文化的浸染，在居住方式、居住环境、物质生活等方面已与城市社区无异，但同时还保留传统村落的诸多特点。如社区的组织架构虽然依照城市社区的建制进行设置，但机构的运作、管理思维、管理方式、纠纷的解决等方面仍然是传统村落治理的沿袭；村改居社区干部的素质普遍较低，管理意识较强而服务意识淡弱，工作方式依然具有浓厚的行政村的色彩；虽说社区居住人员因承租人的入住打破了原住民的这种以血缘、亲缘、宗缘为纽带的熟人社会关系而进入一个“半熟人”社会关系的网格中，但原住民在社会交往关系、文化观念上依然带有很深的村落印记。调查发现，村改居社区居委会下仍设村民小组长这一自治机构，负责原来归属于本小组村民的日常事务；与居委会干部、小组长或者原村民在进行座谈时，时常会听到“我村”“村长”“咱农民”等乡村社会特有的词语。这说明不管是原村干部或是原村民，他们的融入感不强。根源在于这一切都是地方政府主导下农民被动城镇化的产物，村改居社区外有城市之形，内有乡村之实，将城乡社会的二元性体现得淋漓尽致。因此，也有不少学者担心，改造后的村改居社区会成为新的“城中村”。

村改居社区属于城市社区的范畴，然而由于我国的城乡二元管理体制根深蒂固，由传统村落改制而来的村改居社区明显兼有行政村和城市社区的特点。相比于城市社区，村改居社区居民结构复杂，既有原住民又有外来人员，内部治理结构徒有城市社区之形，却没有真正实现村民自治向居民自治的转变。但随着城镇化的深入，村改居社区也将逐渐发育成熟，按照城市社区的结构和制度来运作，最终走向现代化的城市社区。

三、调研样本介绍

（一）村改居社区

我们从2008年开始关注、调研城中村改造拆迁，从2013年开始对X市及其周边地市的多个村改居社区进行持续跟踪调研，对城中村与村改居社区及整个转变过程、村改居社区的内部治理体制有着深刻的认识。为了更好地完成研究，发现新问题、真问题，做到学术研究服务地方经济社会发展的目的，自2018年8月至2020年12月，我们又选取了多个代表性村改居社区作为样本进行深入调查，即对X市区域内不同地理位置、不同改造时间段、不同改造方式、不同规模集体经济的13个村改居社区（BHY社区、WQ社区、QD社区、CLXY社区、CJZ社区、JYMJ社区、YB社区、SQXY社区、CJ社区、TJ社区、AJ社区、XH社区、SSM社区）的治理法治化境况进行持续的社会调研，并对其中5个社区（YB社区、SQ社区、XH社区、JYMJ社区、SSM社区）进行重点的针对性调研（见表1-2）。①除此之外，为了准确把握村改居社区的治理特性，我们也曾对X市GL区的新型农村社区HC社区、AK市的抗灾移民社区QY社区、扶贫搬迁社区ZYNJ社区等城镇化发展中出现的新型社区以及X市的10个传统农村社区和3个城市社区进行调研，力求发现村改居社区与其他社区的区别和突出特点。通过社会调查，获取大量关键的第一手资料，为论证做了强有力的支撑。

---

① 所选样本的13个村改居社区皆因城中村改造拆迁而建立，并都已完成了“四个转变”。

表 1－2　重点调研对象情况列表

序号	调研对象 调研时间	改造回迁时间 及改造类型	原住民 数量	物业管理	是否成立 合作社	代管商品房 小区数量
1	YB 社区 2018 年 7 月	2010—2016 年 政府主导	1 200 人	招投标	是	HLB 等 3 个小区
2	SQXY 社区 2018 年 8 月	2011—2015 年 政府主导	2 000 人	自办物业	是	HZC 小区
3	XH 社区 2019 年 10 月 2020 年 12 月	2003—2006 年 自主改造	1 878 人	自办物业	是	KXM 小区
4	JYMJ 社区 2018 年 8 月 2020 年 12 月	2011—2014 年 政府主导	900 人	自办物业	是	MC 小区 ZH 小区
5	SSM 社区 2020 年 12 月	2012—2020 年 政府项目	1 530 人	招投标	是	无

资料来源：根据调研资料整理。

（二）街道办事处

村改居社区治理法治化离不开基层政府的支持，实际治理中更多地体现为基层政府的派出机构街道办事处与村改居社区之间的关系。为了全面、客观地认识村改居社区治理中的内部治理主体、外部治理主体及相互间的关系，重点对 2 个较为典型的街道办事处进行调研，从不同的治理主体角度来审视村改居社区治理法治化中的问题及剖析问题产生的原因，如此便多了一个视角，听取到了不同声音，认识也就更加全面、深刻。ZJC 街道办事处位于 X 市二环以内的核心区域，属于 B 区人民政府的派出机构，辖区内共有 19 个城市社区，其中 5 个为村改居社区，全部实行就地高层安置。ZB 街道办事处位于 X 市建成区域，属于 G 区的派出机构。截至 2021 年 2 月，ZB 街办辖区共有 38 个行政村和社区，其中农村行政村 6 个，传统城市社区 11 个，村改居社区 21 个。在这 21 个村改居社区中，一户一宅的安置方式占 17 个，其余 4 个为就地高层安置。

为了更好地完成研究，我们选取了上述典型样本进行深入调查。以上调研皆以座谈会或单独访谈的形式进行。除与社区党组织、居委会对接的正式访谈外，我们也与村改居社区与社区原住民、租住户及代管的商品房小区居民进行交谈，对社区内的相关治理活动进行观察来获取更多的调查资料。除联系的 13 个村改居社区中的 5 个社区和 2 个街道办事处外，对其他社区或基层政府的相关调研活动也会在基层政府部门、政协的安排下以座谈会及访谈的形式进行，座谈会的组成人员范围广泛，有民政局、区政府、城改办、农工局、街道办等负责城改及社区治理工作的干部以及政府法律顾问、社区两委会干部、居民代表、居民、党员等诸多人员，这使得调研可以全面地了解不同治理主体的想法、意见、建议，对研究意义重大。

第三节　村改居社区治理法治化研究的主要内容

一、村改居社区与城市社区的比较分析

社区是社会的缩影，更是人类生活和活动的共同体，老百姓需要在社区里实现不同的功能。国内学者一般以居住方式的差异为标准，将社区分为农村社区和城市社区。乡村与城市是人类居住方式的两大场所，在世界各地都普遍存在。村落是在几千年农耕文明的传承中逐步形成的，分为自然村和行政村。自然村不同于行政村，自然村不是一个农村基层管理单位，它只是村民生活交往的单位。行政村是我国在农村社会依法设立的基层管理单位，是我国行政区划体系中最基层的一级，设有村民委员会和党支部委员会，在村民委员会下设多个村民小组（小队），村民委员会是村民行使自治权的主要组织形式。此外，自然村和行政村之间又是互相重叠的，但却不存在谁归属于谁的定数。大部分的行政村由多个自然村组成，但也有一个自然村就是一个行政村的，或个别超大自然村被划分为几个行

政村的情形。农村社区是相对于现代城市社区而言的，是指以农耕为主要生产功能或生活方式的社区，这种社区的成员大多以农耕及副业为主。社区成员的居住方式是村落形式，而且村落的规模通常较小。① 农村社区是一个比自然村落、社会村组体制更具有弹性的制度平台。随着经济社会的发展，尤其20世纪90年代受国际国内环境重大经济因素的影响，我国城镇化的进程急剧加速，城市社区在现代化发展中扮演着重要的角色。村改居社区是我国城乡二元管理体制下城镇化发展的特有产物，是传统村落向城市社区转变的过渡性产物，虽然在性质上属于城市社区，但其与城市社区又有着显著的区别。通过对已有的文献资料及X市村改居社区及城市社区调查研究，发现村改居社区和城市社区主要在治理主体、治理内容、治理依据这三方面存在较大差异。

（一）社区居民人员结构不同

1. 居住人员职业不同。村改居社区在改造前，原住民的职业已非农化，但因自身的能力所限无法适应竞争激烈、不断革新的现代市场经济的职场要求，只能从事保安、保洁员、超市售货员等一些不需要多少知识和技能的工作，更多的原住民则处于依靠房租和集体经济收益分红获取经济来源的未就业状态。传统城市社区居民的职业主要从事第二和第三产业的非农产业，要么基于“业缘”、要么基于“自主选择”而入住社区，且基本都有稳定的职业和收入，不同于村改居社区原住民的被动入住和从业类型。

2. 社区成员构成不同。村改居社区中的原住民依然保留着传统乡村社会的思想观念和生活习惯，生活圈子狭小且稳定。但由于外来租户人员的涌入，使得村改居社区人口流动性强，原本人员组成的同质性也被打破，兼有了城市社区人口的构成，具有一定的开放性。但是，村改居社区的异质性又不至于那么高，使得这种传统的熟人社会变成了一个由稳定的原住民和流动人口组成的“半熟人”社会的共同体。城市社区居民的构成呈现多元化特征。社区居民来自五湖四海，姓氏、习俗、饮食习惯、文化教育

---

① 于显洋：《社区概论》，中国人民大学出版社2016年版，第35页。

程度等完全不同，仅仅是因同住一个社区而联系在一起的陌生人社会共同体。城市社区的人际交往更具有外向型，居民内部之间基本不交往，是一个完全开放的具有异质性的共同体。

3. 社区人员的文化程度及解决纠纷的方式不同。村改居社区原住民文化程度较低，外来租户文化程度较之原住民则偏高。村改居社区原住民之间的纠纷解决仍然偏向于调解、找“中间人说话”或寻求社区干部“裁决”等乡村社会的传统方式予以解决。社区干部或“能人”在处理原住民之间的纠纷上有一定的威信，这些方式都保留了乡村社会矛盾纠纷处理的习惯。若纠纷涉及外来租户的，则往往通过法律途径予以解决。村改居社区因房租经济也吸收了城市社区人口构成的特点，使得人口构成趋于复杂。纠纷化解的方式沿袭了传统村落的解决办法，同时也吸纳了城市社区更倾向于寻求司法机关裁决的方式。城市社区居民绝大部分知识文化程度较高，基本上都有稳定的职业和工作收入，对个人的自由和隐私有一定保护意识，发生纠纷更愿意通过法律途径解决，不会主动选择陌生的社区干部在中间进行调解。

（二）社区组织架构不同

村改居社区组织架构融合了行政村和城市社区基层组织架构的特点，其突出特征就是两套基层组织体制的并存和共同运作，某种意义上来说就是两种制度人为地融合。从表面上看，村改居社区基层组织架构是党组织、居委会及其他群团组织等，但实质上，村改居社区组织架构的任职人员仍由其前身的农村行政村“那拨人”来担任。虽然回迁安置后原来的村民小组成员集中居住的习惯已被“上楼”之后安排在不同单元楼的居住方式所打乱，但是在村改居社区中仍然保留了只有行政村才有的基层自治组织的负责人。① 整个机构的运作依然是按照行政村的制度设计来运行，但是吸收了城市社区中的社区服务中心、社区志愿者等居委会下的一些机构设置。城市社区组织架构主要包含社区党组织、居委会、社区服务中心、

---

① 在乡村社会，行政村都是由村民小组构成的，而村民小组却是基于血缘、宗缘以及地域来进行划分的，它的形成是一个漫长而自然的过程。

社区志愿者组织以及入住社区的各类组织。社区党总支部或党委一般由书记、副书记和委员组成，设书记1名、副书记2名，设委员5到7人。社区党委对社区工作实行全面领导，是社区党建、社区建设与管理的领导核心。社区居委会是社区的常设议事机构和日常办事机构，由专业人员组成的社区服务中心是居委会的执行机构。

可见，村改居社区虽按照城市社区的组织架构来设置机构，但城市社区具有更为成熟的居委会和组织化程度更高、类型更加多样化的群众性组织。村改居社区的管理体制徒有城市社区之形，实则仍是农村组织架构的运作方式，民主自治机制仍然具有鲜明的行政村特性，没有真正实现村民自治向居民自治的转变。

（三）治理内容不同

同属于社区，村改居社区和城市社区在治理内容上必然会有诸多重合，如社区公共事务上，但差异也是显著的，最大的区别体现在集体经济建设上。城市社区的居民委员会与行政村的村民委员会是两种不同的制度设计，职责上也有着本质的区别。依照《中华人民共和国居民委员会组织法》（以下简称《居民委员会组织法》）第三条的规定，城市社区职责中并不包含管理、建设、发展集体经济的职能。村改居社区虽是城市社区，但集体经济是客观的存在，且一直未能实现村改居后集体经济与社区的剥离。如2018年之前，X市在进行城中村改造过程中，对原有的村集体资产进行量化并成立有限责任公司，这仅从纸面上实现了集体经济组织与居民委员会的分离和独立。然而分离与独立并非那么简单，集体资产依然控制在居委会手中，居委会依然行使着集体资产的管理、运行职权。可见村改居社区虽然属于城市社区，但其仍然肩负着集体资产管理、建设职能，居委会干部往往因观念、任职上的混同、繁琐的报账程序等因素存在用集体经济组织的收益补贴社区物业管理费用、社区居委会公共经费开支等现象。以上问题在城市社区是完全不存在的，城市社区没有集体经济，自然就不存在社区干部用集体经济收益补贴社区公共事务开支的情形，城市社区本身并无其他经济来源，所有开支均由政府财政依法拨付。

（四）治理规范应用侧重不同

1. 体现在法律法规上。城市社区应以《居民委员会组织法》作为治理依据，但村改居社区却在组织机构的产生、职能、选举制度、议事表决等方面都是依照《村民委员会组织法》进行。党组织、居民委员会及小区物业公司被誉为社区治理的“三驾马车”，城市社区的物业公司皆属于商业化的营利性公司，物业公司在物业管理活动、维护业主和物业服务企业的合法权益、改善社区居民的生活和工作环境等社区治理中的重要地位可见一斑，它是与小区居民联系最密切的社会资本组织。实际生活中，很大一部分小区居民只识物业公司而不知社区。物业公司在对小区进行治理的依据则为《物业管理条例》《物业服务收费管理办法》等行政法规、规章。村改居社区是城市社区，自然应纳入城市社区治理范畴，组织架构理论上应按照《居民委员会组织法》《民政部关于在全国推进城市社区建设的意见》及地方关于城市社区建设的法规来设置，但现实中其机构的运作仍然依照乡村制度的设计来运行。村改居社区成立后即为城市社区，物业公司在小区的治理中是必不可少的。调研发现，大部分尤其是城市改造较早的村改居社区的物业公司就是社区自办物业，工作人员也都是原村集体成员，带有一定的福利性质。①

2. 体现在自治规范上。村规民约亦是乡村社会中最原始、最基本的一种治理规范，一直被认为是与国家法相对应的民间法的重要组成部分。相较于法律，更易在乡村社会的治理中得到尊崇和遵守。村改居社区的“亦城亦乡”性使得村规民约仍具有适宜的存在土壤，尽管其在生成、生效程序等方面还存在一些问题，但不可否认的是它在社区治理中发挥着一定的功能。如调研过的 X 市 TJ 社区、HJ 社区和 AK 市的 ZYNJ 社区等就将村规民约“上墙”，引导居民生活，处理居民之间的矛盾纠纷。在城市社区，社区自治规范显然是有的，但因社区居民的高度异质性，使得其在制定、

---

① 原住民并不具有物业管理的能力，物业管理专业性较弱，如此做法的初衷是为了发展壮大集体经济、解决农民转为市民后的就业问题。但在调研的村改居社区自办物业中，JYMJ 社区的物业公司是一个特别的存在。JYMJ 社区的物业公司是集体经济组织投资设立的，但为了提高管理水平和服务水平，确保物业工作保质保量高效完成，物业公司所有工作人员皆为聘任非本集体经济组织的外来成员，避免了基于熟人社会带来的诸多麻烦。

践行上都成为一种形式，发挥的功能自然较弱。

3. 体现在道德规范上。道德在传统的乡村社会治理中有着悠久的历史传承、丰富的思想资源和较高的认可程度。[①] 村改居社区的“半熟人”的居民结构格局，人们因低头不见抬头见、羞愧、丢人、脸面等因素考量使得道德规范在村改居社区中对居民的行为约束功能更加强大。城市社区完全是一个陌生人群体，居民会从内心对于普世的社会公德去遵守，但相对来说道德规范的约束较弱，居民更多地接受法律规则的约束。

综上，村改居社区虽身处城市，也被定性为城市社区，但在社区居民构成、社区组织机构、治理内容、治理规范在社区治理中应用的侧重方面都与城市社区有着显著的区别。这些差异导致村改居社区在治理法治化中的诸多不顺畅，甚至陷入治理法治化的困境，也成为村改居社区治理法治化提升的主要障碍，使得村改居社区治理法治化水平较低。那么，以上问题及问题的分析与破解也将成为研究的主要内容。

二、村改居社区治理法治化研究的主要内容

村改居社区治理法治化是一个复杂、系统、立体的工程，涉及方方面面的问题，有些问题是农村社区和传统城市社区的共性问题，有些问题却是村改居社区的特有问题。村改居社区治理法治化的研究不可能做到面面俱到、事无巨细，因此本研究仅就村改居社区与城市社区在治理法治化中的显著区别及突出问题进行研究。通过将村改居社区与城市社区比较得出的差异、梳理学术界关于村改居社区治理法治化中存在的问题并结合社区调研中社区干部、居民最关心的问题进行法学学科的归纳、提炼，进而确定将本研究的研究内容集中在治理主体、治理内容中的集体经济规范化建设及社区治理规范这三大部分。

（一）村改居社区多元主体治理能力提升

村改居社区治理的法治化是形成村改居社区多元治理主体结构的重

① 王海成、张丽君：“‘三治’结合背景下乡村德治的定位与转型”，载《西北农林科技大学学报（社会科学版）》2020 年第 6 期，第 112 页。

要机制，同时多元治理主体结构的形成又可以提升村改居社区治理的法治化水平。村改居社区是组成社会的基本构成单位，也是社区自治的基础载体。社会治理中，社区既是社会治理的主体之一，又是社会治理的内容。

村改居社区治理主体复杂多样。就社区治理主体而言，有原住居民、非原住居民、居委会、党组织、居民代表大会或居民大会、集体经济组织、物业公司、基层政府等诸多治理主体。治理主体间的关系复杂，如合作社和社区、物业和居委会的组织体混同，不同于城市社区的泾渭分明、各司其职，治理主体间职责不清、权责不等、诉求不同，理顺各治理主体之间的关系、提高治理主体参与度、构筑社区治理共同体建设都是村改居社区面临的新问题。就村改居社区治理的外部主体基层政府与村改居社区的关系而言，此类社区因形成的政府主导性，相比传统的农村社区和城市社区，其与政府之间的关系更加复杂，联系更为密切，矛盾纠纷也最多，这种城改过程中产生的遗留问题和回迁安置后的新问题的处理不当极易引发群体性行为。政府对村改居社区的过渡管控，社区俨然成为基层政府的延伸机构，超负荷地承担着政府下派的行政性事务，使得村改居社区的自治权被严重挤压，社区几乎无自治可言，更多的是在政府的安排下去“自治”。

如何充分调动村改居社区内部治理主体参与社区治理的积极性并提高治理能力，限制政府行政权力，还社区自治权，从内积极引导村改居社区治理的自我管理、自我监督，从外部为社区自治放权赋能，发挥社区治理在社会生活中的积极作用成为当务之急。

（二）集体经济治理的规范化建设

集体经济以何种形式表现出来并如何构建是村改居社区集体资产治理法治化研究的重要内容。村改居社区虽是城市社区，但在治理内容上和城市社区存在较大差异。村改居社区居委会除承担政府下派的公共性事务外，还有非常重要的一块内容就是负责集体经济建设，但这一治理内容在依据《城市居民委员会组织法》运行的城市社区是不存在的。为了将这一治理内容纳入村改居社区居委会治理的范围，属于城市社区的村改居社区只好在运行制度上被强行的套上《村民委员会组织法》的制度设计。村改居社区居委会掌控着集体资产，原本为保护集体资产而设立的股份制公司（股份经济合作社）完全沦为空壳，既无资产，也无经营。为了保证集体经济控制在居委会手中，那么居委会的成员也就只能是由集体经济组织成员担任，这就从制度上排除了社区原住民以外的其他居民的选举权和被选举权，造成了实践中少数人领导多数人的非正常状态，尤其在商品房小区挂靠村改居社区的情形下体现得更加明显。成员、资产及组织机构是一个法律拟制的主体保持独立性的关键，成员的明确、集体资产的确定与所有权转移、科学的组织机构的构建成为保护集体资产和发展集体经济的关键。只有将集体经济从居委会中剥离出来，才能从根本上保证原住民的集体财产权益不被挪用、侵害。那么，实践中村改居社区集体经济到底以何种形式表现出来并如何构建成为村改居社区集体经济治理法治化的重要内容。

（三）多元治理规范的协调与完善

村改居社区治理主体的多元性决定了社区治理规范类型的多元化。依法治理就是村改居社区依据多元规范进行治理，但村改居社区在治理社区事务中存在诸多的规范困境。村改居社区是城市社区，从理论上说社区治理应该适用《城市居民委员会组织法》，但实践中这些由行政村转变而来的城市社区仅具有城市社区之形，其运行仍然依据《村民委员会组织法》；居民参与社区治理的法律规定不完善，基层政府及其派出机构与社区之间的权力与权利划分等亟需在立法层面予以明确；村改居社区具有城乡二元性，自治规则和道德规范的治理得以较多继承，但治理规则之间的冲突，尤其自治规则与法律规范的冲突、自治规范生成程序的不正当性及实效都影响着村改居社区治理法治化水平。这些问题都亟需在理论上进行梳理，在实践中拨乱反正和完善，以实现村改居社区的有序治理。

被动城镇化导致村改居社区建成后存在诸多治理难题，严重影响和制约着社区的转型、居民的政治经济权益的实现和治理法治化提升。这些问题亟需在法学理论层面进行梳理和探究，最终回归和指导实践，对推动村改居社区的治理、规制有所裨益。我国一直致力于和谐社会的构建，和谐社会并非是没有利益冲突和矛盾的社会，相反，它是一个能够理性对待转型期的社会矛盾和冲突并且有能力去化解利益冲突和解决矛盾以实现利益关系逐渐趋于均衡的社会，最终实现人民对美好生活的向往。

第二章

村改居社区治理法治化研究的理论基础

党的十八届四中全会提出："全面依法治国的总目标是建设中国特色社会主义法治体系，建设社会主义法治国家。坚持法治国家、法治政府、法治社会一体建设，促进国家治理体系和治理能力现代化。"这一总目标的设计使得法治与治理的关系研究成为时代性重大课题。法治与国家治理息息相关。在现代国家，法治是国家治理的基本方式，是国家治理现代化的重要标志，国家治理法治化是国家治理现代化的必由之路。现代法治的核心要义是良法善治。正是现代法治为国家治理注入了良法的基本价值，提供了善治的创新机制。[①] 党的十八届四中全会指出，要"全面推进依法治国，基础在基层，工作重点在基层"。基层治理法治化是基层治理改革与创新的必然选择，是实现基层治理现代化的必由之路。社区是社会的最基层，也是国家治理的基本单位，社区治理是国家治理体系的一部分并处于链条的末梢，更是治理的重点和难点，社区治理的法治化水平直接影响着法治社会建设及国家治理效能。

第一节 中国特色社会治理理论

改革开放四十多年来，手中有粮、卡里有钱、物质充盈、生活富裕是当下中国老百姓的真实生活写照。改革开放改变的不仅是个体生活水平的提高，更是整个国家和民族的命运，是人类历史上的一大壮举。我们正处在一个巨变的时代，多年的改革发展使得我们原有的社会生活已发生了三个深刻转变：一是从单位人到社会人的转变；二是从静止社会向流动社会的转变；三是从熟人社会向半熟人社会及陌生人社会的转变。面对社会结构的转型，政府再也难以用传统的方式来治理当前的社会，迫使政府要转变理念，提升社会管理并向社会治理转型。同样，原有的"国家—社会"二元结构下，弱社会、强国家的理念与管理体制已经不适宜当今的社会发

① 张文显："法治与国家治理现代化"，载《中国法学》2014年第4期，第5—6页。

展形势，现实迫使我们必须对已有的管理体制进行调试来适应社会转变的需要，① 即应将行政力量动员机制转变为社会力量动员机制，这才是真正意义的社会治理现代化。以上理念的转变表明中国共产党对社会政治发展规律有了新的认识，这也必将是一个不断探索有中国特色社会治理法治化道路的过程，体现了中国共产党“解放思想、实事求是、勇于创新”的精神。

党的十八届三中全会后，“治理”这个词便成为中国社会的热门词语及理论研究的重要课题，学者试图对其含义进行界定并存在种种不同解读。“治理”一词，从词语构成的字面意思来看就是“治国理政”。有人认为它是西方的概念，也有人则认为它在中国古代社会早已有之。然而，作为古今中外人类社会的一种基本政治活动，它现实地存在于每一个国度与每一种文明之中。②

一、中国特色治理理论

（一）西方治理理论

源于拉丁文和希腊语的“治理”原本的意思是“控制、引导和操纵”。在欧洲中世纪，时任英格兰国王的亨利四世曾用“治理”一词来阐明上帝之法赋予君主对一个国家统治的权力。因此，就传统意义上来讲，治理与统治两个词语的含义差别不大，交叉使用，且主要用于与“国家公务”相关联的宪法和法律的执行问题，或指管理利益关系不同的多种类特定机构行业。③ 1989 年世界银行在一篇关于非洲的报告中首次使用“治理危机”（crisis in governance）这一词汇。紧接着在 1992 年，由 28 位国际闻名人士倡议成立了“全球治理委员会”（Commission on Global Governance），三年之后，该委员会发布了《我们的全球伙伴关系》（Our Global Neighborhood）

① 2018 年 11 月 17 日，李培林研究员在“改革开放 40 年与中国社会治理转型学术论坛”上的讲话。

② 俞可平：《中国的治理变迁（1978—2018）》，社会科学文献出版社 2018 年版，第 2 页。

③ 俞可平：《治理与善治》，社会科学文献出版社 2000 年版，第 55 页。

的研究报告。该研究报告对全球治理的概念、意义以及全球治理与经济全球化、全球安全、联合国改革和加强全球法治的关系进行了较为系统的论证。紧随其后，“治理”一词广泛地活跃于诸多国际组织的各种文件中，实践中的这一行为同时也带动了学术界对治理的理论研究，治理的理论研究也逐渐成为社会学、政治学、经济学等学科领域学者研究的课题，并在不同语境中得以彰显。最常听到的有全球治理、国家治理、政府治理、社会治理、区域治理、基层治理、地方治理、社区治理、乡村治理、公司治理、垃圾治理等不同层次、不同领域的与“治理”结合的词语，“治理”也成为各国政府改革及秩序重构的一种新理念、新模式。全球治理委员会将治理的概念定义为：治理是各种公共的或是私人的个人及机构管理他们共同事务的方式的总和。它使得相互冲突的或是不同的利益得以调和且采取联合行动的持续的活动过程。不仅包括国家制定的有权迫使人们遵守服从的正式制度，也包括人们同意接受或认为符合其利益的各种非正式制度安排。它坚持共识、共治、共享的核心理念，强调多元治理力量的引入，厘清政府参与角色，促进政府与市场主体、政府与社会组织及政府与社会公众之间的协商合作。它有四个特征：治理不是一整套规则，也不是一种活动，而是一个过程；这种过程的基础不是基于政府的控制，而是协调；公共部门和私人部门皆涉及治理；治理不是一种正式制度，而是持续的互动。①

20 世纪 90 年代以来，西方治理理论的主要创始人之一詹姆斯·罗西瑙（J. N. Rosenau）在其代表著作《没有政府统治的治理》和《21 世纪的治理》中将治理定义为：“它是一系列活动领域里的管理机制，这些虽未得到正式授权，却能有效发挥效用。区别于统治，治理的内涵指的是一种由共同的目标支撑的活动，这些管理活动的参与主体不一定是政府，也无须依靠国家的强制性力量来实现。”② 罗伯特·罗茨（R. Rhodes）认为，有别于以往，治理呈现统治的概念有了新的变化，是一种新的统治过程，

---

① 全球治理委员会：《我们的全球伙伴关系》，牛津大学出版社 1995 年版，第 23 页。

② ［美］詹姆斯·罗西瑙：《没有政府统治的治理》，张胜军、刘小林等译，江西人民出版社 2006 年版，第 5 页。

意味着有序统治的条件或是新的方式来统治社会。①

从上述不同学者关于治理的论述我们可以发现一些共识，治理它是一个过程，治理理论强调多元主体参与，治理与多元主体密不可分，即政府仅是治理过程中的一个中心或主体，治理的过程中还存在诸多中心主体。20 世纪 90 年代美国印第安大学政治理论与政策分析研究所的埃莉诺·奥斯特罗姆（Elinor Ostrom）夫妇共同创立了多中心理论，是公共治理理论中的一个重要流派，为当时的治理实践提供了重要理论指导。“多中心治理理论”是在市场理论和国家主权理论基础上发展起来的，它看到了市场秩序和国家主权秩序存在的不足，从而在两者之外创新提出了公共事务治理之道。“多中心治理理论”认为在公共事务治理中，单靠市场和国家或是依靠行政力量、市场力量显然都不是唯一有效的解决方式。我们无须要求一个唯一的权力中心来控制其他部分。相反在没有一个唯一的权利中心管控下，在潜在的否决位置范围内可以存在一种平衡，而在权力系统内也可能保持一种法律秩序。只要将所有权力中心限制在一个可实施的宪法范围内操作，那么就能保持一个多中心的秩序。② 多中心治理理论的主要内容是：一是治理的主体应是多元化的。各级政府、社会组织体、市场主体及社会成员等都应参与到某一层次或领域的治理过程并发挥积极作用。二是公共物品供给应是多元化的。即公共产品的提供者不再仅限于政府这一单一主体，也应将市场和社会作为提供者，并且在这三类主体之间划分、明确权利界限，确保各主体在法律规则的框架下活动。三是政府要转变管

---

① 罗伯特·罗茨详细列举了六种关于治理的不同含义：一是作为国家的管理活动的治理，它指的是国家削减公共开支，以最小的成本取得最大的效益；二是作为公司管理的治理，它指的是指导、控制和监督企业运行的组织体制；三是作为新公共管理的治理，它指的是将市场的激励机制和私人部门的管理手段引入政府的公共服务；四是作为善治的治理，它指的是强调效率、法治、责任的公共服务体系；五是作为社会控制体系的治理，它指的是政府与民间、公共部门与私人部门之间的合作与互动；六是作为自组织网络的治理，它指的是建立在信任与互利基础上的社会协调网络。参见俞可平：《治理与善治》，社会文献出版社 2000 年版，第 2—3 页。

② ［美］迈克尔·麦金尼斯：《多中心治道与发展》，毛寿龙译，上海三联书店 2000 年版，第 496 页。

理模式。政府要改变单一提供者的角色及单一治理的模式，政府作为公权力主体强制管理的功能绝对是不可否认的，但同时也要为其他主体参与公共事务提供制度环境。

发展至今，西方治理理论已形成较多流派。尽管如此，立足于社会中心主义，主张去除或者弱化政府权威统治，趋向于多中心下的社会自我治理，是其基本政治主张和倾向。在此基础上，西方治理理论提出“善治”的理念，即以合法性、透明性、责任性、法治、回应、有效为测度和规范，缓和政府与社会成员之间的矛盾。因此，在今天的西方学术话语语境中，“治理”一词主要意味着政府分权与社会自治。①

（二）中国传统治理观

1. 中国古代关于治理的内涵。“治理”一词并非是一个舶来品，也不是一个新诞生的词语，在我国古代政治文化中就有关于治理的提法和主张，并长期以来就与统治一词混合使用。② 先秦时期的儒家代表人物孔子和荀子都有关于“治理”一词的表述，如在《孔子家语·贤君》中记载了宋国国君和孔子关于为政治国的这段对话。宋国国君求教孔子：“吾欲使长有国……吾欲使官府治理，为之奈何?”孔子则回答：“千乘之君……则

---

① 王浦劬：“国家治理、政府治理和社会治理的基本含义及其相互关系辨析”，载《社会学评论》2014 年第 6 期，第 13 页。

② 郑杭生教授在《社会学视野中的社会建设与社会管理》一文中对统治和治理的区别做了详细阐释，认为两者的本质区别主要有三个方面：一是统治的主体只能是公共权力部门，其权威来源只能是政府，而治理的主体可以是公共权力部门，也可以是私人部门，当然还可以是两者的合作，其权威来源倚仗的并非是政府，而是合作主体之间的持续性互动。二是管理过程中权力运行的向度不同。统治的权力向度是自上而下的单向度运作过程，而治理则是多元的、上下互动的过程，它通过合作、协调及对共同目标的确定等手段实现对公共事务的治理。三是统治遵循的是正式规则、制度与程序，而治理则以信任为基础，遵循的是由主体间协商与同意的规则与程序。可见，治理较统治更适合于复杂性、多样性与动态性的快速转型期社会，那种多元的、上下互动的权力运作过程更有利于和谐社会的构建。参见郑杭生：“社会学视野中的社会建设与社会管理”，载《中国人民大学学报》2006 年第 2 期，第 9 页。

官府治理。"① 这段对话中国君的问与圣贤的答均提及"治理"这一词，圣贤的解惑用现代语言翻译就是："要使官府得到好的治理则必须任人唯贤，罢黜奸佞小人就能使官府得到好的治理。"《荀子·君道》中也有关于治理的内容，如"明分职，序事业，材技官能，莫不治理"。在这里"治理"体现的是：明确分工、尽忠职守、选贤任能，并且要根据事情的轻重缓急来安排工作的先后顺序，就没有什么得不到管理、整治、处理的，如此才能取得治国理政的成绩。可见，治理一词在我国古代社会的使用历史久远，早已有之，且主要用于治国理政中，是统治阶级管理国家的方式，是统治者与圣贤谈及的治国理政的观念。普通老百姓只是作为国家治理的对象或客体而存在，治理也不是老百姓所能高攀的话题。综上，中国古代社会的"治理"与现代社会的"治理"一词仅是词汇呈现上的相同而已，内涵完全不等同于当下的治理理念。

2. 新中国成立至21世纪初治理的内涵。近代以来，随着白话文的普及，治理也随即进入了老百姓日常口语之中。新中国成立后，也有关于治理一词的使用。如1950年政务院发布《关于治理淮河的决定》，这里的"治理"就是整治，妥善解决问题的意思，也是传统意义上的治理。《现代汉语词典》对治理的解释是：一是控制管理，如治理国家、治理企业等；二是整治、整修，如治理黄河、治理雾霾等。中华人民共和国成立后，无论是官方出台的文件，或是学者的学术研究，治理一词也时常跃于纸面，但都不曾摆脱管理、整治、整顿的范畴或界限，强调的都是政府在治理过程中权力的单向度运作过程，并未对其内涵进行新解和阐述。20世纪90年代，随着治理理论在全球的兴起、传播和发展，我国学术界关于治理的

① 《孔子家语·贤君》中记载宋国国君和孔子关于为政治国的一段对话，宋君求教孔子："吾欲使长有国，而列都得之，吾欲使民无惑，吾欲使士竭力，吾欲使日月当时，吾欲使圣人自来，吾欲使官府治理，为之奈何？"孔子对曰："千乘之君，问丘者多矣，而未有若主君之问，问之悉也。然主君所欲者，尽可得也。丘闻之，邻国相亲，则长有国；君惠臣忠，则列都得之；不杀无辜，无释罪人，则民不惑；士益之禄，则皆竭力；尊天敬鬼，则日月当时；崇道贵德，则圣人自来；任能黜否，则官府治理。"参见杨朝明、宋立林：《孔子家语》，齐鲁书社2013年版，第158页。

理论研究和话语创新犹如雨后春笋般快速萌芽、成长，治理概念的内涵也由历史走向了现代。学者对具有传统文化底蕴的“治理”一词进行新的诠释，以剖析改革开放以来我国的政治制度建设实践，治理由此成为学术话语体系中的时髦热词，治理研究也随即进入了一个全新的兴盛发展时期。[①] 近年来，在吸收和借鉴西方治理理论的基础上，并结合我国的实际国情，形成了新时代中国特色社会主义治理理论。

（三）中国特色社会主义治理理论

中国共产党和中国人民不断探索、解放思想、求实创新，使得中国社会由农业的、乡村的、封闭的传统型社会向工业的、城镇的、开放的现代型社会转变，中国的社会生活和组织模式从传统走向现代，中国的社会转型进入了一个新的时代，出现了以往不曾有的新特点。市场化、全球化、工业化、城镇化、信息化在促进中国经济社会发展的同时，也使得社会管理的客体更加复杂化，日益增多的社会问题和矛盾冲突都对我国的社会管理体制提出了新的挑战和要求。改革开放后高速发展的经济解构了改革开放前所形成的社会结构与管理逻辑，传统的社会管理体制在转型社会结构下表现得心有余而力不足，迫使社会管理必须走向适应新时代实际需要的社会治理模式。社会从初期结构到现时代的转型过程，不断决定着维护社会秩序的治理格局的转型过程。[②]

社会中的个体即“人”作为历史与文化的存在，是一个国家寻求和选择适合本国国情的“本土化”发展模式的文化背景和主体依托。人是一个拥有着特定历史文化的存在物，不同时代的人总是置身于特定的历史与文化背景之中，并时时处处受到其制约、影响和塑造。人作为历史和文化存在的这一特点，揭示了每一个民族的历史主体都是独一无二的，有着不能被替代的独立性和特殊性，而这些正是探求适合本国国情的“本土化”发展模式的出发点。强调“本土化”并不是否认对发达国家的文明成果、发

---

① 步超：“不断深化对‘治理’的认识”，载《人民日报》2019年11月27日，第9版。

② 张翼：“社会转型与社会治理格局的创新”，载《中国社会科学评价》2019年第1期，第27页。

展模式的学习和借鉴，但是这种学习和借鉴必须适合我国的历史文化特点、民族性格和实际国情，对其适用的条件、限度和范围必须认真考虑，这是“本土化”发展模式的实质。① 中国治理理论必须蕴含着中国文化和现实，有着中国特色。

全球化将各个国家的经济、政治、文化、信息等紧密联系在一起，没有一个国家能够置身其外。“治理”一词作为社会学、经济学、政治学等领域的流行词语，犹如一股浪潮，席卷整个世界。“治理”一词在我国社会的广泛应用，并非为一时潮流，而是与全球化浪潮和现代经济社会发展中出现的矛盾和问题的社会现实的紧密联系，有着深刻的本土时代背景，如市场经济的发展、市民社会的兴起及社会转型时期利益冲突和结构调整等。治理理论也同样引起我国研究人员的广泛关注，同时涌现出了诸多研究治理理论的学者，他们结合中国实际对治理理论进行了新的诠释，理论研究成果颇丰且具有典型的中国特色，更好地适应了中国国情的需要。

治理一词的基本内涵是指官方的或民间的公共管理组织在一个特定的范围内运用公共权威维持秩序，满足公众需求的过程。治理的价值是在各种不同的制度关系中运用权力去引导、控制和规范社会成员的各种活动，来最大限度地增进公共利益。党的十八大以来，我国提出了一系列重大的战略改革措施，如从严治党、加强党的集中统一领导、加大反腐力度、扫黑除恶的常态化、推进协商民主等措施，这些措施的出台和实施进一步强化了改革开放以来逐渐形成的特色鲜明的中国治理模式。中国特色治理模式具有以下特质：一是以中国共产党党组织为主导的多元治理结构。在多元化的治理主体中，不同于西方治理理论中的国家的政府作为公共治理主体中的最重要主体，我国最重要治理主体是中国共产党的各级党组织。二是增量改革的路径选择。增量改革的实质是在不损害或不剥夺人们已有利益的前提下，以最大限度地增加新的利益总量，使社会成员在改革中获得更多的好处和实惠。它既强调革新，又坚持和发扬传统的政治优势，强调渐进性的改革过程，但又不是没有注重突破性变革。这种“以点带面”的

① 周志山：“人是社会发展的本质”，载《浙江社会科学》1996年第6期，第75页。

重要举措将在一些地方进行相关试点改革，反思教训，取得总结经验后再转化为制度成果，进而在全国进行推广应用。三是与选举民主相比，更加重视民主协商。选举是授权环节的民主，主要解决权力的产生和委托的问题。“权为民所有”和“权为民所赋”主要通过民主选举得以实现，没有选举，就没有民主。协商是决策环节的民主，主要解决对公权力的制约和私权力主体公共参与的问题。“权为民所用”和“权为民所谋”的实现则主要通过民主协商。一个是赋权的问题，一个是权力实现的问题，侧重的点是不同的。四是稳定压倒一切的核心价值。在传统的中国政治语境中，社会稳定的主要意义是政权的稳定以及现状维持。改革开放以来，这种传统的稳定观正在发生重大的改变，公共秩序在社会稳定中的重要性持续增加，以持续不断地调整的“疏”为主的动态稳定逐渐替代以压制的手段维持现存的秩序的“堵”为主的静态稳定。五是法治与人治成为同时起作用的治理方式。法治是治国理政的基本方式，是有序的规则治理。但所有的规则的制定、实施、遵守是离不开具体的自然人的。国家公务人员、基层社区干部、法律人更是法治建设的重要推进者，因此，法治也不可能是完全否认人治的。建设法治国家将会是一个漫长的过程，在这一过程中人治仍将发挥重要的作用。一方面，中国要真正走向民主治理，就必须坚定不移地走向法治；另一方面在现实生活中，要取得理想的公共治理效果，也要看到人治实际上发挥的重要作用。六是条块结合的治理格局。中国社会是一个单一制国家，中央人民政府通过垂直的与平行的两个权力系统来完成对国家的治理，所谓的“条”就是垂直的、纵向的、领导的政权组织，所谓的“块”就是平行的、横向的政权组织，条条与块块的结合，形成了中国公共权力的错综复杂、纵横交错的“矩阵结构”。这一矩阵结构呈现出中央与地方、上级与下级之间的关系，也展现出党委与人大、党委与政府、人大与政府及部门与部门之间的关系。①

善政是对政府治理的要求，即要求有一个好的、值得信赖的政府，也是法治政府建设的目标。善治则是对整个社会的要求，不仅要求有好的政

① 俞可平等：《中国的治理变迁》，社会科学文献出版社2018年版，第20—21页。

府治理，还要求有好的社会治理。通俗地说，善治就是社会公共利益最大化的治理过程，其本质特征就是国家与社会处于最佳、最协调的状态，是政府与社会成员对社会公共事务的协同治理，或称官民共治。作为政府与公民对社会公共事务的合作管理，则需要政府与公民长期共同努力，而且随着社会的发展和政治的进步，社会成员在社会公共事务管理中的作用、发挥的功能将会变得日益重要。

二、中国特色社会治理理论

（一）从社会管理到社会治理

纵观我国经济社会结构的转变，不难看出，中国共产党提出社会治理的新要求是扎根于深刻的实践基础和汲取有益的国际借鉴。多年来，党的文件政策不断调整、改变正是对社会实践的回应，对治理的新要求更是一个不断认识、探究和完善的过程，体现了我党治国理政理念从国情出发并与时俱进（见表2－1）。正如习近平总书记所阐释的治理和管理之间的区别：仅一字之差，但体现的是系统治理、依法治理、源头治理、综合施策。治理理念的提出是我们党适应时代发展要求，在总结长期实践经验基础上，对社会建设和社会管理理论的重大创新，体现了我们党对共产党执政规律、社会主义建设规律、人类社会发展规律的认识。①

表2－1　党中央文件关于社会管理到社会治理的表述转变

序号	时间	文件名称	相关内容及意义
1	2004年9月	党的十六届四中全会通过的《中共中央关于加强党的执政能力的建设决定》	构建"党委领导、政府负责、社会协同、公众参与"的社会管理新格局，加快形成社会管理和社会服务的合力。意义：以政府为单一主体的权力管理模式即将发生变革，即社会管理的主体从一元走向多元化的格局

① 窦玉沛："从社会管理到社会治理：理论和实践的重大创新"，载《行政管理与改革》2014年第4期，第25页。

续表

序号	时间	文件名称	相关内容及意义
2	2012 年 11 月	党的十八大报告《坚定不移沿着中国特色社会主义道路前进 为全面建成小康社会而奋斗》	要围绕构建中国特色社会主义社会管理体系，加快形成党委领导、政府负责、社会协同、公众参与、法治保障的社会管理体制。意义：为社会管理主体从一元走向多元提供法治保障，逐渐步入制度化
3	2013 年 11 月	党的十八届三中全会通过的《中共中央关于全面深化改革若干重大问题的决定》	改进社会治理方式。坚持系统治理，加强党委领导，发挥政府主导作用，鼓励和支持社会各方面参与，实现政府治理和社会自我调节、居民自治良性互动。坚持依法治理，加强法治保障，运用法治思维和法治方式化解社会矛盾。意义：清晰地阐释了治理主体之间的分工
4	2017 年 10 月	党的十九大报告《决胜全面建成小康社会夺取新时代中国特色社会主义伟大胜利》	打造共建共治共享的社会治理格局。加强社会治理制度建设，完善党委领导、政府负责、社会协同、公众参与、法治保障的社会治理体制，提高社会治理社会化、法治化、智能化、专业化水平。意义：共建共治共享的社会治理格局更加注重合作性、公共性
5	2019 年 10 月	党的十九届四中全会通过的《中共中央关于坚持和完善中国特色社会主义制度推进国家治理体系和治理能力现代化若干重大问题的决定》	必须加强和创新社会治理，完善党委领导、政府负责、民主协商、社会协同、公众参与、法治保障、科技支撑的社会治理体系，建设人人有责、人人尽责、人人享有的社会治理共同体。意义：社会治理共同体建设是对打造“共建共治共享的社会治理格局”的进一步创新和丰富，为我国社会治理现代化建设指明了方向

（二）中国特色社会治理理论

社会治理是国家治理的重要一环和组成部分，治理理念为社会治理理论的形成和社会治理的思路奠定了良好基础。社会治理是指在中国共产党领导下，由政府组织负责，吸纳社会组织等多方面治理主体参与，对社会公共事务进行的治理活动，是以实现和维护群众权益为核心，发挥多元化治理主体的作用，针对国家治理中的社会问题，完善社会福利，保障改善民生，化解社会矛盾，促进社会公平，推动社会有序和谐发展的过程。①

1. 社会治理的内涵。社会治理包括政府对社会的管理和社会公众对社会事务的自治两大块内容。社会自治是人民群众对基层公共事务的自我管理，其管理主体是社会组织或民间组织，它是一种非政府行为，是基层民主的重要实现途径。这一点使得社会治理既在直接主体意义上区别于国家治理和政府治理，又在自治主体意义上区别于政府作为主体对社会的直接治理，区别于政府与社会组织和公民对于社会的合作共同治理。② 社会管理与社会自治是社会治理的两种基本途径，是一体之两翼，两者相辅相成，不能缺少其中任何一块。社会管理的重点在“管”上，管理的目标是促进社会系统协调运转，管理的主要实施者是政府和社会组织，管理的主要手段是组织、协调、服务、监督和控制五个职能。一味地强调社会管理而忽视社会自治，就会造成政府行政权力的过度扩张，损害社会成员的基本私权利。反之，过分地强调社会自治而忽视社会管理，就会造成社会秩序的失控，影响社会稳定。因此，社会治理要求我们两手都要抓，既要加强社会管理，也要推进社会自治，只有如此才能达到国家的长治久安和稳定良好的社会秩序局面。所以治理是一种公共管理活动和公共管理过程，它包括必要的公共权威、管理规则、治理机制和治理方式。社会治理可以弥补国家和市场在调控和协调过程中的某些不足，有效的社会治理必须建立在国家和市场的基础之上，它是国家和市场手段的补充。③

2. 社会治理的原则。目前，“治理”的概念已经被确定为“多主体、多中心共同管理”的格局。实际上，治理理论并不是一套完整的理论体系，“治理”的内涵也在不断地改变、拓展。④ 但在理论研究和实际应用中

---

① 姜晓萍：“国家治理现代化进程中的社会治理体制创新”，载《中国行政管理》2014年第1期，第24页。

② 王浦劬：“国家治理、政府治理和社会治理的基本含义及其相互关系辨析”，载《社会学评论》2014年第6期，第17页。

③ 俞可平：《论国家治理现代化》，社会科学文献出版社2014年版，第24页。

④ 郑杭生、邵占鹏：“治理理论的适用性、本土化与国际化”，载《社会学评论》2015年第3期，第34页。

应把握“四个治理”原则，即要坚持“系统治理、依法治理、综合治理及源头治理”。

第一，系统治理明确了社会治理的主体及其相互关系，即社会治理由谁领导、由谁主导以及各社会治理主体之间如何互动。① 系统治理吸收和借鉴了国外社会治理的共识规则，鼓励和支持社会组织、社会成员积极参与，实现政府治理和社会自我调节、居民自治的良性互动。此外，也进行了本土化的重塑，强调加强党组织的领导作用，发挥政府在社会治理中的主导作用，体现了“世界眼光”与“中国特色”的有机结合。

第二，依法治理明确了社会治理的治理依据和手段，即要依据什么来进行社会治理。② 法律作为最稳定的、强制性的社会规范，是处理国家与社会、国家与公民以及群体与群体、群体与公民、公民与公民关系的基本准则，作为协调和处理社会关系的手段之一，社会治理必须要有法律根据、法律支撑、法律保障。社会治理中的各个主体都要有法治思维和法治意识，且其参与行为都要符合法治的规范与要求。

第三，综合治理明确了运用除法律外的其他手段来进行社会治理。③ 道德作为非强制性的社会规范，是社会的“软治理”手段，是社会治理主体重要的行为规范。没有道德规范约束的社会治理，绝非善治或良治。包括道德约束在内的综合治理，使社会成员的利益关系既是合“法”的又是合“义”的。此外，社会自治是社会治理的重要组成部分，社会自治离不开自治规范的生成和约束，还应提倡群体自治规范的生成和践行，使得社会组织在法律的框架内有针对性地自我约束，健全充满活力和秩序的自治制度。

---

① 党的十八届三中全会通过的《中共中央关于全面深化改革若干重大问题的决定》指出：“坚持系统治理，加强党委领导，发挥政府主导作用，鼓励和支持社会各方面参与，实现政府治理和社会自我调节、居民自治良性互动。”

② 党的十八届三中全会通过的《中共中央关于全面深化改革若干重大问题的决定》强调：“要坚持依法治理，加强法治保障，运用法治思维和法治方式化解社会矛盾。”

③ 党的十八届三中全会通过的《中共中央关于全面深化改革若干重大问题的决定》要求：“坚持综合治理，强化道德约束，规范社会行为，调节利益关系，协调社会关系，解决社会问题。”

第四，源头治理明确了社会治理方式的次序，即不同社会治理方式的优先次序、轻重缓急、标本关系。① 源头治理或治本之策包含三个要点：一是以改善民生为重点，强调社会基本公共服务的均等化，注重制度安排的公平正义性。二是重在治本，就是着重在这些根本点上下功夫。但这并不是说可以忽视治标。三是治标性治理，就是传统的应急性治理以及一些具体的治理方式，其合理内涵在社会治理创新中依然需要坚持和发展。我们过去对源头治理重视不够甚至忽视，没有把治标与治本两者有机结合起来。今后应坚持源头治理，强调标本兼治、重在治本。②

第二节 法治与法治化

一、何为法治

（一）法治与人治、法制的区别

“人治”与“法治”是相对立的两种治国方略。在“人治”社会，帝王的话语就是法律，帝王被称为“九五之尊”，法律亦被称为“王法”，帝王的权力是高于法律的，法在王下。在“人治”的社会，法律只不过是统治者进行统治、维护和增进自己及其所代表的统治阶级利益的工具，体现的是个人独裁专制。“法治”的理念可以追溯到古希腊哲学家亚里士多德，其在著作《政治学》中提到过作为多数人的统治方式，“法律的统治是优于一人之治”，并指出：“贵族整体这个名词，其意义还有另一方面的延

① 党的十八届三中全会通过的《中共中央关于全面深化改革若干重大问题的决定》指出：“坚持源头治理，标本兼治、重在治本，以网格化管理、社会化服务为方向，健全基层综合服务管理平台，及时反映和协调人民群众各方面各层次利益诉求。”

② 郑杭生、邵占鹏：“牢牢把握四个治理的原则”，载《人民日报》2014 年 3 月 2 日，第 5 版。

伸，认为任何守法的政体都可称作是贵族整体。人们认为政府要是不是由最好的公民负责而由较贫穷的阶级当家做主，那就不会产生法治。相反地，如果是贤良为政，那就不会导致乱法。邦国虽有良法，要是成员不能全部遵循，显然是不能实现法治的。法治应包含两重含义：业已公布的法律获得普遍地服从，而大家所服从的法律又应该本身是制定得良好的法律。人民可以服从良法，也可以服从恶法。就普遍地服从，大家所服从的法律本身又是制定得良好的法律。”这种法治的定义已被学术界和立法者普遍接受。

“法治”也与“法制”不同。“法制”侧重于形式意义上的法律制度及其实施，但仅是把它当作统治的工具。而“法治”不仅是法律制度制定及其实施，更是强调实质意义上的法律至上、限制公权力、保障私权力、程序公正、良法之治的法律精神和价值原则。在这里法律高于权力，以使个人的自由得到尊重，个人的权益得到保障。法治的意思并不是说法律本身能统治，能维持社会秩序，而是说社会上人和人的关系是根据法律来维持的。法律还得靠权力来支持，还得靠具体的人来执行，法治其实是“人依法而治”，并非没有人的因素。①

（二）中国特色社会主义法治理论解读

现代法治的核心价值理念在于“限制公权，保障私权”。法治已经成为治国理政的基本方式，法治有着非常丰富的内涵，会随着社会政治文明的发展不断拓展。法治虽是一个开放的概念，但法治最初的意义就是规则之治。随着社会文明进步，社会又不断赋予“法治”法律主治和良法之治新的内涵。现代法治是以法律为基础的、具备内在德性的规则之治，包括规则之治、法律主治和良法之治三个层面。所谓规则之治就是要借助法律普遍、明确、稳定、强制等特点，凝聚多元社会的基本共识，为社会生活营造合理期待，实现公共治理的秩序化。所谓法律主治，就是破除法律工具理论，树立法律权威地位，明确王（领导人）在法下、权（权力）在法之下，强调合法性判断优先，尤其以合法性标准作为公共权力行为的基本

① 费孝通：《乡土中国》，人民出版社2008年版，第58页。

指针，使依规则办事成为公共治理的基本脉络。所谓良法之治，则是直面法律本身是否良善的问题，旨在促进形式法和实质法、形式正义和实质正义之间的协调。① 2014 年党的十八届四中全会通过了《中共中央关于全面推进依法治国若干重大问题的决定》（以下简称《决定》），这是我党第一次以“依法治国”为主题的一次全会，在中国法治发展史上具有里程碑意义。自此以后，我国依法治国的治国方略上升为宪法，并逐步形成了一整套中国特色社会主义法治理论。

要正确理解现代意义上的法治，必须掌握以下内容：

第一，法治是一种理念，是治国理政的基本方式。法治是供人类社会选择的一种治国方法，实行法治是治者的选择。著名经济学家凯恩斯就曾在《就业、利息和货币通论》巨著中强调：“观念的力量之大对个人的影响往往出乎常人意料，哪怕是无意识地接受了某种观念，尤其对政治家的影响。”社会主义法治建设同样是意识形态与价值理念转变的问题。一项重大举措的实施和推广，往往是价值理念先行，制度实施是对价值理念的确认，需要包括法治原则、法治精神、法治观念、法治文化等在内的法治价值体系的支持。② 要成为法治国家，就需要牢固树立法治的理念。法治可以克服人治的先天性缺陷，始终保持理性、稳定、平等和可预期性。遇到法律和权力相冲突时，我们崇尚法律权威、法律至上，而非某一领导人的话语而改变法律的适用，强调党政官员在法律之下，党政官员服从于法律，无法无天、只手遮天的行径在文明社会将会一去不复返。如我国《宪法》第五条第五款就明确规定，没有人或组织体享有超越宪法和法律的特权，法治社会绝不允许任何人或组织体凌驾于宪法和法律之上。

第二，法治是规则之治。规则的系统性不同，法治的完善程度显然就不同。党的十八届四中全会《决定》明确了中国特色社会主义法律体系已经形成，但也承认了有的法律法规未能全面反应客观规律和人民意愿，针对性、可操作性不强。法治必须以完善法律规范为前提和基础，否则社会

---

① 张志铭、于浩：“现代法治释义”，载《政法论丛》2015 年第 1 期，第 3—5 页。

② 谢桂山：《法治国家建设理论与实践研究》，中国社会科学出版社 2017 年版，第 51 页。

生活中就会出现无法可依的现象，相应的法治也就成为“无源之水，无本之木”，失去了其存在的构成性要件。依法治国必须立法先行。健全完备的法律体系，必须加强重点领域立法，及时删除、修改、完善不适应经济社会发展的法律规范，总结试点地区的经验，及时将政策引领变为法律规范制度。另外，法治是法律之治，也是良法之治。法治社会的法要得到社会大众普遍的认可、遵守和服从，前提是此法必须是良法。党的十九大报告强调，“以良法促进发展、保障善治”。良法在价值层面上应体现社会正义及对私权的尊重和保护。良法不仅可以拉近国家与公民之间的距离，也使得公民对国家产生高度认同感和坚定民众对法律的信仰，同时法律也能得到有效实施。① 立法者所制定的法律必须是制定的“良法”，此处的良法并非是善良的法律，而是制定的规则必须符合法的基本价值，即公平正义，切实保障社会公平正义和人民权利。

第三，我国的法治是中国特色社会主义法治。我国实现的法治是社会主义法治，法治建设的目标是社会主义法治国家，而非其他类型的法治国家，这是我国《宪法》的必然要求。《宪法》明确了我国的根本制度，确定了中国共产党的领导地位。②《宪法》被称为母法，是一国法治的规则之源，具有创设规则的作用。我国的《宪法》规则是社会主义性质的，那么由宪法所创设的准则当然是社会主义性质的。要保证法治朝着社会主义方向前进，必须保证法律规范保持社会主义本质，必须给“规则之治”中的规则输入社会主义精神。依据《宪法》，党的领导是中国特色社会主义最本质的特征，坚持中国共产党的领导是社会主义法治最根本的保证，是社会主义法治的根本要求，是党和国家的根本所在、命脉所在，是全国各族人民的利益、幸福所系，是全面推进依法治国的题中应有之义。把党的领导贯彻到依法治

---

① 孟存鸽：“农房抵押强制执行与农民基本居住权的实现”，载《甘肃社会科学》2019 年第 4 期，第 233 页。

②《宪法》第一条第二款：“社会主义制度是中华人民共和国的根本制度。中国共产党领导是中国特色社会主义最本质的特征。禁止任何组织或者个人破坏社会主义制度。”《宪法》第五条第一款：“中华人民共和国实行依法治国，建设社会主义法治国家。”

国整个过程和各个方面，是我国社会主义法治建设的一条基本经验。①

第四，法治的目标是善治。法律的生命力在于实施，法律的权威也在于实施。法治不是一幅静态的图画，而是始终处于一种行进的状态。这种状态的最基本的启动和维持力量是治者从法，在民主制时代就是作为治者的公民、法人及其他组织普遍从法、守法，法治的核心就是“全民从法、守法”。“从法”的主体对于法是积极地、主动地、去向地，而“守法”的主体对于法是消极地、被动地、来向地。两种结果完全不同，主动的主体积极地运用去向的法律能够创造法律的盛世，而被动的主体消极地运用去向的法律不可能迎来法治的曙光。② 善治是法治的目标，是法律制度得到良好运行的一种状态，一种秩序和一种结果，最终实现的是人民生活在美好社会下的幸福生活，这也是法治所追求的目标和理想状态，即良法善治。

二、何为法治化

法治的核心要义就是良法善治，那么，在“法治”一词后面加上“化”字，即“法治化”又是何意呢?《新华字典》关于“化”的基本释义有以下几种：一是性质或形态改变，如变化、融化；二是佛教、道教徒募集财物，如化缘、化斋；三是用在名词或形容词后，表示转变成某种性质或状态，如丑化、绿化；四是习俗，风气，如有伤风化；五是特指“化学”，如化工、化肥。显然，“法治化”中的“化”应是第三种释义，即用在名词之后，表示转变成某种性质或状态，呈现的是规则之治变迁的动态过程。

从历史发展来看，社会治理方式经历了从人治到法制，再从法制到法治的发展进程，每一次的变革都是社会政治文明的进步，社会治理方式的优化。它的外在表现是社会治理从无稳定制度规制的状态向有稳定的规则之治的转变过程。从发展的进程来看，法治化就是一个动态的过程，从状态上说，法治建设的过程就是法治化的过程。法治化是法治的应有之义，法治是

① 参见党的十八届四中全会通过的《中共中央关于全面推进依法治国若干重大问题的决定》。

② 徐祥民：《法治与社会主义法治》，人民出版社2018年版，第17页。

一种最高级别的理想状态，是彼岸世界，法治化是走向法治彼岸世界的无数个点的连接，体现的是一个动态过程，一种进程和轨迹。如党的十八届四中全会通过的《决定》中多次提及“法治化”一词，如“推进社会主义民主政治法治化”“实现公民权利保障法治化”“提高社会治理法治化水平”等内容都是对相应领域法治状态和程度的要求。可见，法治是不同于法治化的，法治化是一个过程，是一个国家、政府、社会对于相应事务的治理不断规范、优化、稳定的动态过程，它每向前推进一步，就是社会政治民主文明的进步，是国家治理方式优化的体现，更是社会治理法治的实现过程的展现。

治理所要实现的正是社会系统各个部分、各种要素之间相互协调的和谐状态。可以说，治理的精神实质所体现的正是一种和谐精神。治理的最终目标就是要实现人与自然的和谐发展，人与社会的和谐发展，尤其是人与人、阶层与阶层之间的和谐发展，保持社会各阶层和各利益群体之间的和谐。和谐的社会状态是人类古已有之的一种大同社会的理想。治理是为了实现善治，而善治的基本要素①都要有赖于法律和制度的保障。② 也就是说良法是善治的前提，社会治理的法治化必然是一个不同层级、不同领域的法治化建设。

---

① 国家治理的理想状态，就是善治。党的十八届四中全会通过的《中共中央关于全面推进依法治国若干重大问题的决定》提出“良法是善治之前提”这样一个重要的命题。党的十九大报告再次重申：“推进科学立法、民主立法、依法立法、以良法促进发展、保障善治。”这意味着中国最高领导层正式将善治当成中国政治发展的理想目标。按照政治学的一般理解，善治应当有十个要素：一是合法性，即社会秩序和公共权威被自觉认可和服从的性质和状态；二是法治，法律成为国家治理的最高准则和最高权威，法律面前人人平等；三是透明性，即政治信息的公开性；四是责任性，即管理者应当对自己的行为负责；五是回应，即公共管理人员和管理机构必须对公民的要求做出及时的和负责的反应；六是有效，管理应当有很高的效率；七是参与，即公民广泛的政治参与和社会参与；八是稳定，即国内的和平、生活的有序、居民的安全、公民的团结、公共政策的连贯等；九是政府官员奉公守法，清明廉洁；十是公正，即不同性别、阶层、种族、文化程度、宗教和政治信仰的公民在政治权利和经济权利上的平等。这十个要素是俞可平教授对之前提出的治理五要素的补充和完善。参见俞可平：《论国家治理现代化》，社会科学文献出版社2014年版，第27—30页。

② 吴家庆、王毅：“中国与西方治理理论之比较”，载《湖南师范大学社会科学学报》2007年第2期，第65页。

第三节 社区治理法治化阐释

一、社会治理法治化

社会治理法治化简单地说就是指通过法治的社会治理。[①] 社会治理法治化的目标是建立法治社会，把社会治理纳入法律框架之中，实现对社会治理的规则之治。社会治理作为国家治理体系的重要组成部分，要运用法治思维和法治方式进行治理。社会治理法治化要求社会治理中的各主体以法治化的视野和观念审视各种社会关系和利益，在法治的范围内实施社会管理的创新和社会自治的良性互动，还需不断完善社会治理方式以及相关制度，使社会治理工作有科学的立法可依，执法必严，全民从法、守法。社会治理法治化的概念可以概括为社会治理中的各主体运用法治的思维和方式，依靠正式制度和非正式制度构建规范有序、结构严密、协调运行的制度体系，有效预防和化解社会冲突与社会风险，优化社会、制度、文化、自然及人文环境资源配置，实现国家与社会的良性互动、合作共治、良法善治，最终实现经济社会和谐平稳发展和个人的全面发展。[②] 基层治理是国家治理体系的微观基础，社会治理的重点难点都在基层。《现代汉语词典》对于基层的解释为：一是建筑物的底层；二是各种社会组织中最低的一层，与群众的联系最直接和密切，如党、团的支部，工会的基层委员会等。基层社会正是由一个个社区构建起来的，直接接受人民群众监督的最低层级的行政区划单位。这里是人民群众生活的家园，也是公民、组

① 周建军、刘明宇："迈向新时代的社会治理法治化"，载《云南民族大学学报（哲学社会科学版）》2019 年第 1 期，第 42 页。

② 王勇、金成波：《社会治理法治化研究》，中国法制出版社 2019 年版，第 45—46 页。

织及其相互间形成的社会关系的聚合处，是社会治理的基本单位，是治理现代化的重要基础。

二、社区治理法治化

（一）社区治理的概念

社区治理为社会治理的基础，是社会治理的前沿，是社会治理的关键环节和重中之重，直接面向人民群众。依据社会治理理论，社区治理是指在法治化、规范化的前提下，由政府行政组织、社区党组织、社区自治组织、社区非营利组织、辖区单位以及社区居民等多元主体共同治理社区公共事务的活动。[①] 村改居社区属于社区中的一种新的“活体”，社区治理的定义自然适用于村改居社区。

社区治理显然不同于社区管理，传统的社区管理强调政府在社区中的权威领导地位，主要以行政强制手段对社区事务进行管理，被管理者往往无法参与社区事务，对社区事务的处理没有任何话语权，处于被管理的对象或角色，是被动地接受、服从，并无主动地参与。而社区治理则从社会治理理论出发，强调在社区治理中，政府只是治理主体中的一员，而非唯一权威，社区治理的目标是通过多元主体对社区治理的参与，在这种治理主体多元格局之下，各主体权、职、责分明，在相互合作的基础上实现良性互动，最终达到善治的效果。社区治理包含最多、最基本的价值理念是社区居民利益的主体性和本位性。[②] 结合我国实际需要，民政部于 2001 年制定发布的《全国社区建设示范活动指导纲要》明确指出，社区治理是以党和政府的领导为前提和基础，科学协调社区内部各参与主体，整合各主体的资源和力量，消除社区问题，优化社区综合性功能，以提高社区居民的生活水平和质量为导向，促进社区经济、文化、环境的协调可持续发展的综合过程。

---

① 郭小建：《社区治理》，西安交通大学出版社 2018 年版，第 16 页。

② 田玉荣：《非政府组织与社区发展》，社会科学文献出版社 2008 年版，第 12 页。

（二）社区治理法治化的概念

社区治理的法治化就是社区居民权益保障和发展之治。依照社会治理法治化定义，社区治理法治化是指在基层党组织的领导下，社区多元治理主体在宪法和法律制度的框架内，运用法治思维和法治方式，依据正式制度和非正式制度，通过民主协商来决定和处理社区公共事务，以达到良法善治的价值目标，即法律是规制社区治理过程的主要手段，社区治理活动在法律框架之内进行，实现规则之治。社区治理的法治化核心要素一定要体现治理的核心和法治的核心价值观，即通过良法实现善治，或者是通过规则之治实现人民群众的美好生活。

社区治理是基层治理中覆盖最广泛、主体最多样、参与最踊跃、活力最强劲的组成部分，推进社区治理法治化，不仅是实施依法治国方略、推进法治中国建设的基础性工程，也是深化基层体制改革、实现社区治理体系和治理能力现代化的系统工程，[①] 因此，社区治理的法治化是人民安居乐业、国家长治久安的重大事业。社区作为社会组成的基本单元，是老百姓生活的家园，也是社会治理的末梢，是联系群众最密切、服务群众最直接、组织群众最有效的基层单位，更是完善国家治理和社会创新的基础平台，是巩固党的执政地位的坚实基石，是构建民主政治的根本保障。社区治理未实现法治，依法治国将无从实现。可见，社区治理的法治化对于依法依规规范居民生活、稳定协调治理主体相互间的利益关系和促进基层社会和谐稳定具有举足轻重的作用。社区治理法治化作为社会治理法治化和基层治理法治化的重要内容，在实现依法治国的伟大方略中处于基础性的重要地位。

---

① 蒋昆生："推进城乡社区治理法治化"，载《中国社会报》2014年11月24日，第2版。

第四节　村改居社区治理法治化研究应遵循的基本原则

村改居社区虽是中国城乡二元结构下工业化、城镇化高速发展的产物，有别于传统乡村社区和城市社区，但它依然是社区，社区治理、社区治理法治化的定义和要求也必定适用于村改居社区，同时又表现出其特殊性。村改居社区治理法治化研究是社会治理多层级多领域及社会治理重心在基层的直接体现，是不断提升村改居社区全体居民权益保障和发展的过程。在整个村改居社区治理法治化研究的过程中我们必须坚守一些基本原则，既要体现社会治理法治化和基层治理法治化的核心要求，也要结合村改居社区自身的特性，以此来指导村改居社区治理法治化研究。

一、党的领导

坚持中国共产党的领导是村改居社区治理法治化的根本要求。中国共产党的领导地位的确立源于其自成立以来团结带领中国人民赢得中国革命的胜利，带领中国人民进行改革开放，使中国人民站起来、富起来和强起来的伟大历史实践和经验，源于我国宪法对于中国共产党领导地位的明确规定。[①] 我们的治理既不同于西方的治理理论，也不像东方一些国家被他人强加，而是走自己的路，即中国特色社会主义治理法治化道路，一条中国共产党自上而下的领导力与中国人民自下而上改革推动力相互作用、相互推进的中国特色社会主义治理法治化理论。党的十八届四中全会《决

---

① 《宪法》第一条：“中华人民共和国是工人阶级领导的、以工农联盟为基础的人民民主专政的社会主义国家。社会主义制度是中华人民共和国的根本制度。中国共产党领导是中国特色社会主义最本质的特征。禁止任何组织或者个人破坏社会主义制度。”

定》明确提出坚持党的领导是社会主义法治最根本的保障。党的十九大报告进一步指出："坚持党对一切工作的领导。"必须把中国共产党的领导贯彻落实到依法治国的全部过程和各个方面。坚持中国共产党的领导是历史经验与客观现实的总结。① 村改居社区治理法治化是社会治理法治化的重要组成部分，理应坚持党组织的领导。村改居社区治理法治化中的党的领导主要体现在宣传和贯彻执行党的路线、方针、政策和本社区党员大会的决议，把握好治理的大方向，支持基层政府（街道办事处）依法行政、管理社会事务，引导村改居社区全体居民、自治组织和经济组织积极有效地参与村改居社区事务治理，及时发现和研究村改居社区治理中的新情况、新问题，总结新经验，使得村改居社区治理法治化水平不断推进与提升。

二、多元主体参与

依据社会治理理论，多元主体参与村改居社区公共事务治理成为一种必然。村改居社区治理法治化是社会治理法治化的微观化和具体化，强调各治理主体能力的多元化及各种能力间的协调发展。② 村改居社区是社会治理的最基层和末梢，直面人民群众并和人民群众的权益息息相关。工业化和城镇化使得村改居社区更加的开放和包容，社区的事务也更加的复杂多样，政府作为唯一管理主体的管理模式已经无法满足村改居社区居民的需求。从2004年党的十六届四中全会开始党中央的文件政策均持续强调公共事务治理中的多元主体参与，同样村改居社区治理的法治化离不开各相关利益主体对公共事务治理的参与。在村改居社区的一定区域内，大家有着共同的利益，在众多不同利益主体参与、协商、合作的基础上共同发挥作用形成一致或取得认同，实现每一个主体利益的最大化。这一切的过程和结果的出现使得共同参与成为必然，否则利益的平衡就无法实现。村改居社区治理的法治化离不开基层党组织的领导、基层政府的主导与支持、

---

① 王勇、金成波：《社会治理法治化研究》，中国法制出版社2019年版，第106页。

② 张长东："国家治理能力现代化研究——基于国家能力理论视角"，载《法学评论》2014年第3期，第23页。

全体社区居民以及社会组织的积极参与，缺少任何一类群体，多元治理的理念就仅仅只是一个口号，一个写在纸上的词语，治理的目标也将无法实现。

三、民主协商

各治理主体地位平等、相互信任是协商合作共治的前提条件。在社会治理理念下，各治理主体的地位是平等的，这是宪法赋予人民通过各种途径和形式管理国家、社会事务的权利。① 没有治理主体的地位平等何来公平的对话，协商参与更是无从谈起，民主是协商合作共治的基础。党的十八大报告明确提出："加强议事协商……发挥基层各类组织协同作用，实现政府管理和基层民主有机结合。"推进协商民主是十八大以来党中央的重要举措。2014 年习近平总书记在庆祝中国人民政治协商会议成立 65 周年大会上的讲话通俗直白地谈到基层协商民主，其核心理念是："有事好商量，众人的事情由众人商量，找到全社会意愿和要求的最大公约数；人民群众是协商民主的重点，涉及人民群众利益的大量决策和工作在基层。"主要强调社区居民、自治组织、经济组织与基层政府间的沟通、讨论与对话，作为一种多数人的理性、科学的决策，可以实现各治理主体利益的平衡及自身利益的最大化，从而提高村改居社区居民及相关社会组织对决策的认可、支持和遵守。协商民主原则应用于村改居社区治理法治化建设中，既是彰显居民主权，保障居民政治权利的重要途径，又是促进政府科学决策，依法行使公权力的重要保证。在协商机制下，政府与社会之间的权限能够得到明确界定，社区公共问题能够得到妥善解决，居民意愿和诉求能够得到充分表达，居民参与的积极性与主动性也能够得到大幅度提高。社区治理通过多元主体的参与、多边互动和交往合作，能够形成一系列的社会认同关系，培养相互信任的框架体系，这不仅有利于社区治理工

---

① 《宪法》第二条："中华人民共和国的一切权力属于人民。人民行使国家权力的机关是全国人民代表大会和地方各级人民代表大会。人民依照法律规定，通过各种途径和形式，管理国家事务，管理经济和文化事业，管理社会事务。"

作的规范化程度，还能通过塑造公民精神有效推进村改居社区治理法治化建设。

四、以社区居民为中心

人民是中国特色社会主义国家的主人。坚持以人民为中心是中国特色社会主义国家治理的价值取向，也是新时代坚持和发展中国特色社会主义的重要内容。坚持以人民为中心，就要坚持人民的主体地位，依靠人民，为了人民，将促进人民福祉、促进人民美好生活、促进人的全面发展作为出发点和落脚点；就要把我党的群众路线贯彻到治国理政的方方面面之中，吸纳人民群众广泛参与到社会治理中来，让人民群众共享治理与发展的成果。

新时代我国社会的主要矛盾已经从“人民日益增长的物质文化需要同落后的社会生产之间的矛盾”转化为“人民日益增长的美好生活需要和不平衡不充分的发展之间的矛盾”，时下，人民群众对美好生活的向往愈加强烈。人民对美好生活需要已经不仅仅是停留在解决吃饱穿暖的问题和物质产品的需要上，还包括要满足人民群众在民主、法治、公平、正义、安全、环境等方面日益增长的精神诉求，以更好推动个体的全面发展、社会全面进步。马克思也曾论述人与社会发展的关系，马克思认为社会是处于社会关系中的人本身，是一个放大了的人，而人又是以各种社会关系的总和作为自己的本质的。因此，把人看作是社会发展的本质，体现了人与社会发展具有深刻的一致性，也表明了人类对自身发展前景及发展命运的切实关注和自觉安排。把人看作是社会发展的本质是百年来革命先驱者们所描绘过的民族和人类的理想，也是在五星红旗下成长起来的有知识、有理想、有道德、有正义感的几代中国人的强烈期盼。

早期以经济建设为中心的城镇化发展引发的不规范拆迁致被拆迁人死亡、纯粹货币安置与土地增值收益分配不公平引发的群体性事件等诸多社会问题。如X市GJZ村13户被拆迁农民多次上访事件等都是当时要地不要人、未考虑城中村农民的现实情况做出的不慎重拆迁安置政策，引发了诸多的矛盾，造成了社会的不稳定因素，阻碍了社会的健康有序发展。在反思过去，总结经验教训的基础上，新型城镇化坚持以人为本的发展观，以人为本的社会发展观念已与那种单纯地追求经济增长的时代划清了界限。我们对发展的认识经历了一个从经济视角到社会视角再到人的视角的转换历程，对发展的价值追求和实践指向也历经了从经济增长到社会变革再到人的全面发展的嬗变。把人作为社会发展的本质是几十年来发展理论和实践曲折探索所得到的一个真理性认识。赋予其越来越多的人文主义特征和人文价值内涵。① 可见，把人作为社会发展的本质是半个多世纪以来发展理论在实践的曲折探索，在不断调整、重新界定、诠释新的内涵的基础上得到的真理性认识。

村改居社区治理法治化是社区居民权益保障和发展之治，最终的目的是改善和提高全体居民的生活质量。以人为本的发展观的确立，对于我国的社会发展和社区治理有着重要的指导意义。这意味着村改居社区治理应当围绕社区居民来展开，以社区群众为中心，形成良好的为人民服务功能。同时，这也意味着村改居社区治理法治化中应当防止、杜绝侵害社区内某一群体的权益，关注社区所有居民的权益，促进社区居民的无差别发展，提高村改居社区居民幸福指数。正如 2020 年 4 月 23 日习近平总书记在陕西考察时的讲话："民生是人民幸福之基、社会和谐之本。要坚持以人民为中心的发展思想，扎实办好民生实事。"

让生活在村改居社区的居民能够被尊重、实现自我价值。以人民为中心的发展理念在党中央的文件和我国的基本法中得以体现，说明"以人民为中心"不仅仅是写在纸面上的文字，更是转换并确实落地的制度，这也终将指引和指导着我们的村改居社区治理法治化的工作。可见，村改居社区的治理法治化研究始终要站在以社区全体居民利益为本的基础上，做到尊重和实现社区居民的人格利益、政治权利、财产权益、人的劳动权益以及人的价值等。总之，"以社区居民为中心"关键在于尊重村改居社区全体居民，体现着价值尺度从"重物"到"重人"的转移，是关切社区居民

① 周志山："人是社会发展的本质"，载《浙江社会科学》1996 年第 6 期，第 75 页。

的命运和关怀社区居民人生价值取向的集中反映。村改居社区治理法治化的研究必将以此作为指引和原则，向该目标去努力和奋斗。

五、经社分离

村改居社区治理的法治化应逐步实现集体经济从居委会中剥离出来到集体经济组织和社区的分离，将村改居社区集体经济从政经一体中剥离出来，发挥集体经济组织的营利性主体功能，维护并实现成员集体财产权益。从《中华人民共和国民法典》（以下简称《民法典》）第九十六条的规定来看，村改居社区的集体经济组织属于特别法人，是拥有集体产权的经济组织，以维护集体成员财产权益和追求利润为存在目的。居委会具有基层群众性自治组织法人资格，这种人们因生产生活所组成的基层群众自治性组织法人具有政治性、群众性和社会性的特点。X市村改居社区在进行了第二次产权改革后集体经济组织的表现形式为股份经济合作社，股份经济合作社和社区居委会的存在目的、主体形成的制度设计及内在的组织运行原则有着巨大的差异。① 经社不分的弊端早已显现，如社区干部习惯于用集体经济组织的收益去补贴社区公益事业以及基层政府本应承担的社会管理和公共服务的费用。此外，村改居社区除原住居民外，更多的是外来务工人员、新生市民、地方政府为引进人才的空挂户者以及代管的周边商品房小区居民，社区居民的范围已远远大于原住居民或集体经济组织成员的范围。在政经不分的情况下，居委会用极少部分人的财产收益去支付社区所有居住成员的公共服务费用或公益开支使得村改居社区集体经济组织负担过重，更是对集体成员财产权和收益分配权的侵害，已经造成损害结果的发生。用原住居民的话来说就是："拿我的钱给其他人服务，这是什么道理？"村改居社区干部也认为："补贴虽是我们迫于压力不得已从集体经济组织拿钱来补贴社区的活动开支，但气不顺，有钱确实也不想补，

---

① 项继权、李增元："经社分开、城乡一体与社区融合：温州的社区重建与社会管理创新"，载《华中师范大学学报（人文社会科学版）》2012年第6期，第6页。

这实在是没办法。我们很多事情都需要靠街办或者政府来解决。”负重前行的集体经济组织在市场经济中难以保持独立人格，发展受到外部严重干扰，成员集体财产权益就这样被习惯性地剥夺了。

从成熟社区、股份经济合作社的长远发展来看，集体经济组织不可能长此以往承担村改居社区公共投入。一是对集体经济组织成员权益的侵害。因为如果长期由股份经济合作社承担社区公共投入，是对集体经济组织成员财产权益的侵害。随着私权意识的觉醒，必然引发集体经济组织成员的不满，甚至成为社区不稳定的因素。二是会影响社区的包容性、开放性。村改居社区在一定程度上依然是一个封闭的特殊单元，政经不分不利于其向城市社区的迈进和融合。正所谓“吃人嘴软，拿人手短”，社区原住居民的优越心理及强势地位依然独领风骚，其他社区居民被作为“二等”居民对待，原住民从心理上就将外来居民排除在外。集体经济组织作为城市社区中本不应该存在的样态，无论是从法律规定的职能定位、实践运行，还是从组织体本身的发展及组织体成员的权益维护都应将集体经济组织与社区彻底剥离，这是确保村改居社区顺畅治理的关键因素，也是扫清村改居社区治理法治化的关键障碍所在。由于经社合一思想的根深蒂固导致实践中的混同的理所应当，也使得改革不可能摇身一变，说变就变。必须循序渐进地、稳妥地使集体经济组织逐步同居委会、社区分离，最终实现集体经济组织仅是作为社区的一个驻地单位而存在，这才是真正的市场归市场、社会归社会的应然、有序状态。

六、多元规范治理

从治理法治化的理论分析可知，法治化不等同于法律化。村改居社区治理法治化并不是说村改居社区治理的所有依据仅能是法律，更不是否定法律之外的其他规范，如道德规范、自治规范、礼、习惯等对村改居社区秩序形成的效用，而是要求各种规范都要符合一系列法治原则、法治精神的要求，发挥多元规范在村改居社区治理中的作用。

中华人民共和国成立七十年有余，在这七十多年的征程中，我们有经验也有教训。“法治昌明方能保国泰民安；反之，则国乱民怒”，这是历史上无数个王朝的繁荣兴盛及消亡更迭给出的铁律。中国共产党和国家领导人都深刻地认识到这点，即“法治兴则国家兴，法治乱则国家乱”。因此，中国共产党高度重视法治建设。党的十八大报告明确指出，治国理政要高度运用法律手段，法治与社会发展同步的状态，法律与现实相适应。紧随其后，党的十八届四中全会的《决议》以及诸多党中央文件均高度重视依法治国。以此类推，法治也应成为村改居社区治理的基本准则和手段，村改居社区的治理理应是依法治理。依法治国的前提是要有科学的立法，即首先建立完备的法律制度，它是法治得以实现的根本保证。因此，社区治理法治化的推进，必须以科学立法及完善村改居社区自治规范为抓手，做好村改居社区治理依据的供给，建立健全有关社区治理的制度规范。只有建立一套较完备的制度规范，增强法律的权威性与自治规范的实效性，并在两者中融入道德的价值性和伦理性，体现规则的“善”，才能塑造村改居社区全体居民的法治精神与法治意识，形成基于法制的法治社区。

“法治”保障下的社区治理，通过法律实施和法律监督，能够规范各个治理主体的参与行为，同时保护各个治理主体的合法权益；能够促进各个治理主体之间的协调合作，进而保证规范有序的社区生活。法治原则之所以能够推动社区治理法治化进程，主要源于其对政府与居民的双重影响：完善的、明确的社区治理规范体系，一方面能够有效保障村改居社区所有居民的政治权利，有助于实现真正意义上的全体社区居民的自治；另一方面能够明确划定政府的职能权限，促使基层政府依法行政、严格执法。这样一种促使政府和居民都能知法、从法、守法、用法的法治保障能够为社区治理法治化建设打下坚实的制度基础。当然，现代法治理念已经不局限于法律之治，其他的多元规范体系在法治的主导下，也发挥着其应有的功能和作用。[①] 基于村改居社区原住居民间的这种血缘、宗缘关系，除不断完善基层法律制度，还应重视意识形态、道德规范、自治规则、习

① 刘作翔：“构建法治主导下的中国社会秩序结构：多元规范和多元秩序的共存共治”，载《学术月刊》2020年第5期，第104页。

惯等软性约束力量的作用，这些软性规范在基层社会，尤其在具有“亦城亦乡”二元性的村改居社区发挥着重要的秩序维护功能。

村改居治理法治化研究的理论基础离不开中国特色社会主义治理理论与法治理论。在村改居社区治理法治化研究中要注重各治理主体对社区公共事务的参与、协作及主体间信任关系的培育，通过多元主体在法治的框架内主动地、积极地参与形成多元治理规范的格局，同时应当在规范的内容中体现地域性和社区特色来保障规范的针对性和效能，通过私权的明确与实现来制约公权力，最终实现村改居社区多元治理主体依据正式制度和非正式制度对社区公共事务的协同共治。

第三章

多元主体参与村改居社区治理能力提升的路径研究

第一节　村改居社区治理主体确定

一、村改居社区内部治理主体确定

（一）社区居民

社区是老百姓生活的一个具体样态和区域，人口是社区构成的第一重要元素，没有居民何谈社区的存在。在社会管理理念下，村改居社区居民只是被动地接受政府的管理；而在治理理念下，社区居民不仅仅是政府或社区管理的对象，更成为积极参与社区治理的主体。

通过对X市村改居社区居民来源进行考察，发现村改居社区居民主要由四部分群体构成：第一部分群体为拆迁安置后的原村落村民。这部分人户籍所在地为村改居社区，户籍性质已由农业户口转为城镇户口的原住民。第二部分群体为流动人口。工业化和城镇化加速了社会人口的流动，村改居社区一般拥有较好的地理位置且租金较商品房小区相对便宜，源于98%的被拆迁人都会选择房屋安置，所以每一拆迁户基本都拥有3套以上回迁安置房屋。除自住外，空置房屋为流动人口进入村改居社区居住提供了可能，这些进城务工人员或租住户的户籍本身并不在此类社区，按规定需到社区所在地派出所办理居住证明。他们每天都生活在社区，与社区保持着密切的关系。第三部分群体为挂靠在村改居社区的商品房小区居民。村改居社区代管周边商品房小区的情况较为普遍。商品房小区居民人口数量庞大，使得村改居社区居委会治理能力捉襟见肘。第四部分群体为X市在“抢人大战”中引进的“空挂户”人才。这部分人与政府的行政任务和政策紧密联系，是一项政治任务，社区无法选择要或不要。这些人只是将户口“挂”在了村改居社区“辖区内”，人有可能在该社区所在的城市生活或工作，也有可能并未在社区所在城市生活和工作。以调研的XH社区为例，截至2020年12月，XH社区的常住人口为21 000人左右，包含以下四类：户籍在册的原住民及“扎户口”后新出生的户籍在册人口为2 500人；在城市打工的外来租住人员为5 000人左右；人才引进中的空挂户人员约为8 000人；代管的商品房小区人口约为5 000人。由此可见，村改居社区人口构成极为复杂，不同居住群体间的冲突、弥合与融合共生成为村改居社区治理中的一大难题。

（二）社区党组织

依据社会治理理论，社区党组织作为村改居社区的重要主体之一，对村改居社区治理法治化建设起领导作用。党组织按照党章、法律贯彻执行党的路线、方针、政策和国家的法律，领导村改居社区居委会依法开展居民自治，代表集体经济组织成员对社区经济组织的管理和运行行使监督权，领导广大居民积极开展社区建设等活动，协调社区内各社会组织、机构、群众及相互之间的关系。做好服务居民工作，提高整个村改居社区治理法治化的水平，实现村改居社区全体居民对美好生活的向往。①

村改居社区是社会治理的基本单元，也是我党执政的重要基础。我党一向重视健全基层党组织建设。三湾改编第一次将“党的支部建在连队上”，这一制度创新是新民主主义革命获得胜利的宝贵经验。“支部建在村上”和“支部建在社区里”更是对这一经验的传承和拓展，也是我党深入群众，服务群众，激活社区治理神经末梢的伟大创举。撤村建社区后，在街道党组织的领导下，依据党章党规建立了社区党组织，实际上是由原行政村党组织直接平移过渡为社区党组织，保障基层党组织对村改居社区治理的领导地位。按照《X市人民政府关于城中村无形改造工作若干问题的

① 其主要工作应定位为：宣传和贯彻执行党的路线、方针、政策和上级党组织及本社区党员大会的决议，团结、组织干部和群众，努力完成社区各项工作任务；制定社区发展规划，讨论决定社区建设、管理和服务中的重要问题；领导社区居委会依法开展居民自治，支持和保证其依法充分行使职权，健全完善社区各项制度，推进基层民主政治建设；领导社区群众组织，支持和保证其依照各自的章程开展工作；依照有关法律和政策，指导、规范和监督社区经济组织的运行；加强党组织自身建设，做好党员的教育管理和发展党员工作；完成上级党组织交办的其他任务。

通知》的相关规定，撤村建社区后会有3到5年的过渡期，过渡期内职位数保持不变，以此稳定基层党组织和社区居委会干部队伍，强化我党对基层社区的领导力。从调研数据来看，党组织的职数设置绝大多数为书记1名，副书记1名，委员3人；偶尔也有设置职数为书记1人，副书记2人，委员2人，视社区具体的党员人数来确定。

（三）社区自治组织

1. 居民会议或居民代表会议。依照法律规定，居民会议或者居民代表会议是村改居社区最高权力机构，决定社区内重大事务，如权力机构享有选举权、罢免权、审议权、决定权等。但由于我国长期缺乏公民社会自治的传统与基础，居民参与社区治理的积极性较弱。基于传统熟人社会的“不愿得罪人”的心理、老百姓对“社区干部”或“乡贤治理”的依赖性较强等因素，使得村改居社区居民会议在实际中经常处于“稻草人”状态，并未发挥其应有功能。从调研来看，居民会议或居民代表会议仅仅是在每一次居委会的换届选举中才能体现其一定的作用，村改居社区目前基本都已不再召开全体居民会议，每年仅召开1次或2次居民代表会议。社区的党员和居民代表构成社区事务治理决策中的核心力量，居民代表会议也成为精英的碰面会。

2. 社区居委会和社区服务中心。社区居委会是我国基层社会最重要的群众自治组织之一，对推进村改居社区政治、经济和文化建设，维护基层的稳定和谐起着至关重要的作用。① 社区居委会是为了城市社区居民群众依法办理群众自己的事情，而由居民选举产生的主任、副主任和委员组成的“居民自我管理、自我教育、自我服务”的基层群众性常设自治机构，负责日常的社区事务治理。村改居社区居委会一般由社区主任、副主任和委员5至9人组成。从调研的村改居社区居委会的职数来看，基本为主任1人，副主任1人，委员3人。

基层政府的派出机构即街道办事处会对居委会的工作给予指导、支持

① 张善喜：“‘村改居’社区居委会选举困境与治理路径——以城乡协调发展为视角”，载《中国农村观察》2016年第4期，第14页。

和帮助。依据法律，村改居社区居民委员会的任务为：一是宣传宪法、法律、法规和国家的政策，维护村改居社区居民的合法权益，教育居民从法守法，爱护公物，开展种类多样的社会主义精神文明建设活动；二是办理本居住地区居民的公共事务和公益事业；三是调解民间纠纷；四是协助政府维护村改居社区治安；五是协助人民政府或者它的派出机关做好与居民利益有关的公共卫生、优抚救济、青少年教育等工作；六是向人民政府或者它的派出机关反映居民的意见、要求并提出建议。作为社区自治的组织者、推动者和实践者，作为党和基层政府联系社区居民的纽带和桥梁，社区居委会应通过多种方式代表和维护社区居民的利益，开展与社区有关的活动，反应社区居民的意见、建议和要求，及时处理居民之间的矛盾和冲突，维护社区和谐，成为政府实施社会管理、提供公共服务的得力助手。①

为了更好地履行职责，服务社区居民，村改居社区居委会一般下设由社会保障、文化体育、公共卫生、纠纷调解等工作委员会构成的社区服务中心负责居委会议事的执行机构。社区服务中心的工作人员由经过省级统一考试合格录取的高学历的专业人员组成，社区工作者由此进入村改居社区组织，其隶属于村改居社区居委会，并且和居委会形成了议行分设的格局。不过对于这个专业化的以服务为中心的机构，各地在归属上有所不同。在深圳，社区工作站在组织结构、性质、职能、服务类型、经费等方面都接受街道办事处的统一安排，成为街道办事处的派出机构；而在北京、武汉、青岛等地，该机构是在居委会的直接领导下，接受居委会的管理和考核以及社区居民的评价。X市的社区服务中心归属于居委会领导，社区服务中心工作人员构成中除社区专职人员由政府统一考试、录取、分配外，大部分是由两委会班子成员兼任，集体经济较为发达的村改居社区还可以参照本社区覆盖的人口数量雇用社区居民进行一定增配来缓解公共事务繁重的压力。

（四）集体经济组织

村改居社区的前身是集体土地所有权和经营权分离、村集体和农户自

① 徐延辉、龚紫钰："城市社区利益相关者：内涵、角色与功能"，载《湖南社会大学社会科学学报》2014年第2期，第107页。

己双层经营的小农村社经济。城中村拆迁改造中集体所有的土地全部被征收，农户失去了赖以生存的生产资料，村集体经济的基础丧失。但同时村集体获得了一笔不少的征地补偿金、回迁后的商铺所有权以及归属成员所有但需要由集体统一经营的生活依托地的经营权，这些资产需要安全地管理和运行，以实现保值增值，集体经济组织的保留便成为一种必然。村改居社区已不可能回到农村，无疑是归属于城市社区的范畴，但其和城市社区最大的区别在于社区原住民拥有集体资产，并在城中村改造过程对集体经济进行了改制。集体经济先是从村委会剥离出来形成了股份制的现代企业法人，后因2017年国家对农村集体经济产权制度改革政策的出台及落地，又进行了第二次改革，即集体经济的表现形式由股份制企业法人变为具有特殊法人资格的股份经济合作社。这是村改居社区这类城市社区所特有的现象，股份经济合作社在村改居社区治理法治化建设中扮演着不可忽视的角色。村改居社区的集体经济组织对原住民意义重大，对社区的建设发展、社区原住民就业保障、生计来源等发挥着重要的作用。管理、经营好集体资产，使集体经济组织成员获取稳定并不断增长的集体经济收益分红，维持原住民的生活水平并不断得到提升，是此类社区治理的重要职责，直接关系村改居社区的和谐稳定。

（五）物业公司

物业公司是城市社区治理中不可缺少的主体。

第一，村改居社区物业公司的法律性质。从传统村落各扫门前雪的自我运行模式进入村改居社区后，传统的管理方式显然已无法满足村改居社区的需要。如村改居社区的安全、绿化、公共照明、取暖、电力设备维护、健身器材场所、电梯、单元房的公共空间等这些管理内容显然已经超出村委会的管理能力，需要专业的人员进行规范性和持续性地管理、维护才能保证社区居民的居住需求。单纯地从法律上来界定，村改居社区的物业公司无疑是以营利为目的的社团法人，其应该按照资本市场的规律进行运作，自负盈亏，自我负责。

第二，村改居社区物业的类型。从X市村改居社区的调研来看，村改居社区的物业公司有三种类型：一是村改居社区集体经济组织自办物业公司，社区自管。2018年以前物业公司是在社区的名下，2018年产权制度改革之后，物业公司挂在集体股份经济合作社之下。这种类型的物业公司是指回迁社区自己成立物业管理公司，通过招聘保安、保洁、设备维护等相关工作人员来进行社区的基本物业管理和维护。这种模式类似于商品房小区中物业管理的业主自治方式，也相当于村落管理模式下，由村委会组织本村村民成立护村队、雇用清洁工人负责村上公共区域的环境卫生及治安管理的延伸，但在服务的标准、内容和形式上又在向专业的物业公司去靠拢。如调研中的SQXY社区、JYMJ社区、XH社区等都由自办物业公司提供社区物业服务。二是引入社会上专业的物业公司，商业物管。即原行政村村委会（社区居委会）在市场上通过公开招投标的方式聘请专业的物业管理公司向村改居社区提供物业管理和服务。从调研的数据来看，近两年回迁安置的村改居社区多采取招投标方式引入社会企业来进行社区物业管理和服务。三是政府委托社会资本进行回迁安置社区的物业管理。这种方式一般是在过渡期内采用，也属于商业物业。所不同于第二种的是这是政府通过招投标方式引入社区的商业型物业公司，一般是社区回迁安置后，处于过渡阶段的情形，时长为两年。在过渡阶段，由政府聘请专业的商业公司对社区进行管理，回迁之日开始计算的两年内，回迁居民不向物业公司缴纳物业管理费，所有的物业管理的公共费用和开支由政府买单，如GL区的CJ社区和AJ社区皆是如此。整体来看，近两年回迁安置的村改居社区自办物业的较少，多采取委托专门的物业公司进行村改居社区的物业管理服务。

（六）社会组织

社区社会组织是由社区组织或个人在社区范围内单独或联合举办的、在社区范围内开展活动的、满足社区居民不同需求的社会自发组织。村改居社区具有传统村落和城市社区的双重属性，因此，这一特征也直接体现在了村改居社区的具体社会组织上。如调研中的每一个村改居社区都有“红白理事会”这样一个社会组织，负责村改居社区原住民的婚丧嫁娶等事务的安排和服务。红白理事会这种社会组织在城市社区是完全不存在的，其产生的基础仍然是基于村改居社区的原型是一个由血亲和宗亲组成的群体。村改居社区居民的基本生产资料土地已不复存在，不需要从事任何农业劳作，且大部分原住民并无稳定的工作，因此，为了满足社区居民精神文化生活的需要，打发闲暇时光，丰富社区活动，大部分的村改居社区都有舞蹈队、歌唱团、幸福院、文化大礼堂、书法协会等社会组织。这些组织在满足个人喜好的同时，也为村改居社区的治理和发展提供着重要的精神食粮。如歌唱团会代表社区参加基层政府组织的各种文化活动，书法协会在婚丧嫁娶及春节来临之际为社区居民书写对联，既自娱自乐又服务、方便了社区居民。由此可见，村改居社区的社会组织就是居民基于共同的爱好自发自愿组成的一个团体，它不具有任何的政治性、行政化和营利性色彩。

（七）驻地单位

村改居社区的驻地单位是指在社区地域范围内的机关单位、企事业单位、社会团体以及各类经济组织或个人。以上单位或个人的办公场所、生产或营业活动处于村改居社区地域上。从调研来看，驻地单位基本都是以营利为目的的商事主体，如公司、个体户、个人独资企业或者合伙，很少有事业单位或国家机关。因每个城中村集体资产的多少及改造的方案不尽相同，致使集体及成员拥有的商铺面积相差较大，这也直接影响着村改居社区内驻地单位的数量。如 XH 社区驻地单位的数量最多，达到 300 个以上。驻地单位的经营不归社区管理，服务归社区管，驻地单位工作人员的相关证明也要社区来开。按照居委会主任的说法：“社会企业经营不归我们管，但是社区服务归我们管。对驻地单位我们主要承担着承接政府对其上传下达的任务，他们仅仅是在社区从事经营活动，对社区其他事情一概不会过问。”

二、基层政府与村改居社区的关系

相较于村改居社区的内部治理主体，基层政府是村改居社区治理中一股重要的外部介入力量，即外部治理主体。它对村改居社区自治体系的塑造和发育、村改居社区治理法治化的推进起着至关重要的作用。

（一）基层政府职能定位

政府是国家权力的执行机关，是国家进行统治和社会管理的机关，是国家表示意志、发布命令和处理事务的机关。我国政府机构采用的是直线职能式结构，分为中央人民政府和地方人民政府。中央政府即国务院，是最高国家权力机关的执行机关，是最高国家行政机关。地方人民政府按照行政区域级别又划分为省级、市级、县级和乡镇人民政府。根据相关法律规定，市辖区以及不设区的市人民政府，可以设立街道办事处作为它的派出机关。① 如X市Y区建制镇已全部被取消，目前仅包括8个街道办事处。依据法律规定来看，我国最基层的政权组织在农村是乡镇政府，在城市则为街道办事处。街道办事处属于区一级人民政府的派出机构，代行派属政府的职能。街道办事处从行政级别、承载的职能上来看和乡镇一级人民政府基本一致。当然两者的区别也是明显的，乡镇政府是最基层的政府机关，拥有独立的公法人资格，具有独立的行政管理与决策权；街道办事处并不是一级政权机关，是区一级人民政府的派出机构，接受区一级人民政府的领导，代表区一级人民政府行使职权、履行职责，并不具备独立的公法人资格，其行为的所有后果或责任需要由区一级人民政府来负责和承担。

（二）政府（街道办事处）与社区的关系

依据法律规定，居民委员会是社区居民按照法律规定自由选举产生的常设群众性自治组织，街道办事处对村改居社区居委会的工作给予指导、支持以及帮助，负责日常的社区事务。在众多的村改居社区内部治理主体中，居委会和基层政府或者街道办事处联系最为密切。相对于村改居社区的内部治理主体，基层政府是一股重要的外部介入力量，即外部治理主体，它直接影响并支配着村改居社区自治体系的塑造及发育。基层政府，确切地说是基层政府的派出机构即街道办事处是与村改居社区联系最为紧密的外部治理主体，而居民委员会又是社区的常设机构，实际上从某

① 《地方各级人民代表大会和地方各级人民政府组织法》第六十八条："市辖区、不设区的市的人民政府，经上一级人民政府批准，可以设立若干街道办事处，作为它的派出机关。"

种意义来说，街道办事处和居民委员会本身就代表着基层政府和村改居社区。

从调研选取的对象和访谈内容来看，站在不同治理主体的角度观察村改居社区治理过程中的事务和问题，多了一个视角，也听到了不同的声音，自然也就多了一些感受，认识也就更加全面客观。无论是社区还是街道办事处在整个村改居社区的治理过程中都大吐苦水，各自诉说着自己的困难与不易，社区与街道办事处两者之间可以说是有矛盾但又彼此依赖。

1. 从街办角度看村改居社区治理。在街道办事处（以下简称街办）的调研中，街办干部认为街办的处境非常尴尬。目前，任务不断下放，相应地是责任也在不断下移。如土地审批权全部上收，但辖区出现土地违法的责任却要街办承担，街办一是没有审批权，二是没有查处权，对违法用地实际上无法控制，但却要对此承担后果，道理上和法理上都讲不通。村改居社区干部换届选举方面，街办只是指导工作，对此没有任何决定权。干部是社区居民选的，由选票数量决定，但如果村改居社区干部存在违法犯罪的行为，街道办干部却要承担责任，这显然是不合理的。还有“三资管理”中的“双签”问题，只要街办干部签了字，就得承担责任。而事实上，钱不是街办自己的，是属于社区（居委会或集体经济组织）的，街办却要签字，签字的理由是什么？村改居社区本身就因为城中村改造存在较多遗留问题，有些问题不是一个街道办事处能够解决的，但只要是和拆迁安置相关的问题，社区居民或者社区干部都会找街办，要求街办予以处理解决。如 2020 年 11 月在 SSM 社区的调研中遇到这样一件事情：张大爷儿子去世，儿媳离家出走，目前张大爷一人带着两个孙子，实属不易。张大爷家拆迁前靠房租维持生计，但该村历经了 8 年漫长的过渡期，加之过渡费后期未按时支付给被拆迁人，无任何经济收入来源的张大爷生活难以维持，老人家每天都会带着两个孙子到社区所在街道办事处食堂去“蹭饭”。事实上，未按时回迁、过渡费拖欠等问题根本不是一个街道办事处有能力制造出来或能够解决的。

在街办的工作中，城中村和村改居社区的管理工作是最困难的一部分。农村管理工作[①]通过街、村、户连接实施，对辖区内常住人口主要是服务，对流动人口管理、服务都不好做。特别是对动辄上万流动人口的社区（村）管理非常难，对房屋租赁管理的难度更大。如办理暂住证问题，由于办理暂住证并没有任何实质性好处，因此，外来人口办理暂住证的积极性不高。另外，无论是出租方还是承租方都不愿进行房屋租赁登记，这就给流动人口管理带来了很大的困难，尤其是城中村或者改造后的一户一宅社区中，以单间为单位出租，就更加麻烦。一户一宅居住的承租人太多，商品房社区（一户基本三套安置房）相对来说承租人数较少。区、街办各项常规工作和社会管理工作，都需要社区（村）对接、配合才能完成，如劳动技能培训、劳动社会保障、创卫、环卫等，仅市、区、办到社区的各类检查每月就有5次以上之多。此外，由于较大规模的城中村改造，征地拆迁工作量很大，面临许多复杂的利益矛盾，如个人之间、个人与政府之间、集体与开发商之间、村改居社区因城改遗留的矛盾纠纷等是街办工作中最为头疼的事。

2. 从居委会角度看社区治理。目前，村改居社区实行街办指导与居委会管理相结合的方式。村改居社区干部现在都是“拿票说话”，是票选出来的。因此，代表居委会的社区干部会在街办与原住民之间搞平衡，采取不同的态度和策略。社区有麻烦事了就找街办干部，“惹人的事”就让驻社区干部出面，[②] 违反政策法律的事就不愿让街办干部知道，如涉及出租等关乎个人利益的问题，则很少向街办报告，自己就决定了。社区干部基本能顾全大局，有问题了也会到街办咨询或向街办寻求帮助，如集体财物

---

① 大部分街办干部认为村改居社区还是农村社会中的行政村，已习惯用农村来表述村改居社区。

② 驻社区（村）干部要入户，工作涉及信访维稳、安全生产（气、电）、调解矛盾纠纷等。街办主要通过下发文件、会议传达等方式给社区（村）安排工作。街办实行科室包社区（村），一般派1名干部驻社区（村），上传下达，一手牵着政府，一手牵着居民。驻社区（村）干部主要发挥信息沟通和传递作用，一般不参加社区的会议，但与社区干部要互相通气，保持联系和信息畅通。村改居社区原住民有问题一般都是找社区干部，并不会找包社区（村）干部。所以，包社区（村）干部的作用是非常有限的，实际上离政治指导员和纠纷调解员的角色定位还是有一定距离的。

分配时希望街办干部能去给原住民讲政策，重大事项都会和政府沟通，寻求政策支持、财政支持等。对于街办安排的工作，社区干部基本在大问题上还是能够服从的，但有个别涉及利益方面的小事情，社区干部偶尔也会拒绝。也会涉及街办给社区只安排工作，但并不给经费支持，许多工作所需费用都由社区承担，或要求社区先垫付，日后解决。社区干部抱怨政府安排的事情太多，说话往往不算数，不予兑现。如大部分社区服务中心的专职人员因为工资低、无晋升渠道等原因而辞职，导致较多的公共事务都是由社区干部自己来办理完成。村改居社区事务实在太多、太杂，社区干部处理政府安排的事务已疲于应付。如 XH 社区在 2006 年城改的过程中，政府要求修路资金由集体经济组织先行垫付，随后政府再行支付。但截至 2020 年 12 月，14 年过去，集体经济组织依然未曾见到政府支付的修路款。SSM 社区经历了 8 年漫长的回迁安置过渡期，2020 年 10 月回迁后还有 7 000 万的过渡费未支付（开发商已支付）。2000 年，SSM 社区的前身行政村耕地被征收，农民因失去土地的养老社保到目前还未办理。时下，基层政府安排任务频繁，如儿童节、重阳节以及重大节日都会要求村改居社区搞一些活动，但活动的费用往往都是集体经济组织来出这笔钱，社区干部、集体经济组织成员对这类开支意见很大。

3. 有矛盾但相互依赖。对于村改居社区的治理事务及治理问题，街办和社区（社区干部）角度不同，看法自不相同。那么，村改居社区为何要倒贴钱配合基层政府、街办工作？不配合可不可以？社区干部回答是不配合不行。社区干部之所以愿意配合街办工作，因为社区干部对政府（街办）有一定的依赖，如低保问题的解决要通过街办，社区改造要靠政府，希望政府协调和帮助解决征地拆迁遗留问题。政府（街办）要考核村改居社区两委会干部，年终评优，评上先进奖励 500 元，社区干部看重的不是 500 元的物质奖励，而是政治荣誉。社区居民也要为两委会干部打分，测评对干部的“满意度”。社区书记、主任大都想做人大代表或政协委员，社区干部对这些政治荣誉是十分看重的，而区级政府、街办拥有着给社区及社区干部的荣誉决定权。

对于基层政府或者街办来说，社区居委会或者社区干部至关重要，太多的行政性事务要依靠社区居委会或者社区干部配合才能顺利解决，否则上级安排的工作任务就没有办法得以执行和完成。对于村改居社区中一些“难缠的人”还需要社区干部依靠人情、亲情、威望进行说服教育，杜绝闹事。

由此可见，街办和村改居社区无实质性冲突，依照法律规定是指导关系，但实际上既有领导又有指导，指导和管理交叉。大部分工作是在协商中进行，只要把任务完成了，事情解决了就万事大吉。街办干部和社区干部的交流通常是就事论事，有什么问题就解决什么问题。在社区与街办的关系方面，两者之间存在一定的矛盾，一方面彼此承认对方的工作并一定程度上去配合完成，但另一方面又在工作中相互推诿互不信任，村改居社区与街办之间的工作对接仍然需要进一步的协调。

第二节　多元主体参与村改居社区治理的现实问题

一、内部主体参与社区治理的现实问题

从对村改居社区治理法治化中内部治理主体的考察来看，内部主体参与社区治理的主要问题有以下几个方面：

（一）党员队伍建设及党组织建设面临挑战

一方面，外来党员的流入使得原有的党员管理与党组织建设面临挑战。城改前的村党组织是一个由封闭性的熟人社会中的党员构成的，党员之间彼此熟悉、相互信任。但随着村改居社区的建立，以前封闭性的熟人社会被流动性的社会所打破，尤其是挂靠在村改居社区的商品房小区党员人数较多，管理、培训、学习组织起来并非易事。以JYMJ社区为例，社区内原住居民中的党员只有46人，但代管的3个商品房小区的党员人数之和在100人以上。新的变化使得村改居社区党组织关系较为复杂，党组织

难以掌握代管商品房小区党员的基本情况，加大了基层党组织对社区党员管理的难度，难以开展各类组织活动。

另一方面，党员年龄偏大，文化水平较低，存在年轻人入党积极人数与党员人数少的矛盾。社区干部党员年龄普遍偏大，40 岁以下基本没有；学历较低，大多为中学毕业，大专以上学历的占比极少。如 JYMJ 社区原住居民中共有 46 名党员，年龄也多在 50 岁以上；某街办 28 个社区（村），有 16 个社区（村）的书记超过 55 岁（11 个正职，5 个副职）。社区党组织干部太年轻了就会缺乏经验，居民不认可。在调研的诸多村改居社区，申请入党的年轻原住居民较多，社区集体经济发展得好可以吸引住年轻有为的原住居民留在社区为社区建设服务。如果能够实现个人利益和集体利益的统一，他就愿意留在社区工作，愿意成为一名党员，加入到基层党组织去为社区的发展贡献自己的力量。① 但却依然存在年轻人入党积极与党员人数少、学历低的矛盾。

（二）居民构成复杂与参与主体单一及参与意愿低下的矛盾

村改居社区居民结构复杂，外来人员占绝对多数，但却表现出社区居民参与社区治理的单一性及参与意愿低下的矛盾。调研中的所有村改居社区的常住人口基本上是原住居民人数的 3 倍，如果存在代管的商品房小区的话，那社区辐射的常住人口近乎是原住居民的 10 倍。如 YB 社区原住民人数为 1 100 人左右，但社区常住居民及代管商品房小区居民合计在 10 000 人以上，但却长期表现出只有十几个原住居民的代表参与社区公共事务治理，其他原住居民或者非原住居民参与意愿低下，或者根本就不关心社区公共事务的治理。

---

① 当问及年轻人入党的原因时，社区干部的回答是："啥人都有。最大的动力来自两点：一是从个人发展来说，对个人工作有好处。二是绝大多数的人都是原来村民的孩子，这里的经济文化活动多且好。在各种正面引导下，他们申请入党基本动力是在这里入党有荣誉感。对于这些政治上要求进步的孩子，就可以先培养着。成员入党后可以享受许多政治上和经济上的利益，如村里每年组织党员学习、参观，可以参与支部换届选举，有选举权和被选举权，是一种政治资源。"社区干部边说边比划着改制后的 14 年时间里收到的入党申请书的厚度，自豪之情溢于言表。

（三）社区自治机构管理人才匮乏

便民与利民服务体系越完善，就愈发要求其内在的服务精神及服务理念相契合。村改居社区居民选举的干部年龄普遍偏大，学历较低，基本上还是城改前的“那拨人”。在 SSM 社区调研发现，社区两委会成员中除 2 名社区干部为 80 后外，其余皆为 1965 年以前出生。因现代办公模式的网络化，年龄大的社区干部不会使用电脑、智能手机等因素导致大量工作任务积压在这 2 名年轻社区干部身上，其中 1 名年轻干部已经决定干完这一届不再参加下届班子成员的选举。

为了更好更专业地服务社区居民，X 省民政厅、财政厅于 2015 年开始依据《X 省人民政府城镇社区专职工作人员管理暂行办法》面向社会公开招聘城镇社区专职工作人员。从报考的学历条件要求来看，社区专职人员都需具备大专以上学历，而事实上从我们对村改居社区的调研资料来看，社区的专业人员学历大都为本科，甚至也有研究生学历的。在调研的 13 个村改居社区中，都曾配有社区专职人员。如 2018 年调研的 YB 社区，专职人员仅有 1 名，工资为 2 400 元每月。2020 年 10 月对 XH 社区进行调研时，根据社区主任的描述，最多时社区有 9 个专职工作者，目前仅剩下 1 名研究生学历的专职工作者，其他的专职人员均已离职。AK 市的 ZYNJ 社区最初分配了 3 名社区专职人员，2020 年 6 月调研时，已全部辞职。2020 年 11 月在 SSM 社区调研时了解到，该社区曾经分配过 1 名社区专职人员，已辞职。2020 年 11 月在 ZB 街办调研时发现，2015 年基层政府分配给 ZB 街办的社区专职人员共 46 人，截至 2020 年 12 月底在岗人数仅有 26 人。这一现象不仅仅在村改居社区存在，在 X 省境内的所有城市社区都存在。目前，村改居社区服务中心的事务基本上都是由社区两委会成员来承担。虽然村改居社区在城市，甚至很多位于 X 市经济中心区域，但同样留不住人。

（四）社区居委会、集体经济组织、自办物业公司混同

由传统村落改制而来的村改居社区依然保留着农村的治理模式，社区居委会、集体经济组织、自办物业公司基本是“三块牌子一套人马”。这种治理架构是所有有自办物业公司的村改居社区的实际管理运行状态，这种混合型管理体制，使得社区治理的所有事务纠葛在一起，极易引发矛盾。①

1. 三机构交叉任职严重。近乎所有的村改居社区中，居委会主任或者副主任就是集体经济组织理事长、自办物业公司的总经理兼法定代表人。②党组织中的其他委员兼任集体经济组织监事长或者物业公司的监事。那么在现实的治理中若发生分歧或有不同意见，到底是谁听谁的，谁又对决策来负责呢？这种高度集中的任职，极易形成个人独权与“一言堂”的结果。

2. 用集体经济收益补贴自办物业公司及居委会、社区公共性支出。居委会平时的一些支出，如儿童节、重阳节等活动的开展以及因社区专职人员的流失社区居委会自己聘请的工作人员等费用都要从集体经济组织收益中支出。2018 年对 SQXY 社区的调研发现，物业公司每个月的支出在 30 万元以上，主要是保安、保洁、水电工以及物业管理人员的工资、公摊用电、用水以及日常设备维护等。小区物业费用按照 1.2 元/平方米来收取，但根本收不上来，集体经济组织每个月都得贴补 7 万—8 万元物业管理费来维持社区物业的正常运转，一年下来需要从集体经济组织挪用 100 万元左右来补贴物业公司的开销。在长期积累下来的集体资产在机构混同、交叉任职、权责不清的窘境下，像未存放在冰柜的雪糕，就这样慢慢地融化掉了。近几年村改居社区居委会干部的思想观念也开始转变，认为：“从周边几个自办物业的村改居社区经营的实际来看都是失败的，没有能管理好的。结果是钱花得不少，但社区居民并不满意。专业的事情还是要交给专业的人来做，委托专业的物业管理公司进行村改居社区物业服务已成为近几年的一种趋势。”

---

① 胡振光：“‘村改居’社区治理体制的变革与重构”，载《安徽理工大学学报（社会科学版）》，2016 年第 6 期，第 30 页。

② 本研究仅讨论村改居社区中的自办物业。无论是居民代表大会通过招投标方式引进的物业公司，还是过渡期政府通过招投标引进的物业公司本身都是以营利为目的的、拥有独立法人资格的商事主体，与居委会根本不存在历史上的经济瓜葛，只有在自办物业的情况下才存在混同问题。

二、基层政府参与社区治理的现实问题

（一）过多地向社区摊派事务而导致社区自治不足

1. 社区行政性事务繁重。政府部门的逐步“放权”带来的是基层行政类事务工作的大量增加，需要居委会协助处理的事情涉及太多方面。虽然有社区服务中心承担行政公共服务，但是据居委会工作人员反映，在他们的日常工作中，行政工作挤占了基层工作的大量时间。村改居社区居委会或者社区干部耗费了大量的时间、精力来完成街道办事处安排的工作任务，真正处理社区内部事务的时间自然被占用。据XH社区、YB社区统计，在“5+2、白加黑、24小时不打烊”的服务模式下，社区服务中心承担的行政性事务在170—180项，最多跑一次的事项就高达42项。在2020年下半年的一次调研中恰逢第七次全国人口普查，按照上级机关要求，每100户需要一定数量的工作人员来进行普查。某社区常住人口约2万，需要200名工作人员，这200人从何而来？如果从外面聘请，那么这200人的工资、补贴又从何而来？最终还是要村改居社区的集体经济组织承担和解决。

2. 代管增加了管理难度。在调研的13个村改居社区中，代管周边商品房小区的不在少数。以YB社区为例，该社区原住民有400户，1 100人左右，该社区目前代管了3个商品房小区，合计约11 000人。用社区主任的原话来说就是：“只要是在我们村上原来集体土地上建的商品房小区，我们都得管。事务也比较细碎，如社保缴纳、廉租房、公租房申请、准生证办理等，只要是社区盖章子的文件，我们都得管。”服务对象数量猛增，已远远超过村改居社区服务中心的承载能力，出现了严重的“小马拉大车”情形。对于此种现象，各社区干部也有怨言：“基层政府给的是服务1 000个居民的钱和工作人员，而我们干的是10 000人的活。我们对于本村外的居住户或者驻地单位的工作人员情况并不了解，却要盖章，万一出现差错，不知道如何应对。但如果不盖章的话，居住户或者驻地单位工作人员又会通过12345市政服务热线投诉。很多时候，真不知道该怎么做。”

3. 社区经费拨付不按规定。根据《城市居民委员会组织法》相关规定，居民委员会的经费来源及其成员生活补贴费的范围和标准，由县级市（区）或者上级政府规定并拨付。① X 市村改居社区的经费一直由相应的人民政府拨付，只是金额和构成有所差异。从 2020 年对 X 市的调研来看，政府每年拨付给城市社区的工作经费是 5 万元，活动经费（专项经费）是 20 万元，共计 25 万元；20 万元专项经费区上统筹 30%，街道统筹 30%，给社区留 40%（8 万元）。村改居社区是经过政府部门“撤村建居”批复的城市社区，但调研中部分街办仍然将村改居社区视为农村的行政村，每年的工作经费只有 3.5 万元，显然是不合规矩的。另外，报账程序繁琐、复杂，街道办事处工作人员服务态度恶劣也是在所有村改居社区调研中社区干部普遍反映的问题。

无论是对街办干部还是社区干部的访谈，两类群体都承认村改居社区承担了太多的政府行政性事务，根本没有时间和精力再去进行自治活动，这也导致村改居社区为了“高效”地处理相关事务，而简化了基层社区的自治制度，社区居民的自治权很难实现。

（二）行政部门办事效率低造成社区特有矛盾的出现

村改居社区治理内容中的有些问题是社区内部治理主体本身就可以解决的。如村改居社区治理中常见的“铲草坪种蔬菜、公共区域拉绳晾衣服、楼道堆放回收废品杂物、穿高跟鞋屋内走动”等问题都可以通过对当事人加强管理、批评教育解决，社区干部也认为以上问题只要肯下功夫严抓严管都可以得到较好解决。但有些事务需要行政部门“鼎力协助”才能得以解决，如拖欠拆迁过渡费、社会保险的办理、回迁房屋产权证书的办理等必须依靠政府。村改居社区本身就是地方政府主导下的产物，相比传统城市社区，意味着此类社区和政府的关系，尤其和街道办事处的关系更加的密切。如果行政部门拖延支付过渡费或不予办理社保、不动产权证书等事项，原住居民就会迁怒于社区干部等，引发不稳定因素。

---

① 《城市居民委员会组织法》第十七条：“居民委员会的工作经费和来源，居民委员会成员的生活补贴费的范围、标准和来源，由不设区的市、市辖区的人民政府或者上级人民政府规定并拨付。”

第三节　多元主体参与村改居社区治理的现实问题的成因分析

一、党员发展培养的自利行为及党员“二元化”使得党组织功能弱化

（一）党员发展培养的自利行为

相比传统乡村社会，村改居社区原住民中的年轻人外出务工人数较少，不存在“党源”短缺或者荒芜的问题。况且从调研来看，村改居社区原住居民入党积极踊跃。积极加入党组织后不仅对申请入党人员自身的工作发展大有裨益，而且还使其在村改居社区治理中享有充分的话语权，有机会进入社区党组织、居委会、集体经济组织。此外，还会带来如学习培训、旅游参观等好处。加入党组织对村改居社区原住民中的青年人有着强烈的吸引力，但村改居社区党员发展培养却因某些干部的自私行为，影响到社区党组织后备干部选拔，甚至部分村改居社区换届时找不出合适的“人选”。一些干部私心太重，担心发展年轻党员会影响到自己的位置，要么压着入党申请书不了了之；要么“任人唯亲”，坚持“肥水不流外人田”的处事作风，发展党员程序不规范，考察人选没有大局意识。部分村改居社区中党员发展、培养的自利行为导致形成了以个别人为主体的既得利益团体，以此维护“家族”在村改居社区治理中的话语权和控制权。①

（二）人口流动使得党员管理更加困难

村改居社区党组织对党员的管理、教育、培训管理需要进一步加强，

① 陈晓莉：《城中村治理中的政府管理与村民自治研究》，中国社会科学出版社2018年版，第202页。

党组织活动流于形式，缺乏实效。[①] 工业化、城镇化下的人口流动导致某些村改居社区的党员集体学习、培训机会缺失，持续接受新的理念、政策和教育的可能性较小。工业化和城镇化加速了人口的流动，有的党员常年在外打工，社区居住时间短暂，根本无法履行党员的职责。如调研中的QD社区，该村改居社区距离城市核心圈较远，并不完全符合当地城中村改造的条件，但因地方政府引进了大的产业园项目，便对该村整体改造拆迁。回迁安置后，基本上每户都有3套以上的商品房和每人25平方米的生活依托商铺，但因距离城市有一定距离，也不在核心商圈范围内，起初的几年房租收入并不乐观。回迁后有一些中青年原住民因选择外出打工或做生意长期不在社区居住，其中就包括一些党员。在流动性社会的冲击下，很多觉悟不高的党员一心只谋自己的生意经或为生计忙碌，极少参与党组织的各项活动。代管的商品房小区的党员人数虽多，但基本都对社区的事务不上心，组织学习也成为一种形式。

（三）“二元”制使得党员无法形成合力，党组织功能受限

因原住居民党员人员较少，加之外来党员的流入，单纯从社区党组织党员人数上看呈增长趋势，但一些无心于社区事务的党员并不能为社区党组织增添新的血液和活力。外来的党员并不能和其他原住居民党员享受相同的权益，根本的原因在于此类社区集体经济组织的客观存在使得党组织核心人员只能出自原住居民党员之中，改制后的集体经济组织接受原住居民党组织的领导和相关事项的决策。这也就导致外来流入的党员被排除在党组织决策层外，很难进入村改居社区的党组织中。用JYMJ社区某党员的话来说：“如果代管的商品房小区党员组织关系在我村上，人家就有选举权和被选举权。如果有些人积极参与选举并拉票，人家党员人数远远超过我村党员人数，就会出现我们村的党员被选下去。那么我村的集体经济岂不是被外人给控制了，这不就是鹊巢鸠占吗？这在哪儿都讲不通的。我们村的财产凭什么让外来人做主决定？”在调研的其他代管社区中，社区

---

① 张红云：“‘村改居’后基层党组织的现实困境与职能重构”，载《理论导刊》2012年第9期，第26页。

干部和原住民也存有同样的顾虑，因此，村改居社区干部内心并不希望代管其他商品房小区。对于不得已代管的商品房小区，社区干部也不希望商品房小区党员参与到本社区的党员组织活动中来。综上，村改居社区内的党员被区别对待，外来党员和原住民党员之间无法形成聚合力，社区党组织的功能、权威就会弱化，难以发挥基层党组织在整个社区治理中的先锋模范作用。

二、居民参与单一与意愿低的原因分析

村改居社区居民人员结构复杂，因管理体制不畅、社区归属感与认同感弱等原因，呈现出少数原住居民领导全部居民的非正常格局。

（一）居民社区认同感缺失

社区居民缺乏认同感是村改居社区居民参与社区治理主体单一、参与意愿低的主要原因。村改居社区居民人口构成复杂，但从参与社区治理的强弱来看依次为原住居民、代管的商品房小区居民及进城务工者，“空挂户”者则完全不参与社区治理。首先，进城务工人员忙于生计，只是将社区当作一个“睡觉”的物理空间，根本没有时间、精力参与社区的活动，对社区治理事务并不关心。从心理认知上，外来务工人员也并不认为社区就是自己的家园，是“家”之所在，根本就没有主人翁意识和归属感。没有归属感，何来认同感？其次，进城务工人员和商品房小区居民对社区的依赖性不高。此类群体与村改居社区完全就是一个陌生人社会关系，不会像原住居民那样基于血缘、宗缘关系而沟通联系、交往，彼此之间并不关心，这种不交流、不互动的状态严重影响着社区公共精神的培育。最后，原住居民的排斥。从原住居民的内心来看，村改居社区虽已是具有一定开放性的城市社区，但无论是社区干部或是原住居民在心理及社区治理中都处于优越和主导地位。他们从内心也不希望外来务工人员或者代管的商品房小区居民参与社区事务的治理，对原住居民和非原住居民无论是从政治权利还是经济权利上都区别对待，这些无形中又形成村改居社区居民待遇的不平等性，拉大了原住居民群体和非原住居民群体的隔阂。如YB社区

就针对不同居住群体采取不同的物业费收取标准，原住户一户一套房可享受0.5元/平方米的物业费价格，租住户一律按照0.9元/平方米收取物业管理费用，这无疑造成了这两类居民群体之间的对立，又人为地将村改居社区居民“二元化”。

（二）居民习惯于被动服从

根深蒂固的社会管理理念已经使得老百姓习惯于服从和被安排，而“自下而上”的协商“参与”等柔性治理理念还很欠缺，导致村改居社区居民对社区公共事务难以释放热情，参与度不高。[①] 社区公共事务参与的群体出现了“中老年为主，青壮年远离”的态势。由于社会多元化和个人利益的发展，对“村庄”情节不深的青年人对社区事务保持冷漠和选择性视而不见，除非直接关系自身利益，否则都会采取“事不关己高高挂起”的态度。例如，社区公共道路建设就是社区公共服务，但是居民自家门口前的道路就是有关自身直接利益的事务，原住居民对家门口的事务关注度较多。凡是属于公共事务，常常是最少受人关注理会的，人们只关怀着自己的所有，而忽视公共的事务；对于公众的一切，他至多只留心到这里面对他个人多少有些相关的事务。[②] 青壮年一般在外打工或自己做生意，忙于生计，政治参与热情低，参与动力不足。其实对于社区的一些事务，居民并不是没有意见地默默接受，只是不通过规范的制度渠道去表达心声，而习惯于私底下议论。不管是私下的窃窃私语，还是逆来顺受都不可能形成村改居社区治理法治化原则要求中的多元主体参与的格局，更不可能达到民主协同共治的效果，不利于社区善治的实现。

（三）相关主体对居民参与社区治理回应冷漠

村改居社区居民主要是以接受社区居委会邀请作为主要形式参与社区治理，这是一种被动式的参与，已经酿成了居民参与社区治理积极性不高、主体意识不强、民主氛围不浓的苦果。原住居民搬入社区后因居住环境与社区运行机制的改变使得居民的利益诉求也增多，诉求得到回应才会

---

① 吴晓燕、关庆华：“‘村改居’社区治理中社会资本的流失与重构”，载《求实》2015年第8期，第41页。

② ［古希腊］亚里士多德：《政治学》，吴寿彭译，商务印书馆1965年版，第48页。

增加居民参与的热情和意愿。但若诉求多次提出，得不到回应或者得到的是不得不接受的没有任何效果的回应，这对居民参与的积极性是重挫，社区居民理所当然地认为建议和意见没有意义而懒得去做。影响居民参与社区治理意愿低的因素为何？从调研资料统计可以看到，64%的居民认为社区治理与自己切身相关；20%的居民认为社区治理是政府和社区干部的事情；也有16%的居民基于各种理由认为社区治理与自己关系不大。以上数据说明大多数的村改居社区居民认识到也愿意自觉地参与到社区治理的事务中来，同时也表明村改居社区治理离不开政府的推动和社区居委会的参与，说明这项工作的开展有着良好的群众基础。调研中，接触到一位区人大代表的原住民，其曾多次向组织反应社区干部事多事杂待遇低的问题，但每次的提案要么石沉大海，要么经过一段时间之后，负责处理提案内容的主管行政机关的负责人会通过电话或者面对面的方式告诉他政府的难处以及不可能得到解决的结果。身为人大代表的社区居民面对自己的上级主管机关对此也只能违心地接受并保持沉默。就调研整体来看，社区居民对于社区治理参与权利是知晓的，但是较低的参与活动表明，在法律规定的参与权利与社区居民参与活动之间存在着较大差距，即法律赋予了权利但居民并未通过积极主动参与社区治理去实现权利。说明居民对社区治理在心理上有一定的政府依赖性和自我保护性，自觉性较差，参与意愿较低。通过访谈发现很多居民之所以不愿说、不愿参与社区事务治理的核心原因是自己反映了问题也没有人听，更无人回应，都是白费力气、吃力不讨好的事情。因此，这种不回应或者不作为的回应严重地挫伤了居民参政议政的积极性，使得居民萌发的那一点参与社区治理的热情被冷漠的回应所浇灭。

三、社区干部任务重待遇低无晋升渠道

（一）社区干部事务多、待遇低

村改居社区事务繁杂，但社区干部工资待遇低，晋升渠道不畅通，很难留住人才。村改居社区干部承担的事务杂、碎、难，可谓和老百姓相关

的事情就是社区干部的工作内容。基层事务本身就难以处理，尤其体现在村改居社区，处理不当极容易引发群体事件和不稳定因素。村改居社区两委会干部和社区专职人员的工作不容易做，而且工资待遇偏低。我们自2013年对X市的城中村改造回迁安置社区进行调研至今，每次都会听到社区干部反映社区事务多待遇低的问题。干部的收入虽不高，但两委会书记、副书记、主任、副主任皆需每天坐班，耗费了大量的时间、精力，此外，也经常听到社区干部自掏腰包贴补居委会日常开销。社区部分干部之所以在事务多工资低、甚至个人“自掏腰包”补贴组织体日常开支的环境下还愿意干这份工作，是因为他们对曾经的村落、如今的村改居社区还有一份深厚的情怀，这是最难割舍的牵挂。2013年12月，对WQ社区的调研中显示两委会成员中书记、主任一肩挑，书记工资为2 400元/月，副书记为1 800元/月，委员则为1 500元/月，同时调研的QD社区也和WQ社区处于同一基层政府辖区，两委会干部的工资都保持一致。2018年8月，SQXY社区调研资料显示，书记主任一肩挑2 500元/月，副书记2 100元/月，单纯委员是1 800元/月（需坐班，非兼职）。以XH社区书记为例，2020年以前的工资是1 800元/月，市上承担900元，区上承担900元，实际“拿到手”的只有1672元，但XH社区物业工作人员中的高级电工一个月的工资就在5 000元/月。XH社区里的集体经济也不会给社区干部补贴，社区干部无论身兼几个职务，干多少份工作，只拿一份工资，这是社区两委会的规定。社区干部工资待遇过低和其工作量完全不匹配。

（二）社区专职人员待遇低、晋升渠道不畅

对于通过省级统一考试被分配到村改居社区工作的社区专职人员也同样面临事务多、待遇低的问题。从与社区干部及社区专职人员的座谈、访谈中了解到，此类群体流失比较严重主要原因也是专职人员工资太低以及晋升渠道不畅通，所得收入既无法维持生计，又看不到从业的前景。如在2020年9月工资上涨之前，学历为本科的社区专职人员工资仅为2 400元/月，根本无法满足日常开支所需。如果专职人员所处的村改居社区集体经济收益情况较好，居委会也会在年底给予一定的补贴，反之则没有任何额外的收入。此外，这些人工作表现无论有多优秀，始终被限定在一个个封

闭的社区内，根本就没有晋升的渠道；地方政府承诺的转事业编制也遥遥无期，很多人因看不到从业的希望和前程，只能离职另谋他路。社区专职人员拿着最低的工资，却承担着村改居社区中繁重、琐碎的社会公共事务和内部矛盾纠纷的处理，付出和回报完全失衡。

四、居委会、集体经济组织及自办物业公司混同的原因分析

（一）传统的村社管理模式所致

传统的乡村社区集体经济组织成员就是社区成员，社区成员绝大多数也属于集体经济组织成员。村委会不仅承担着社区所有的公共事务，主要还承担着集体经济建设、发展的功能，这种经济和社会事务的交织在一定程度上有利于村社事务的高效快速解决。但经过改制后的村改居社区虽为城市社区，却依然保留了集体经济，这就使得撤村建居后的“那拨人”因缺乏城市社区管理经验，工作方法还停滞在传统乡村社会村委会的层面。居委会干部依然习惯于按照乡村社会的模式管理城市社区的事务，将村改居社区的“财权”“事权”牢牢掌控在自己手里。这使得村改居社区居委会与集体经济组织、自办物业公司高度混同。

（二）经济依赖所致

撤村建居后，农村原有的集体经济并没有解体依然存在，是集体组织和成员收入的重要来源。在经费来源方面，城市社区内社会事务的公共支出由政府承担，而村改居社区的居委会除承担公共服务、治安维护和调解纠纷等社会事务的管理职能外，还要承担诸多的社区公共支出费用。社区各项工作的运转支出需要依靠集体经济组织来“拨付”，集体经济成为社区公共事务最坚实的经济来源，使得村改居社区中，无论是党组织、居委会还是自办物业公司对集体经济的依赖性较强。①

（三）交叉任职所致

村改居社区三组织间的交叉任职，有利于事务处理中组织体之间的协

---

① 张鸣鸣：“农民上楼后财产权利变化”，载《中国农村经济》2017年第3期，第77页。

调、配合以及问题的高效解决，但同样也会产生新的问题。从表象上看，村改居社区的治理组织体较多，但交叉任职的结果使得每一个组织体的意思表示近乎完全相同，书记代表社区主任的意志，同时也代表合作社理事长的意志以及自办物业公司总经理的意志，这是典型的“一言堂”。三个组织机构任职人员的高度一致使得原本独立的三个组织体实质上混为一个组织体，权力过分集中，难以保持组织体自身独立性而使得其应有功能发挥不足。

为什么有的村改居社区回迁时间已达10年以上，还未按照法律规定实现居委会和集体经济组织的独立呢？从调研来看，有观念的问题，也有规则制定的问题。如在《民法总则》之前，法律并未拟制出适合的组织形式用以表现农村集体经济组织，导致有的农村集体经济组织和居委会一直是混同的。即使有的地方在城中村改造过程中成立了股份制公司，但这种公司显然是不能满足集体经济的需求，导致设立的股份制公司虚置，集体经济组织和居委会依然保持混同的现状。集体经济组织和居委会没有剥离的现实成为村改居社区治理法治化提升中的最大障碍，也是村改居社区治理体制不顺畅的关键原因。

五、村改居社区自治有待加强

近几年，随着国家政策的指引，公民权利意识的觉醒，国家对社会治理理念的宣传和普及，社区内部治理主体参与公共事务、诉求表达较之以往有所改善。但村改居社区本身就是政府主导下农民被动城镇化的“活体”，因此，无论是城中村改造、改造回迁安置后的撤村建居或者是村改居社区治理的创新，政府皆为主角，即行政主导的色彩依然显著。社区内部治理主体，如居委会、居民等并没有在社区治理中发挥应有的作用，仍难以摆脱行政权“全能主义”的制度锁定。村改居社区治理中，政府仍然扮演着中国式家长的角色，村改居社区自治的空间被压缩，社区缺少自治。

早期的计划经济、政府行政命令的社会管理模式，加上千百年来社区治理理念的惯性，使得行政单位工作人员一定程度上依然保持着这种“官本主义”的思想意识，这些与建立在社区居民权利本位上的现代政治文明和社会治理多元主体参与的理念格格不入。① 社区是一个自治组织，但现实生活中一些基层行政部门认为社区是政府的派出机构，把居委会当作基层政府在社区中的“一条腿”，这就导致代表社区的居委会行政化色彩浓厚，村改居社区的治理更多以行政命令的方式来实现。基层行政机关把自己当作“家长”，习惯于管理社区政治、经济、文化、公共事业等各类社会活动和事务，社区自治权弱化。一方面是对社区民主自治能力没有信心；另一方面是担心脱离了行政机关的管控，政府的目标与任务无法实现。如2020年10月在XH社区调研的4个小时里，社区主任接通过3次电话，内容皆为基层政府或其机构“摊派的任务”。

政府行政性事务的下沉，伴随的是社区自治权的萎缩。以行政命令或摊派方式将政府责任范围内的事项分解到村改居社区，混淆了基层政府（街道办事处）和村改居社区各自的职责，导致社区自治的萎缩。

居委会作为社区自治组织的常设机构功能偏差。法律明确规定了居委会自治组织的性质，虽然规定居委会必须承担一定的行政工作，但这种工作仅是辅助性的，而且需要遵守法定的程序。现实中的操作却背离了法律的规定，居委会承担了大量从上至下转移而来的行政事务，实际上变成了政府职能部门的工作机构，主要的时间和精力投入行政事务当中，忽视了“领导”社区实行自治的主要职能，影响了村改居社区的发展。此外，也正是由于政府过多的行政干预，使得居委会依法自治的过程中打上了行政化的烙印。

事务繁杂、人员短缺、经费紧张是村改居社区治理困境的表象，村改居社区也代管周边商品房小区，致使村改居社区在社区治理中出现“小马拉大车”的现象，但又基于诸多因素考量而无法拒绝，只能负重前行。可见，村改居社区作为自治组织在社区的治理过程中，依然缺乏平等协商、协同共治的话语权，并处于弱势地位。我国无论从法律或政策上都应积极提倡社区自治，但在整个社区的建设中政府是推动者，主要还是依靠政府

---

① 俞可平：“民主法治：国家治理的现代化之路”，载《团结》2014年第1期，第27页。

的行政力量，导致社区组织高度行政化。居民的自我管理、自我服务和自我教育的自治权相对萎缩，未能与政府治理同步增长。① 目前，社区的依法自治还没有形成有效的组织运行机制。党的领导、基层民主自治、政府的支持帮助尚未形成有机的统一体并在社区管理中有效配合。

第四节　多元主体参与村改居社区治理能力提升的路径

在党中央“共建共治共享”的多元治理理念下，怎样更好地发挥村改居社区治理主体协同共建，提升居民的满意度和幸福感是村改居社区治理的根本目的。我们的理想状态是多元主体参与村改居社区治理，打造共建共治共享的村改居社区治理格局，但从实际调研发现的问题及致因来看，目前的村改居社区治理还是基层政府更多行政干预，政府以外的其他主体的参与性不足。要实现村改居社区多元主体的共治格局，首先要解决的是村改居社区内部治理主体参与意愿、治理能力的提升，以及外部治理主体即基层政府行政权的“退”与社区自治权的“进”的问题，向社区放权赋能来增加社区在治理中的自主性和自治性，只有解决了这些问题才可能谈及多元主体协同共治。没有多元主体的参与，协同共治就无从谈起。因此，治理主体参与社区治理问题的解决，即村改居社区多元主体参与社区治理能力的提升是构建多元主体协同共治的前提条件。

一、发挥村改居社区党组织的领导核心作用

党员发展工作是保持党的事业兴旺发达、后继有人的一项基础性工作，②

---

① 徐勇、贺磊：“培育自治：居民自治有效实现形式探索”，载《东南学术》2014 年第 5 期，第 36 页。

② 陈晓莉：《城中村治理中的政府管理与村民自治研究》，中国社会科学出版社 2018 年版，第 202 页。

也是村改居社区党组织活力与能力的保障。党员是党组织肌体的血液，活动的主体，党组织所有的工作需要每一位党员去组织和实施。村改居社区党组织处于党组织体系中的末端和最基层，是党的路线方针政策的贯彻者、执行者和引领者，是社区治理法治化中的领导者。① “打铁还需自身硬”，尤其在村改居社区这样一个有着二元性、过渡性和异质性的社区，各主体之间利益的碰撞，矛盾纠纷相比传统的村落和城市社区也更加复杂。村改居社区的党组织能否担负起转型后所带来的新转变，党员培养的数量和质量对提高党组织的活力与凝聚力，加强党组织自身建设，提升党组织在社区治理法治化中的领导力都意义重大。

（一）规范党员发展机制

党员是党组织的细胞，基层党组织要充满朝气和活力，就必须持续地吸纳新的党员，只有新鲜血液的流入才能带来新的活力和风尚。在目前社区书记、主任一肩挑的现状下，发展村改居社区新党员、培养储备年轻干部就显得尤为重要。

1. 转变观念，扩大“选苗”范围。村改居社区申请入党几乎不存在“党源”荒芜的问题，关键是要打破固定范围内的“选苗子”的传统观念，不断扩大村改居社区党员发展的对象。党组织成员要用心去发现、培育社区内德才兼备的优秀年轻人，乐意为他们提供锻炼机会，发挥好“传帮带”作用。村改居社区人口流动较大，原住居民中的年轻人也基本都在城市里打工，其中不乏较多的优秀年轻人。但村改居社区基本上还保留着原来发展党员的模式，只是在被动地等待原住居民中的积极分子找上门来，而主动发展党员的情况近乎没有。社区党组织应转变观念，从原来的被动接受优秀年轻人的入党申请书到主动寻找符合党员条件的、自愿加入中国共产党的优秀青年人，开展广泛的培养。此外，还应将党员培养的对象从原住民向社区专职人员、毕业后回社区工作的大学生、退伍军人等人员倾斜，丰富村改居社区“党源”类型。村改居社区只有基层党组织人员充沛，才能保障基层党组织的领导地位和能力。

① 宋庆森：“农村党组织凝聚力研究”，中共中央党校 2017 年博士论文，第 121 页。

2. 基层党组织应加大入党宣传力度。在对村改居社区年轻人入党的调研访谈中得知，绝大多数年轻人的文化水平并不高，并未系统地学习过党的相关课程，对入党需要提交什么材料以及入党程序，入党去找谁都不是很清楚。40 岁以上的人正是社会中坚力量，但这个年龄段的人服务于本社区的却很少。应通过多种方式和途径吸引年轻居民服务社区。

3. 积极按组织程序发展党员。通过街道办事处党校发展村改居社区党员，做好社区干部储备。街道党校的工作主要包含以下方面：开设课程，培训教育；择优考察，发展党员；搭建平台，服务群众。首先，街道党校针对村改居社区工作实际和学员特点，制定两学年四个学期的学制制度，每周授课两次，实行半脱产学习。其次，在街道党工委直接领导下，成立街道党校党支部，负责学员组织发展工作，建立培养发展党员的新平台。最后，街道党校为每位学员建立档案，成绩优秀、表现突出的学员，毕业后由街道党工委作为两委会储备干部安排到社区挂职锻炼。对优秀党校学员，在村改居社区两委会进行换届选举时，以党支部名义推出，参加村改居社区竞选。通过民主、平等竞争进入两委会班子，改善班子成员年龄结构，为村改居社区党组织注入新的血液，带来新的思想、理念，固有的传统理念和治理模式才会被逐渐打破。如 X 市 Y 区 YH 街道办事处已经依托街道党校培训学员 1240 名，发展党员 249 人，超过 100 人进入两委会等社区组织。①

（二）加强党员学习管理

一方面，要积极引导外来党员融入，社区党组织要为外来党员融入社区提供机会和平台。有的村改居社区党组织抵触外来党员参与社区事务，尤其涉及集体经济组织的相关决策，担心外来党员人数远大于原住居民党员人数，更担忧他们在换届选举中进入两委会，进而领导社区内的所有事务。于是，村改居社区的外来党员要么游离在外，要么社区党组织将外来党员重新设立支部与原住居民党员区别对待。也就是说这些党员不能参加

---

① 陈晓莉：《城中村治理中的政府管理与村民自治研究》，中国社会科学出版社 2018 年版，第 304 页。

两委会的换届选举，不能对社区内的相关事务做出表决，这极大地挫伤了流入党员参与村改居社区治理的积极性，也不利于党组织凝聚力的形成。因此，急需要将集体经济组织与社区剥离，党组织、居委会回归正位，这是村改居社区内所有党员平等参与社区公共事务治理的前提条件。另一方面，加强党员管理学习，时刻保持党员先进性教育，发挥战斗堡垒作用。只有党员学习最新的党的政策和治国理念，并对此有着正确的理解和认知，才能使社区党组织充满活力，有能力肩负起村改居社区自治中的领导核心作用。加强党组织对党员的监督、管理、教育，保证不让一个党员游离于党组织之外，增强党的凝聚力、向心力和战斗力，有助于村改居社区建设快速稳步推进。方法总比困难多，要结合实际情况，改变学习培训方式，克服时间和空间的障碍，不能因循守旧。对于在外打工的党员，可以通过多种方式进行线上学习、线上培训、在线会议来加强党员的学习管理和参政议政，切实保证每一位党员发挥先锋模范带头作用。

（三）巩固党的群众基础

俗话说："名正则言顺、言顺方能事成。"在传统村落和村改居社区调研中，发现部分老百姓有这样一种认知，他们认为居（村）委会主任是社区（村）所有成员选举出来的，而社区党组织领导仅是几个党员选出来的，凭什么所有事都要听他们的？居委会主任才代表绝对多数居民或者村民的意志。虽然调研中有人认为社区（村）书记主任"一肩挑"实施后，这个问题就迎刃而解了。新的换届选举后，各社区都是书记、主任"一肩挑"，从职位的合二为一来看，问题是从形式上解决了，但实质上，从社区（村）居民思想认知上来看问题依然存在，并没有消解，居民思想上依旧是不顺畅的。作为共产党员和法律人，我们有义务和责任向老百姓阐明社区党组织的领导地位，让老百姓从内心真正认识到走中国特色社会主义道路必须坚持中国共产党的领导的历史依据和法律依据。一方面，党的领导地位是由国家的根本大法——《宪法》所确定的。《宪法》是我国的根本大法，是全中国人民集体意志的体现，坚持中国共产党的领导是《宪法》所明确规定的，这是村改居社区治理中坚持党的领导的法律依据。另一方面，是中国共产党带领中国人民取得抗日战争、解放战争的胜利以及改革开放经济发展的丰功伟绩的实践证明，是中国共产党带领中国人民“站起来”“富起来”“强起来”，是在中华民族生死攸关的时刻，老百姓自觉自愿地选择了中国共产党，跟党走、听党话，是民心所向，这才是真正的民主。因此，这一点需要我们基层党组织对居民或者村民进行思想教育认知，明白党的领导地位确立的合法性、正当性。世上万事万物，都离不开一个理字，把理字讲清楚、说明白，老百姓想清楚了，做起事来就有了主张。老百姓只有顺心、顺义，才能真心实意地跟着党走，只有老百姓的思想顺了，行动上才会听党话、跟党走、跟党干。对村改居社区的持续调研发现，村改居社区的基层党组织和居民委员会的关系是社区所有内部治理主体中最关键、最重要的关系，两个治理主体工作配合度直接决定着村改居社区治理的成效。党组织书记和社区居委会主任分别由两个人来担任，较容易产生意见不一致、矛盾纠纷。在社区书记、主任“一肩挑”的情形下，确实有利于沟通和协调，提高办事效率，对社区内部治理主体及组织间的配合有着积极的促进作用。

（四）发挥党的领导核心作用

坚持中国共产党的领导是中国特色社会主义治理法治化最本质的特征，要把党的领导落实到社会治理最基础性的环节。首先，不断完善党的基层组织体系。通过网格化将党组织延伸到村改居社区的每个角落，增强党建工作的针对性和有效性。其次，持续加强党组织的能力建设。加强基层党组织带头人队伍建设，将党性高、能力强、有公心的优秀党员选拔、充实到村改居社区党组织成员的位置上，组织带领广大党员在社区治理中发挥先锋模范作用。最后，着重提升基层党组织的政治引领能力。不同于传统城市社区，村改居社区面临的矛盾纠纷异常复杂，党组织在利益协调中发挥着核心作用，要敢于直面问题，解决问题，维护好原住居民和外来居民的权益。唯由此，才能赢得村改居社区全部居民对党组织的认同，巩固党的执政基础。①

---

① 叶继红：“农转居社区治理能力：维度、影响因素与提升路径”，载《中州学刊》2021年第2期，第63页。

二、多措并举提高居民参与社区治理积极性

村改居社区是自治组织，居民是自治的基础和根本。如果居民无参与的意愿，村改居社区的治理就好比一潭死水，根本无法激起治理理念要求的多元主体协同共治的浪花，只能依旧被动地接受地方政府的管理与安排。提高居民参与意愿，扩大居民参与范围，才能真正实现村改居社区居民当家做主的治理。提高居民参与意愿，加快村改居社区民主化进程，也有利于限定公权力的边界及对公权力的监督和公权力行使的规范化，实现真正的居民自治。结合当下X市村改居社区居民参与治理的现实，目前最重要的是要解决村改居社区居民参与社区治理的低意愿，这一问题没有解决，何谈实现社会治理理念中多元主体协同共治的要求？没有全体居民群体的积极参与，何谈以社区居民为中心的村改居社区治理要求？即使法律赋予社区足够的自治权，没有社区内人和组织体的积极参与，自治权也终将难以实现。

（一）培育治理理念

居民参与是村改居社区自治的基础，没有居民的积极参与就不可能实现治理所追求的善治。一项重大举措的实施和推广，往往是价值理念先行。① 只有老百姓思想上接触、接受了，行为上才会跟得上。基层政府、社区两委会、学者、新闻媒体等都是社会治理理念的重要推动者与转换者，将治理理念转化成通俗易懂的语言，融入宣传片、小品、电视剧、文艺汇演中，以基层老百姓喜闻乐见的方式潜移默化地去改变根深蒂固的社会管理理念，在实际生活中宣传理论、学习理论，培育树立自下而上的参与意识。同时也要培育社区居民遵守法律、依法依规办事的意识和习惯，使大家都成为社会治理法治化的忠实崇尚者、自觉遵守者、坚定捍卫者，让村改居社区居民做到从法、守法。

---

① 李慧："中西方的治理理论：背景、理念及其比较"，载《中共石家庄市委党校学报》2017年第4期，第32页。

（二）构建社区认同

从社区定义来看，社区本身就是建立在一定血缘、地缘、情感基础上的富有认同感和人情味的生活共同体。社区认同是指社区居民在主观上对自己、他人及这个社区的感觉。这些感觉包含喜爱、依恋、归属等多种情感，人们常称之为社区认同。① 社区认同属于社区文化要素的重要内容，也是社区治理发展的重要因素。村改居社区从形成及社区人口结构来看，并不是一个自然形成的人们生活的共同体，但社区认同建设同样重要。甚至有学者认为在构成社区的三要素，即人口、地域、文化，其中文化是最为重要的组成部分。② 但社区认同属于人的意识形态领域，并不是说认同就能形成社区认同，这种认同必须通过村改居社区居民间的互动、交流、沟通产生情感，逐步增强社区居民凝聚力、向心力。可以通过以下途径形成村改居社区居民认同感：第一，村改居社区应为每一位居民提供相同的服务，给予相同待遇。生活在同一社区的居民应基于社区居民身份而享有相同的权利，享受到社区带给的功能一致的认同。如无论是原住居民还是外来务工人员物业管理费用缴纳标准应统一，而非区别对待，人为地去制造居民之间的这种隔阂，将村改居社区内的居民重新“二元化”。再比如代管的商品房小区的社区居民应享受同样的政治权力，如选举权和被选举权，参与社区公共事务治理的表决等。加强社区全体居民的主人翁意识和家园观念教育，提高农转非居民、租住人员及代管的商品房小区居民共建共享美好家园的自觉性和参与意识。第二，积极开展村改居社区文化活动，增强社区不同居民群体之间的凝聚力。③ 社区两委会应积极调动起社区内社会组织，如歌唱团、舞蹈队、腰鼓队等民间组织针对不同的年龄、性别、文化水平居民群体安排相应的活动主题，吸引社区居民参与。通过一系列丰富的文化活动使社区居民产生互动、交往，丰富居民生活，引导

---

① 袁振龙：“社区认同与社会治安——从社会资本理论视角出发的实证研究”，载《中国人民公安大学学报（社会科学版）》2010 年第 4 期，第 110 页。

② 吴文藻：《人类学社会学研究文集》，民族出版社 1990 年版，第 145 页。

③ 赵姗姗：“村改居社区治理：困境及破解之策”，载《中共山西省委党校学报》2019 年第 4 期，第 72 页。

原住民思想观念向“市民的内心”改变；另外，通过社区文化活动，提升村改居社区非原住居民的融入感、归属感和认同感，促进社区居民情感的交流，增强社区居民的凝聚力，逐步实现具有共同文化价值的居民生活共同体。

（三）畅通诉求渠道和完善回应机制

表达机制就是使不同的居民群体都有表达自己利益诉求的正常渠道。特别是非原住居民群体，他们是村改居社区中“沉默的大多数”，他们由于自身的处境，更加缺乏表达自己利益诉求的渠道。建立不同利益诉求表达机制的重要性，从积极方面讲，利于促进村改居社区稳定和谐；从消极方面讲，也是一种社会安全阀机制。社会安全阀机制是指让对立情绪及不同意见、不同声音表露、发泄出来的途径，以避免因长期累积而造成无法收拾的结果。在建立完善表达机制的同时，也要引导社区全体居民以理性、合法方式表达利益诉求，解决利益矛盾。① 如调研中的 ZJC 街道办事处辖区内的某村改居社区历经两次征地、一次拆迁改造后，集体资产已完全流失，回迁安置后，新的“带头人”组织原住居民“集体行动维权”向政府讨要说法，但却采取了非理性方式，最终这位新的“带头人”因违法行为被判入狱。此类社区但凡涉及集体利益诉求，如果处理不当，稍有不慎就会引发群体性事件。因此，诉求表达渠道的畅通及回应机制的健全可以将矛盾纠纷协商平和地解决，这也是民主协商要求的体现。

第一，社区事务的公开与社区居民的知情权。政府以及社区居委会对于社区治理中的发展规划、社区经费活动的开支、集体经济组织的收益开支分配等事项必须通过信息公开栏传递、展示给居民，满足居民对社区相应事务的知情权，在知悉的基础上准确地表达自己的意见和建议。村改居社区治理中的诸多遗留问题，如房屋户型设计、小区规划等问题就是因为在城改过程中信息不透明、被拆迁人无参与权、决策缺乏民主所致，且负面影响深远。基于这样的教训，在当下及以后的城改中应建立群众参与程

① 郑杭生：“社会学视野中的社会建设与社会管理”，载《中国人民大学学报》2006年第2期，第7页。

度较高的房屋拆迁安置补偿方案决策机制。在安置补偿方案的形成过程中，吸收和听取各类被拆迁人的利益表达及意见，既有利于保障安置补偿方案决策的科学性和安置补偿方案的顺利执行，更有利于发挥安置补偿方案这一公共政策的积极影响，从而把城中村改造拆迁中的各类矛盾解决在安置补偿决策的过程当中，免留后患。建立畅通有序的征地和拆迁中、社区治理中农（居）民利益的对话机制，利用信访信息员制度和党员、村（居）民代表接待制度，使村（居）民有了正规、有效、通畅的利益诉求和解决渠道，引导群众以理性、制度化的办法来提出自己的要求。以上建议是从村改居社区治理中遗留问题得出的经验教训，希望能够吸取教训、借鉴经验，在现在及今后的城中村改造拆迁安置环节真正做到以人民为中心、多元主体参与及民主协商的治理要求。

第二，畅通居民诉求渠道和完善回应机制。一是提高村改居社区居民参与意愿首先是居民诉求的表达渠道或者途径是畅通的，这是居民参与的前提。对于社区居民反映的问题或者参与的事务，社区党组织、居委会、政府应重视起来，做好“民情日记”并对诉求给予有效、及时的回应。对村改居社区居民反映的社区治理问题依法、及时、合理地做出反应，在沟通、了解、协商的基础上不断满足居民的合理化诉求，提高居民参与意愿。如某社区在之前的城改过程中，一居民对门面房的设计提出了异议，因他是搞建筑的，能看懂设计图纸，发现道路标高超出门面房一米多，便在会议纪要上提出自己的意见并对此项表决投反对票。居民代表大会予以采用，进而维护了原住民利益。也就是说，在涉及居民重大利益问题上，一定要吸收居民参与，政府要监督，也可聘请专家介入，以维护居民利益。这样做一是监督，二是弥补居民文化知识不足，参与能力弱的缺陷，这对居民利益的维护至关重要。把村改居社区居民会议作为居民参与社区治理的重要方式，提高居民参与意愿是扭转目前实践中社区权力机构被居委会代替的局面的重要举措，凡是涉及全体居民切身利益，为居民广泛关注或是意见集中的问题均应当纳入社区居民大会决策。社区决策公开不仅仅是结果的公开，更重要的是参与居民范围的扩大，过程的公开透明，这才是村改居社区居民自治的基础。

让社区居民有表达诉求的渠道并得到有效的回应是提高社区居民参与意愿非常重要的机制。从居民所表达的诉求回应来看，有些问题，如抓小区环境卫生、解决居民乱搭乱建、养鸡养狗、铲草种菜、宠物公共场所大小便、邻里纠纷、婆媳矛盾等单纯涉及村改居社区内部的治理矛盾和纠纷，绝大多数的社区干部认为这并不难处理，集中进行治理很快就能得到解决。很多问题两委会成员都是上门调解的，这就是熟人社会处理问题的方式。在 CJ 社区调研时遇到这样的情景，居民刚回迁后，会将楼下草坪里的树用热水浇死，然后在草坪上种菜来贴补家用，并用“有机肥料”施肥。这样的情况在 CJ 社区回迁后的 2 年内还是多发的，但基本都限于原住居民，严重影响着社区的居住环境。居委会、物业也认识到了问题的严重性，经过两委会多次上门的说服教育后，得到了很好的治理效果，目前已无此现象发生。在 JYMJ 社区进行调研时，有居民向社区居委会、物业反映，宠物在小区草坪大小便，希望能在草坪的合理位置搭建“宠物厕所”，这一诉求得到居委会采纳并很快落实到位。诉求得到落实极大地提高了居民参与社区公共事务治理的热情，也提升了社区整体居住环境水平，居民参与价值得以体现并感染和带动着周围的人去积极参与社区公共事务治理。

第三，完善居民参与社区自治的相关机制，搭建居民议事会、评议会、协调会、听证会等平台，建立自下而上的村改居社区自治议题、自治项目形成机制和公共难点问题解决机制。为提高管理能力和服务效率，党组织、居委会还应该建立社区自治“党员库”和“能人库”。今后还应积极培育社区协商民主文化。如社区党组织在居民区建“民意墙”、微信公众服务号，定期征集社区协商议题，明确解决方案，落实方案。街道党工委应创办社区报，居委会应编制居委会工作简报，积极反映社区基本工作情况等。村改居社区是一个半熟人的小社会，它的异质性并不像商品房社区那么高，本身存在的紧密的人际交往关系及居民对居委会的高依赖性为社区多元主体的参与共建提供了基础。

三、提高待遇畅通晋升渠道留住人才

人才是村改居社区治理法治化提升的第一资源。习近平总书记一直高度重视人才工作，强调要“树立强烈的人才意识，寻觅人才求贤若渴，发现人才如获至宝，举荐人才不拘一格，使用人才各尽其能”。① 要改变村改居社区党组织、社区居委会及集体经济组织负责人交叉任职严重的现状，如何能够吸引人才、留住人才更显得尤为迫切。

（一）提高社区干部待遇

工资收入既是村改居社区干部及家人赖以生活的经济来源，也是对社区干部工作的肯定及其工作价值的体现。村改居社区居委会成员本身就承担太多事务，尤其在一些没有专职人员的社区服务中心，这些日常社会公共事务也需要社区干部一并完成，工作量之大可想而知，但却出现付出和回报严重不匹配的现状。如 X 市 2019 年城镇非私营单位就业人员年平均工资是 92 359 元，而社区干部的年工资显然远低于 X 市年平均工资。2020 年 7 月，X 市委书记对基层社会干部保障待遇进行调研后，多年来反映的基层社区干部薪资低问题终于在 2020 年 8 月得以改善，相比之前有较大涨幅。市委书记基层调研后，亲自部署，由市委牵头，组织部和财政局拿出具体办法，X 市出台了对社区干部和社区专职人员工资待遇实施三岗十八级规定的文件，已在部分社区落实到位。从目前得到落实的村改居社区干部的收入来看，书记、主任“一肩挑”的，工资约为每月 4 060 元，扣除相应费用后，实际拿到 3 656 元，副书记可以拿到每月 3 100 元工资。社区专职人员的工资也相应提高，XH 社区一名服务时间长、学历高的社区专职人员可以拿到每月 3 800 元工资。2020 年 11 月份再次调研时，社区干部也承认因为待遇提高了，在新一届的两委会班子成员选举中竞争也更加激烈了。社区干部待遇提高了，对于社区干部及基层社区治理来说是件好事，但社区干部薪资的提高应有一个制度化的规范或者标准，依照标准行事才是治理法治化的内在要求。

（二）畅通干部晋升渠道

培养一名熟练的社区专职人员不容易，基层的反映、学者的调研使得

① 高洪军：“治理之道：依靠人才推动高质量发展”，载《人民日报》2018 年 6 月 29 日，第 7 版。

政府也越来越重视村改居社区专职人员的流失问题。如X省在2020年出台了从优秀社区（村）干部中考试录用乡镇、街办公务人员的文件，2020年拟录用216名人员，这为社区专职人员的晋升提供了一个通道。这一行为点燃了社区专职人员工作的热情，有了“撸起袖子加油干”的动力。此外，国家对于大学生“村官”的优惠政策也应该适用于社区专职人员，社区专职人员承担的工作内容和大学生“村官”基本无差别，而且综合素质高。这些年轻人长期扎根社区，对基层社区有着深入的了解和丰富的工作经验，对基层矛盾纠纷的处理有着足够的应对能力，应为这部分人提供更多的晋升渠道。这些晋升的渠道能让他们看到工作的价值和希望，进而对工作充满激情和热情。尤其是这些有着最基层工作经验的社区专职人员晋升到基层政府部门后，也会因为曾经的基层工作经历、经验而有助于基层政府和村改居社区之间的理解、信任和协同合作。

四、提升居委会、自办物业的治理能力

（一）理顺居委会、自办物业和集体经济组织三者关系

理顺居委会、自办物业和集体经济组织三者关系，明确各自的地位和功能。[①] 三个组织的地位和功能完全不同，居委会属于社区居民自治机构，由社区居民代表或全体居民选举产生的成员组成，服务的对象应为社区全体居民，应按照《城市居民委员会组织法》履行职责，发挥功能。而集体经济组织则是村改居过程中原村民集体经济的表现形式，属于特殊法人，其成员仅为集体经济组织成员。从现实来看，社区居民的人数远远大于集体经济组织成员的人数，如果继续用集体经济组织收益补贴居委会或物业公司则实实在在地侵犯了集体经济组织成员的财产权益。物业公司是按照《中华人民共和国公司法》（以下简称《公司法》）成立的现代企业法人，服务对象为小区全体居民。即使出资人为集体经济组织，属于集体经济组

---

① 居委会与集体经济组织的剥离研究将放在加强村改居社区集体经济规范化建设一章中重点论述。

织的全资子公司，物业公司也应严格依照《公司法》规定的现代企业法人制度去运行管理，实行公司法规定的内部治理组织机构、财务会计制度，依照《物业管理条例》来履行相应的职责。①

可以通过以下途径将三者分离：第一，人员分离。对于居委会、集体经济组织、自办物业公司的干部选任或高管人员的选任、任职、职责、考评、薪酬严格按照其相应的制度规范进行分离管理。三组织机构任职人员尽量避免交叉任职，当然最终还是要尊重村改居社区全体居民、集体经济组织成员及集体经济组织的选举结果。第二，资产分离。独立的财产是法人保持独立人格的基础，三类组织体应严格依据设立时的法律和政策规定实行独立核算。尤其集体经济组织资产应进行确权登记并完成所有权转移，避免被居委会实际控制。其财产所有权、财务会计制度应严格按照成员自治章程或者相应法律法规政策进行独立核算，并进行财务信息公开，接受集体经济组织成员的监督，绝对禁止挪用集体财产收益补贴他用。②第三，议决分离。在保持组织体自身独立性的前提下，按照法律、行政法规、组织体自治章程进行相关事项的独立决议，避免“一言堂”，保持意志的独立性，真正发挥法律规定的功能和作用。

（二）提升居委会的治理能力

“上面千条线，下面一根针。”上级政府的各项政策和任务都得经过社区干部来传达，落实到每一位居民身上。在村改居社区中，居委会就扮演着这样一根针的重要角色，起着穿针引线、上传下达、落实政策、共谋幸福生活的关键作用，因此，居委会治理能力的提升对推进社区治理法治化水平意义重大。

1. 加强社区居委会干部队伍建设。组织体是由人构成的，组织体的存

---

① 此处用的是“小区”一词而并未使用“社区”一词的原因是：在“一村一社区”的建制下，自办物业公司服务的对象为本社区所有居民，但在商品房挂靠村改居社区的情形下，村改居社区和商品房小区基本上有着不同的物业公司，仅是同属一个社区，共用一个“居委会”和“社区服务中心”而已。

② 胡振光：“村改居社区治理体制的变革与重构”，载《安徽理工大学学报（社会科学版）》2016年第6期，第32页。

在是为了更好地为人服务，组织体最终的职责落实还是需要具体的自然人去完成，因此，人的建设必须是长期和持续的。人员、人才匮乏的组织体是可怕的，也是不可能充分发挥作用的组织体。因此，村改居社区内部组织机构治理能力的提升和社区吸引人才、培养人才、留住人才、用好人才是密不可分的。社区干部是基层工作的骨干力量，是直接联系社区群众的桥梁和纽带，是社区治理的组织者、参与者和推动者，更是广大社区居民的利益代表者和“主心骨”。提高基层干部队伍组织，对于推动社区科学发展、促进社区稳定和谐有着重要的作用。在吸引人、留住人的前提下，要加强村改居社区居委会干部队伍建设是居委会治理能力提升的重要一环。首先，要选好用好村改居社区干部。要打破身份、年龄、地域等限制，严格按照“五选十不选”标准把优秀人才选出来，尤其是年轻的优秀人才，选优配强村改居社区干部。① 干部选任程序进一步公开，民意渠道要畅通，干部监督进一步加强，在保护拟任社区干部隐私的情况下做到公开透明，避免社区干部“带病上任”。其次，要加强村改居社区干部的思想政治教育。思想政治素质应作为干部的首选条件，入选后更应持续地加强村改居社区干部的思想政治教育。调研中，一位村改居社区的老书记道出：“我们这类社区，因干部手中掌控着大量的集体资产，财权是非常大的。一旦政治思想不坚定，抵制不住诱惑，极容易被外面的糖衣炮弹击倒，做出有损集体经济组织的事情。”因此，此类社区对社区干部的政治觉悟、思想意志要求会更高，长期不懈地坚持思想教育学习是必不可少的。如X市某区民政局就规定：加强社区干部人员教育培训，每年组织社区机构负责人集中培训不少于2次，其他工作人员任职内至少要参加1次培训；加强对社区工作人员的日常培训和轮训，社区工作人员每年培训不少于40学时。

2. 强化村改居社区居委会服务职能。首先，在组织体关系理顺前提下，应加强社区居委会服务职能。村改居社区居委会服务的对象包含社区

① 赵姗姗：“村改居社区治理：困境及破解之策”，载《中共山西省委党校学报》2019年第4期，第72页。

中的每一个居民，而非仅针对原住居民。这对强化村改居社区居委会的服务职能起着重要理念指导作用，有利于实现全部居民参与社区治理及与居委会工作的互动和居委会工作的改进。其次，提升服务理念，改善工作方式。社区居委会干部一定程度上还存在着“管理者”的观念，认为居委会是管理者，居民是接受管理的一方。这在社区服务中是必须避免的思想，必须通过学习、教育、培训转变观念，改进工作方式。最后，整合资源，更好地为社区居民服务，彰显人性化服务。对于社区内的一些弱势群体，应采取适当的措施帮助他们更好地生活。如调研中某社区对社区内的每一户没有子女陪伴的老人家中都安装了呼叫系统，只要老人有身体上的不适或者需要，只需按下按钮，社区志愿者或者社区工作人员就会及时赶到进行送医救治或提供帮助，真正做到为社区居民服务，回归、落实组织体本身的职责。居民委员会是社区居民按照法律规定自由选举产生的常设自治机构，街道办事处对居委会的工作给予指导、支持和帮助，负责日常的社区事务。作为社区自治的组织者、推动者和实践者，作为党和政府联系社区居民的纽带和桥梁，社区居委会应通过多种方式代表和维护社区居民的利益，开展与社区有关的活动，反映社区居民的意见、建议和要求，及时处理居民之间的矛盾和冲突，维护社区和谐。①

（三）发挥自办物业服务功能

村改居社区的自办物业公司是依照《公司法》成立的以营利为目的的有限责任公司，理应按照《公司法》的规定奉行财产独立、自主经营、自负盈亏的经营理念。然而，实际经营中造成自办物业公司缺乏竞争意识、严重亏损的原因是居委会一味地用集体经济收益补贴自办物业公司，这不利于社区物业管理水平的提高和居民生活环境的改善和提升。因此，实行财务独立、自负盈亏的现代物业管理公司制度才能让其回归市场，真正激发其活力和竞争精神，无论是对于村改居社区的全体居民，还是集体经济的发展或组织体成员皆有利无害。如 JYMJ 社区在回迁安置后成立了自己

---

① 徐延辉、龚紫钰：“城市社区利益相关者：内涵、角色与功能”，载《湖南社会大学社会科学学报》2014 年第 2 期，第 107 页。

的物业公司，该物业公司属于有限责任公司，是典型的商事主体。在2018年之前，该物业公司属于集体投资，但股东并不明确。2018年产权制度改革后，该物业公司的股东非常清晰，即股份经济合作社，物业公司挂在了合作社下面，成为股份经济合作社的全资子公司。该物业公司的员工共有50人，分别为保洁员15人、保安18人、工程部人员7人、绿化部人员3人、其他工作人员7人，这些人员全部是外聘，没有原住居民。物业公司从原住民之外聘请员工虽未能为原住居民提供就业机会，但避免了熟人社会引起的麻烦。调研中问及物业公司经理为何不用“自己人”，物业公司经理认为“自己人”（熟人、原住居民）不好管理，家就在工作的地方，上班期间容易溜班偷懒，即使工作不称职，物业公司负责人、居民也会基于熟人社会不愿得罪人的心理而得过且过，这就会导致物业服务水平大打折扣，也直接影响着物业费的收取率。该社区内3/4的人口皆是承租户，承租户人口远远大于原住居民人数，社区内所有居住户均按房屋面积收取物业管理费，物业公司有自己独立的办公场所和财务收费室，日清月结每天对账。社区物业费1.2元/平方米，物业公司年纯盈利可达40万元，自办物业公司在提取法律规定的相关公积金后，在年底会以股息的形式将盈余分配给集体经济组织成员。JYMJ社区基本上实现了物业公司的独立核算和运作，还将进一步拓展业务，服务更多的居民小区。如此，既使得自办物业公司具有了市场竞争力，同时集体经济组织成员也可以获取较多的年终红利。

总的来说，混同使得组织体流于形式，欠缺思想与意志的碰撞，无法形成真正的民主协商，不符合村改居社区治理理念中的多元治理主体参与社区治理的要求。三类组织体无论是从形式上，还是财务上都要实现完全的独立，只有这样才能在各自的轨道上良性运作，发挥实效，也才能更好地保护原住民的财产权益，维护好社区非原住民的政治权益。

五、政府管理与村改居社区自治的有机结合途径

从实际来看，在村改居社区治理的所有主体中，基层政府或街道办事

处无疑具有压倒一切的重要性，任何其他内部治理主体均不足以与之相提并论。政府依然是社会前进的火车头，党政官员依然是人类政治列车上的驾驶员，政府对人类实现善治依旧有着决定性作用。一言以蔽之，善政是通向善治的关键，欲达到善治，首先必须实现善政。① 限制公权力、政府依法行政、严格守法无论是对政府形象的提升、权威的塑造以及村改居社区自治的开展都有着非常重要的意义。

（一）明确政府和社区的应然关系

1. 治理理念下的关系。依据社会治理理论，我国的基层社会治理体制架构既包括国家政权的基层代表，即基层政权组织自上而下的社会管理，也包括自下而上的社区居民自治，应是自上而下的行政管理与自下而上的社区自治的有机统一。反映在村改居社区治理中，就是在中国共产党的统一领导下，代表国家政权的区一级政府，由其派出机构即街道办事处所实施的行政管理与社区居民自治构成完整的村改居社区治理体制。街道办事处作为区一级政府的派出机构是村改居社区治理中最关键、最重要的外部治理主体，在社区治理中处于主导地位，发挥着导向作用。

2. 法治下的关系。《城市居民委员会组织法》的颁布是中国基层城市社区治理的一大创举，是在广泛的居民选举基础上实行的居民自治。全体居民依据法定的程序，通过直接选举的形式产生居民自治机构，即社区居民委员会，实行社区居民的自我管理、自我服务和自我教育，是最为直接和最为广泛的民主治理方式。这种民主选举、民主决策、民主管理、民主监督的社区治理结构改变了传统基层政府与社区治理组织的关系，在基层政府善政和社区善治的基础上更好地实现基层政府与社区自治的有效衔接和良性互动。真正保障在党的领导下，在基层政府的派出机构街道办事处的指导下，依照法律实现村改居社区居民的自治。

3. 治理中的密切联系。村改居社区是我国经济社会高速发展下农民被动城镇化的“活体”，无论从其产生或是作为社会管理的基本单位，

---

① 俞可平：《中国的治理变迁：1978—2018》，社会科学文献出版社2018年版，第5页。

都和基层政府有着千丝万缕的联系，比传统的城市社区、院校社区、单位社区、农村新型社区与政府的联系要更加紧密。从调研来看，村改居社区在治理中的主要行政性事务基本上都与街道办事处打交道，足以表明街道办事处在村改居社区治理中的影响力。依照中国特色社会主义治理理论和法律规定，政府在社区治理中居于主导地位，对社区自治进行宏观指导。

（二）培育基层公务人员的法治与治理理念

"治国先治吏"，对官员的治理关乎国家命运和前途。① 基层政府在村改居社区治理法治化中起着主导作用，基层公务人员更是治理法治理念的重要推动者。要实现政府行政管理与社区自治的良性互动，基层公务人员起着关键性作用，必需从加强基层政府公务人员的法治治理素养着手。抓住这个实际问题，也就牵住了一切社区治理工作的"牛鼻子"，这是现实的需要。

首先，加强基层公务人员的法治治理意识。强化对基层工作人员法治思维的培育，清楚公权力的来源及存在目的，牢记公权力为私权利服务的理念。在村改居社区治理中依法依规行事，尊重社区居民依法享有的权益，杜绝社区治理中侵害居民权益行为的发生。改变原有的行政命令式的管理思维，听取社区其他治理主体的心声，在法律的框架内通过民主协商解决社区治理中出现的难题。其次，提高违法成本，强化落实主体责任。村改居社区治理中的顽疾问题皆因城中村改造拆迁中的种种违法行为所致，一切皆因利益使然。② 若违法成本高于所得利益，相关主体自然不会冒着承当严重责任后果的风险去做种种违法行为，同时对于相关行政主体及工作人员的违法行为要一追到底，不能不了了之。最后，基层公务人员既代表着政府形象，又对全民从法、守法的法治要求起着表率作用，有权利必有救济。就村改居社区治理中的遗留问题来看，违法行为涉及的受害人数量多、范围广，长期得不到解决，造成负面影响；强调"全民守法"

---

① 张万逵："为官'八德'"，载《人民武警报》2018年3月3日，第4版。

② 孟存鸽："农民公平分享征地增值收益的制度保障研究"，载《理论导刊》2019年第6期，第83页。

的法治，此处的“民”肯定不是特指“老百姓”或“公民”，而是有着广泛的外延，它包括自然人、法人及其他组织体，如政府、社团等组织体。但在“全民守法”中，政府机关、国家公务人员、领导干部更应该带头守法，这不仅是依法治国中对法治政府的要求，也能为普通老百姓和其他社会主体做一个好的带头示范作用。[①] 只有公务人员从法、守法，老百姓才会上行下效遵法守法。

总之，再严谨的法律都是人设计出来的，并靠具体的人去推动和实施。法律位阶越高，地位越重要，对执法者的素质要求就更高。法律的实际运行状况与法律操作者素质之间有着密切的内在联系。制定良好的法律如果有了高素质人的操作，必然能充分发挥“善法善治”的功能。相反，再好的法律如果执行不好，都可能是形同虚设。[②] 村改居社区治理法治化的过程就是私权保护不断完善的过程，“为官不与民争利”、为人民谋幸福是村改居社区治理法治化中的一个基本原则，也是为官的目的所在。

（三）严格规范基层政府执法行为

法治政府是法治社会的保障，法治社会是法治政府的目标。基层政府严格执法承担着法律实施很重要的任务，是实现村改居社区治理法治化在执法层面的关键所在，对提升村改居社区治理法治化水平有很大的帮助。政府是社会的管理者，社会建成什么样子，政府起关键作用，甚至起决定性的作用。[③]

1. 专项治理解决遗留问题。被拆迁人是一个特殊的群体，地方政府必须认真直面被拆迁人的诉求。村改居社区治理中特有的矛盾纠纷不仅包含城中村改造阶段的遗留问题，如社会保险办理，也包括回迁后产生的新问题，如大修基金的缴付、产权证书的办理。问题产生时间长、影响大，问

---

① 刘作翔：“社会治理法治化的几点思考——‘新法治十六字方针’对社会治理法治化的意义”，载《河北法学》2016 年第 5 期，第 8 页。

② 秦国荣：“法治社会中法律的局限性及其矫正”，载《法学》2005 年第 3 期，第 38 页。

③ 姜明安：“论法治国家、法治政府、法治社会建设的相互关系”，载《法学杂志》2013 年第 6 期，第 6 页。

题的解决涉及诸多行政机关的协同等因素使得这些矛盾纠纷越搁置越难解，但是这些问题又不得不解决，它直接影响着村改居社区治理法治化的水平提升及治理体制的顺畅。被拆迁群体的这些矛盾纠纷就好似一颗不定时炸弹，易酿成群体性事件，也影响着地方政府治理法治化的绩效。从现实来看，要想解决这些问题似乎只能通过地方政权自上而下的政治动员，针对特定群体的人身权和财产权保障的专项行动治理来解决。① 法律有规定的按照规定行事，如关于失地农民养老、社保的办理，地方政府有规定的严格按照规定解决；没有具体规定的，如房产证的办理先要缴付大修基金，那么这种回迁安置社区房屋、商铺大修基金到底应该由谁缴付，在无明确规定下，地方政府应在与原住居民民主协商的基础上达成一致意见来解决这些问题。如在X市GL区进行调研时，TJ社区在拆迁改造时村委会和“统筹办”达成了协议，明确回迁后由统筹办统一缴纳大修基金费用，5年内办理房产证，白纸黑字写得很清楚并盖有村委会和“统筹办”的印章。但回迁后“统筹办”已经撤了，社区干部拿着这张盖有“统筹办”印章的协议去找GL区政府，基层政府不认也不管。回迁安置社区房屋不动产权证的办理缺失是一个普遍问题，直接影响着房屋所有权主体的确定、房屋交易的价格和财产安全。从以上方面来考虑，这是基层社会转型过程中的必然问题且必须直面和解决，通过专项治理总结经验教训，凝聚共识，进而迈向制度化治理从源头上予以解决。

2. 依法依规向社区提供物质支持。基层政府本身在村改居社区治理中处于强势、主导的一方，政府的不依法办事行为会给社会造成更恶劣的影响，使政府的威信受损。② 村改居社区居民对政府的不信任，导致很多工作百姓不配合，就很难开展下去。

第一，基层政府依据规定向村改居社区输入社区专职人员。按照X省城市社区建设服务要求，政府应按照村改居社区实际居住户数配备社区专

---

① 丁轶：“权利保障中的‘组织失败’与‘路径依赖’——对于‘运动式治理’的法律社会学考察”，载《法学评论》2016年第2期，第51页。

② 林华：“法治社会是构筑法治国家基础”，载《中国纪检监察报》2021年1月7日，第7版。

职人员，对于曾经配备过社区专职人员但又离任的村改居社区应按照标准补齐人员，进而保障社区公共性事务不空缺。这属于政府提供公共服务的范畴，不应将此重担压在社区居委会肩上，必须保证社区有足够的时间和空间进行自治。

第二，村改居社区代管的商品房小区应视情况对待。对于符合成立社区条件的商品房小区应成立社区，如此一来，因代管导致的商品房小区居民的选举权和被选举权被侵害的问题也就迎刃而解。对于不符合社区成立条件的商品房小区可以委托村改居社区进行代管，但应按照社区实际户数来安排社区专职人员，不能只安排事务，不提供人手和资金。

第三，按规定支付经费并简化报账程序。首先，村改居社区是城市社区这一点是毋庸置疑的，那么地方政府理应按照城市社区的要求来划拨经费。对于个别街道办事处按照农村社区支付村改居社区费用和社区干部工资的行为应予以改正，严格按照地方政府关于城市社区相关规定拨付社区经费和支付社区干部工资。其次，优化“社（村）财街管”和“双签”制度。公开透明的财务双签制度可以从源头上解决村改居社区干部的经济违法问题，保护集体资产不被侵害，但实践中手续过于繁琐。街道办事处应简化报账程序，提升报账效率，这对社区文化活动的积极开展、社区认同的形成等都有一定的助益。最后，赋予社区对政府部门的监督权。将政府职能部门对社区检查评比的工作方式转化为政府职能部门组织社区居委会和社区成员自我评议，并对政府职能部门进行评议。①

（四）规范行政权的“退”与自治权的“进”

村改居社区治理中的“事多、人少、钱缺”是基层政府行政权在基层社会的过渡延伸的结果，也使得社区自治权萎缩。基层公务人员及政府必须明确社会治理向基层下沉，不是事务向基层下沉，而是要发挥社区内部治理主体参与的有效性，发挥基层自治的效果。需要通过进一步深化改革来解决，使基层政府和村改居社区在社区治理中形成良性互动。

1. 用制度规制权力运行。任何权力都有自我扩张的倾向，如何制约政

① 于显洋：《社区概论》，中国人民大学出版社2015年版，第44页。

府的权力扩张，使其成为有限政府?[①] 只有将权力关进制度的笼子，用制度来构筑社区自治权保障的盾牌，厘清政府管理与社区自治边界，确保社区自治权益。明确街道办事处与社区的职责划分，将政府派活、村改居社区居委会干活，转化为分清职能、各司其职、各担其责，逐步理顺街道和社区居委会的工作职责。根据《城市居民委员会组织法》确定村改居社区居委会的职责和工作任务，并从实际出发，明确属于政府职责而需要由社区居委会协办的工作内容，建立"费随事走"的工作机制。努力减少行政性事务对居委会的干扰，为培育社区自治创造良好的环境。逐步推行实施基层政府公权力"清单"运行法，包括街道办事处的权力清单、社区承担社会公共事务的正面清单。清晰划分政府的事项与村改居社区应该承担的事项，为社会力量参与社区治理让渡出发展空间、提供政策支持、强化外部约束。[②]

2. 政府向社区放权赋能。村改居社区是加速城镇化进程中社会变革的产物，作为一种过渡型社区，政府应当给予更多的关注，而非剥夺。政府作为村改居社区的构建者，在村改居社区治理中应当发挥重要的作用。首先，政府要转变职能。从管理型向服务型转变，并进行合理的角色定位；引导村改居社区在法治化的轨道上有序发展；监督社区自治组织在法律范围内行事；对村改居社区的建设提供保护性、扶持性政策，政府对社区的管理要确立"小政府、大社会"的管理模式，主要是从宏观上进行调控，而社区自身的制度建设、日常工作管理、社区领导班子的换届选举等事务由社区自己决定，发挥社区的积极性，把社区还给社会，让社区充分地实现自治。其次，居委会要准确定位。居委会是在村改居社区中行使"管理权"的自治性组织，不是基层政府的行政机构。虽然《城市居民委员会组织法》规定居委会有协助政府维护社区治安和搞好公共卫生、优抚救济等职责，但它的主要职能是领导社区居民实行自治管理，履行教育、管理、服务和监督职能。最后，赋予社区自我解决问题的决策权。在实际工作

---

① ［美］文森特·奥斯特罗姆：《复合共和制的政治理论》，毛寿龙译，上海三联书店1999年版，第8页。

② 赵秀玲：《中国基层治理发展报告》，广东人民出版社2016年版，第11页。

中，逐渐弱化街道办事处与村改居社区居委会之间的领导关系，强化指导关系，使社区自治组织成为社区重要的治理主体角色，确立社区自治组织应有的权利。①

3. 引导多元主体参与社区自治。社区居民自治模式有着不可比拟的制度优势和民众基础。最直接的体现是社区治理主体的多元化，改变了以往单一的政府管理、居民被动接受的治理格局，基层政府、社区内部治理主体都积极地参与到村改居社区治理的事务中来。这种新的治理理念和治理模式呈现出了与中国历史上人治、政府的单一管理等传统治理方式截然不同的特征，有着强大的生命力。它开启了共建共治共享的治理新格局，极大地激发了村改居社区自治的活力，推动了经济社会发展。②

村改居社区缘于其产生的特殊性，社区治理中的某些事务或者治理问题不仅仅是政府、居民或者社区组织机构中某一个治理主体就能解决的问题。有一些问题是交叉的，需要外部治理主体和内部治理主体共同发力、协作，如遗留问题。作为居民应以合理、合法渠道表达诉求，居委会起到上传下达的纽带功能，相应国家机关或者政府按照法律、当地政策规定予以解决，不能再牺牲居民的利益来谋求城市发展的空间、资本等。村改居社区治理法治化的提升离不开社区党组织、社区居民、社区自治组织、社会组织及基层政府的积极参与及良性互动。处理好社区各治理主体之间的关系，形成高效的治理体系对于提升村改居社区治理法治化水平是基础性要求。村改居社区治理法治化的核心是保障社区居民自治，基层政府在社区治理法治化的过程中要扮演好服务者、指导者、协调者的角色，充分发挥其对社区建设的推动作用，加快各治理主体的合作进展，实现村改居社区治理的法治化，最终实现村改居社区稳定和谐及居民对美好生活的愿景。

---

① 于显洋：《社区概论》，中国人民大学出版社2015年版，第44页。

② 王振海：《新型农村社区治理研究》，人民出版社2018年版，第71页。

第四章

村改居社区集体经济规范化建设的现实途径

第一节 村改居社区集体产权制度改革历程

村改居社区的前身是行政村，而当时的法律对于集体经济组织层级规定并不明确，集体经济组织等同于村委会，两者混同存在。早期的X市在城中村改造过程中对集体经济进行了股份制改造，成立了现代意义上的公司法人；2017年后又对已经完成股份制改造的村改居社区的集体经济重新进行产权制度改革，成立了农村股份经济合作社。可见，不管是城中村时期的集体经济组织，还是改制后的股份制公司法人或者股份经济合作社从本质上来说都属于集体经济组织，是一定范围的居民对生产资料在不可分割的共同占有基础上的个人所有制，只是以不同的组织形式表现出来而已。X市村改居社区集体资产改制历经两个阶段：第一阶段是在地方政府主导下城中村无形资产改造中成立的有限责任公司；第二阶段是2017年在国家政策和地方政策要求下成立的股份经济合作社。

一、城改中集体经济保留的必要性

说到集体经济一词，必然会和农村集体经济结合起来。“农村集体经济组织”一词最早源于1982年《宪法》，当时仅是使用了这样一个名词，并未对该名词的内涵和外延进行确定，也未从性质、权利和管理方式等方面予以解释。① 集体究竟指什么，一直都不明确。② 之后，其他相关法律沿用《宪法》中“农村集体经济组织”概念，并有所补充。《中华人民共

---

① 后来在其他法律中将农村集体经济组织的性质界定为合作经济组织。权利主要包括集体产权和经济发展自主权；管理方式实行民主管理，由全体劳动者选举和罢免管理人员，决定经营管理中的重大问题。

② 王利明、周友军：“论我国农村土地权利制度的完善”，载《中国法学》2012年第1期，第46页。

和国农业法》明确地将农村集体经济组织与各类专业合作经济组织划分开来。《土地管理法》则从外延上列举了集体经济组织的三个类型，即与乡镇政府、村、村民小组对应的集体经济组织。综合法律规定来看，农村集体经济组织具有以下本质特征：一是依托农村地域，从属于农村管理体制；二是发展经济作为主要组织功能；三是生产经营的基础是集体土地。[①]当时的法律肯定了集体经济组织属于合作经济组织，但是我国并无“合作经济组织法”来对这类主体的法律资格进行明确，这也导致后来的集体土地所有权主体不明，主体的抽象性也致使成员权利被虚置的问题。一直以来，我国的农村集体资产都归属于集体成员共有的状态，表现出一种“人人有份，人人无份”的现实窘境。虽然已通过股份制改革将村级集体资产的产权明晰，但由于受多重因素的制约，绝大部分的村集体资产仍处于产权不清的状态。另外，集体资产积累的时间很长，其间发生了频繁的土地征收以及村民生老病死、婚嫁迁移、入伍上学等各种社会身份的变化，因此，谁有权享有集体资产，该享受多少份额的集体资产，也是个不易确定的难题。[②] 这种状况一直持续，直到工业化、城镇化高速发展下农村被城市包围，农村大量的集体土地被征收及宅基地上附着的农房被拆迁征收，集体经济必须寻找到一种形式来明确成员和所有权主体，以便对接城改过程中的诸多法律关系。

城中村改造过程中也有人提议将集体资产完全分割，这样一来，没有了集体资产，也就无所谓居委会承担集体经济发展职能的需要，这就和传统的城市社区在治理内容上近乎相同了。当然也就不存在撤村建居后的村改居社区拥有集体经济的问题，以及后续导致的诸多村改居社区治理体制不顺畅问题的出现。然而，村改居过程中所有的被拆迁村全部保留了集体经济，即使组织体内并无集体资产存在，也依然保留了一个“稻草人”式

① 陈剑、彭颖：“村改居背景下农村集体经济组织转型研究——基于法人地位的视角”，载《创新》2015年第2期，第107页。

② 2015年以前，考上大学的农村孩子是需要将户口迁出原籍落户到所要就读的学校所在地的派出所，同时户口的性质也由农业户口转为城镇户口。2015年之后政府进行了城乡户籍一体化改革，就不存在入学户口迁出及户籍性质转变的问题了。

的空壳样态。无论从理论还是实践来看，集体经济的保留是必要的，主要基于以下原因：

（一）社会主义公有制的需要

我国经济制度的基础是生产资料社会主义公有制，即全民所有制和劳动群众集体所有制。[①] 集体所有制经济是我国公有制经济的重要组成部分，不能因为地方政府的城中村改造而将农村集体所有制经济改没了。源于当时法律并没有明确农村集体经济到底应以何种组织形式表现出来，因此，地方政府在城改的过程中也是摸着石头过河，以现代企业法人制度成立的股份制公司作为第一阶段集体经济呈现方式的路径选择。

（二）保障成员合法权益的需要

集体资产归属不确定、所有权主体不明确、集体经济组织地位弱化、农民财产权利虚化使得农村集体资产成为某些村干部的私人财产。农民除了占有、使用、收益分配到以户为单位的土地承包经营权、宅基地使用权，其他“公产”的集体资产的收益分配几乎未得以实现，此种情形导致村民与村干部的矛盾进一步加深。借着城中村改造的契机，政府要求各村在无形资产改造中必须明确成员认定、摸清家底、清产核资、折股量化，在明晰产权及成员股份基础上，对城中村集体经济进行根本性的变革，确保每一位成员的财产权益得到保障和实现。

（三）实现制度衔接顺畅的需要

撤村建居后，社区的运行制度理论上不再是依据《村民委员会组织法》，而是《城市居民委员会组织法》。从两部法律关于常设自治组织的治理内容来看，城市居委会显然不具有经济管理职能，那么改制后的集体资产由谁来负责管理、运营？如果让城市居委会来负责，显然从立法上是讲不通的；如果强行负责，又会倒退至原来的行政村治理模式。这时就需要

---

① 《宪法》第六条：“中华人民共和国的社会主义经济制度的基础是生产资料的社会主义公有制，即全民所有制和劳动群众集体所有制。社会主义公有制消灭人剥削人的制度，实行各尽所能、按劳分配的原则。国家在社会主义初级阶段，坚持公有制为主体、多种所有制经济共同发展的基本经济制度，坚持按劳分配为主体、多种分配方式并存的分配制度。”

成立一个独立的经营性法人来履行原村委会的经济管理、建设职能。为此，现代企业形式的公司制度在村改居过程中得以出现，从形式上承担着对内分配和对外对接的功能。

（四）保证原住民生计的需要

村改居社区原住民的文化水平、知识学历、专业技能等方面表现较弱，那么对于这些已经失去土地并无一技之长傍身的“新市民”如何获取生活资料、生存的物质条件来保障改制后生活水平不降低呢？从原住民的自身能力、长远生计以及基层社会的稳定考虑，为保障原集体经济组织成员改制后有稳定的收入来源，集体经济组织之前的未分配到具体成员的公产可以置换相应的商业面积，这些商业面积成为城改后村改居社区集体经济资产的主要类型和重要组成部分。此外，每位集体经济组织成员还可获得一定面积的生活依托房，即商铺面积以维持基本的生存需要。[①] 这些个人商铺面积的经营以及原来村集体资产置换的商业面积都需要由新成立的公司经营管理，这使得改制后的集体经济组织也必须存在。

从当时的实际情况及制度设计来看，集体资产必须留，成员生活依托商铺必须有，但又不能由居民委员会来经营管理。因此，股份制公司应运而生，成为最好的选择。从理论上说，改制后的社区居委会只负责社会事务，集体资产从村委会的行政管理中剥离出来，以股份的形式分配给每个集体成员，股东会或者董事会、监事会由改制居民民主选举产生，负责村改居社区的经济管理活动。从这一角度来看，股份制公司作为集体经济的表现方式从形式上或者是制度上解决了当时城改过程中的棘手问题。

---

① X市在城中村改造中也曾出现过被拆迁人选择纯货币安置的情形并引发了诸多问题。如2004年，G区某村在城中村改造中有80多户村民选择了纯货币安置，拆迁补偿款拿到80多万元，这在当时就是一笔巨额财产；同时，这80多户和村集体也签订了同意脱离集体经济组织并不再享受集体经济组织的收益分配权的协议。后因城市房地产价格暴涨，这些人自身又无一技之长无法就业，在无房、无业、无集体经济收益分配的窘境下，拆迁时分配到的补偿款很快就被花光了。这80多户不断上访，给地方政府带来非常大的困扰。

二、集体经济的改制探索——有限责任公司

X市有关城改工作，各区无形改造管理机构不尽相同，有的由农工局负责，未设农工局的包括有形改造和无形改造全部由区城改办统一负责。在2007年之前的城改中，实行无形改造先于有形改造的步骤安排。但这种安排很快就暴露出问题，如无形改造完成后，有形改造迟迟未推进。其间，在股民基准日之后产生的新增人口的各种权益问题如何解决？实践中，已发生纠纷，并诉诸法律。2007年实行政府主导改造后，改变了做法，实行有形改造与无形改造同步进行。

（一）无形改造的地方规定

城中村改造是由地方政府主导的行为，在中国历史上及世界其他国家并无先例和经验可供借鉴，国家层面也无相应的法律规范给予指导，完全是各城市结合区域发展情况一边走、一边摸索的经验之路。X市为了推进和规范城中村改造工作，加快城镇化建设，改善人居环境，依据相关法律，结合本地区实际，制定了《X市城中村改造管理办法》《X市关于无形改造工作有关问题的通知》《X市关于无形改造工作有关问题的补充通知》等市一级规范，这些规范为进一步完善无形资产的改革提供了制度保障。在此基础上，各区也出台了具体的无形资产改造的指导意见，如W区出台了《城中村经济体制改革工作指导办法》，该办法有多处条文涉及改制后的集体经济组织的规定。① 城中村改造拆迁中第一次将集体经济以股份制公司形式表现出来，最终注册为有限责任公司，这是X市第一阶段的

① 《W区城中村经济体制改革工作指导办法》第二条："城中村经济体制改革，是指将农村集体经济改制为股份制经济或混合经济的行为。在对集体资产进行清查资产、资产评估与价值重估、界定资产所有权、核实资产、登记产权后，将集体净资产分别量化折射到村、组集体及村民个人，以股权的形式明确村、组集体及村民个人在集体经济组织改制后的股份制公司中应占有的股份，并作为今后行使股东权利的依据。"第二十五条："城中村集体经济组织设立的股份制公司，在撤村建居工作完成后，为本村城中村改造的实施主体，依法享有城中村集体资产的管理权和收益权，依法享有和承担原城中村集体经济组织的债权和债务。"

集体经济的股份制改造。

（二）集体经济的改制探索——有限责任公司

在城中村已无任何与农业相关产业存续的情况下，城中村改造过程中集体经济向现代股份制企业法人转变已成为一种必然。集体经济组织转型为公司，从形式和功能上来看既可以解决集体资产经营管理的问题，使得集体资产和新成立的社区居委会剥离，又符合现代企业发展的方向。依据我国《公司法》规定，公司分为有限责任公司和股份有限责任公司两种类型。2017年产权制度改革之前，X市在城中村无形资产的改造过程中均成立的是有限责任公司。但是，我国《公司法》第二十四条明确规定有限责任公司由50名以下股东出资设立，从实际来看，每一个被拆迁的行政村的集体经济组织成员人数绝对都在500人以上。那么问题来了，X市城中村改造中无形资产改制成立的有限责任公司是如何在股东人数上来规避公司法对股东人数上线的强制性规定的呢？从调研来看，当时基于多种因素考量，X市决定城中村改造中集体经济组织形式一律设立为有限责任公司，而公司法关于有限责任公司股东人数最低要求的强制性规定在实际的改制中也仅仅是一个“数字游戏”，很容易就规避掉了。改制中成立的商贸公司的股东皆为原村委会主任以及原村民小组组长，股东人数从形式上就符合了公司法对有限责任公司股东人数的强制性规定。商贸公司设立时的注册资本要么由原集体经济组织出资，要么由开发商出一笔钱作为出资。公司设立中的“人”和“钱”都解决了，其他条件就更容易满足了。公司组织架构实行“两委会”班子平移，村委会平移为董事会，党组织平移为监事会，同时会避免董事会成员兼任监事会成员并吸收部分村民代表进入监事会。在满足公司成立的一切形式要求后，负责人即可申请设立登记，公司便可成立。由此可见，改制后的商贸公司实际仍由原“两委会”掌控。从对X市的调研来看，绝大多数的村子在商贸公司成立后根本从未启用、运营，其就是“稻草人”式的存在。最后，有的被居委会解散申请注销登记，有的因为出资问题、账上资金不够管理费等原因被主管机关拉入黑名单。从实际效果来看，城改中成立的集体经济组织的表现形式即商贸公司并未起到原村委会承担的集体经济建设、发展的功能，集体资产实际上依旧由居委会占有、管理、经营。

三、集体经济的改制路径——股份经济合作社

我国于2015年确定了首批29个试点县，拉开了新时代农村集体产权制度改革的序幕，该批试点县已于2018年完成改革。2016年12月26日，中共中央、国务院印发《关于稳步推进农村集体产权制度改革的意见》（以下简称为《意见》）。该文件对农村集体经济给出了明确的定义，[①] 并提出由点及面开展集体经营性资产产权制度改革，有序推进经营性资产股份合作制。[②] 根据《意见》内容，改革主要在有经营性资产的村镇，特别是城中村、城郊村和经济发达村开展。随后在党的十九大报告以及每年的"中央一号"文件都有重点涉及农村集体产权制度改革的内容。从以上文件的规定来看，改革的目标是通过清产核资和集体资产股权量化到户，建立起股份合作制的这种集体经济运行新机制。股份合作制是农村集体产权制度改革的主要方式。将以此为平台或抓手实现两个重要目标：一是不断实现和增加农民的财产性收入；二是不断发展壮大集体经济。那么什么是股份经济合作社呢？按照《意见》和《民法典》关于法人组织的规定来看，股份经济合作社属于特别法人。[③] 现阶段可由县级以上地方政府主管部门向农村集体经济组织发放组织登记证书，农村集体经济组织可据此向

---

① 农村集体经济是集体成员利用集体所有的资源要素，通过合作与联合实现共同发展的一种经济形态，是社会主义公有制经济的重要形式。

② 《关于稳步推进农村集体产权制度改革的意见》提出："2017年全国将扩大农村集体资产股份权能改革试点，稳妥有序、由点及面推进农村集体经营性资产股份合作制改革，争取在集体经济组织成员身份确认、股权量化和资产管理等方面取得经验。意见提出，有序推进农村集体经营性资产股份合作制改革，将农村集体经营性资产以股份或者份额形式量化到本集体成员，作为其参加集体收益分配的基本依据。"

③ 《关于稳步推进农村集体产权制度改革的意见》第十二条："农村集体经济组织是集体资产管理的主体，是特殊的经济组织，可以称为经济合作社，也可以称为股份经济合作社。"《民法典》第九十九条："农村集体经济组织依法取得法人资格。法律、行政法规对农村集体经济组织有规定的，依照其规定。"

有关部门办理银行开户等相关手续，以便开展经营管理活动。有需要且条件许可的地方，可以实行村民委员会事务和集体经济事务分离。妥善处理好村党组织、村民委员会和农村集体经济组织的关系。从该规定来看集体经济组织即农村股份经济合作社的地位和职能就明确了。所以从两者结合来看，股份经济合作社属于法人，而且属于特别法人。

（一）X市村改居社区集体产权制度改革的依据

为全面贯彻落实《意见》内容，稳步推进X省农村集体产权制度改革，2017年3月X省出台了《关于稳步推进农村集体产权制度改革的实施意见》（X发〔2017〕5号），2018年X市根据《意见》以及X省的实施意见，结合X市实际出台《关于印发深化农村集体产权制度改革加快推进三变步伐实施意见的通知》（市政办发〔2018〕58号）。按照该规定的要求，力争在2018年基本完成清产核资，之后逐步全面铺开，2021年前全面完成。为进一步规范农村集体经济组织管理，保障农村集体经济组织及其成员的合法权益，根据相关法律法规和政策文件，结合X市实际情况，2019年5月X市制定了《农村集体经济组织运行管理规定（试行）》。以上文件是X市农村产权制度改革及合作社产生后治理的基本依据。在实施产改的过程中，Y区也重点提及区情复杂，产改村形式多样，城改村遗留问题多。为此，Y区印发了《关于建立农村集体产权制度改革部门包抓机制的通知》（Y政办函〔2018〕4号），10个包抓部门和包抓的街办进行对接、沟通、指导，各街道落实科室包抓村（社区）的包抓机制。包抓过程中制定了《Y区农村集体产权制度改革档案管理办法》《Y区农村集体产权制度改革清产核资工作方案》等文件，为区、街、村宣传培训提供政策和业务指导。

（二）X市村改居社区产权制度改革的实践

X市农村集体产权制度改革由农改办统一领导，产权制度改革流程同城中村无形改造流程相似，一般由街办委托第三方财务咨询公司进入村改居社区进行清产核资，所需经费由X市政府财政统一划拨。社区召开居民代表大会进行集体经济组织成员身份认定并公示，折股量化、平股平权，无贡献股，召开成员代表大会选举产生股份经济合作社理事会、监事会成员，最后完成赋码颁证和管理权移交。在此次的产权制度改革中，股份经济合作社成员确定完全采取的是“静态平移”方式，即同城改中认定的集体经济组织成员的范围保持一致；集体资产对于绝大多数的村改居社区来说较为单一且明确，个人所有的商铺面积也是确定的，表面上村改居社区较为快速地完成了第二次产权制度改革，成立了股份经济合作社。如X市XC区截至2019年年底，农村集体产权制度改革工作取得显著成效。全区共涉及13个社区、18个组级，累计完成清产核资社区13个，18个组级；清产核资报表已录入社区13个，组级18个；审核通过社区13个，组级18个，完成占比均为100%；成立股份经济合作社13家，完成占比100%；13个社区提交集体经济组织赋码资料，成功赋码13个。X市Y区截至2019年1月，全区累计完成清产核资社区（村）67个，占任务的84%；成立股份经济合作社42个，占总社区（村）数量的53%，占全年任务的70%。

从X市以及各区出台的文件及实际做法可以看到，村改居社区此次也属于农村集体产权制度改革的对象。从2018年1月到2020年12月的调研情况来看，绝大多数的村改居社区已经完成了新一轮集体经济产权制度改革，挂起了股份经济合作社的牌子。如2005年就已经进行城中村改造撤村建居的XH社区，产权制度改革后，原来的集体经济组织名称由X市XH实业集团有限公司变为X市B区XH家村股份经济合作社。但由于村改居社区情况复杂，并非所有的村改居社区都按照相关文件完成合作社改制。例如，截至2020年12月，Y区ZB街办辖区共有6个行政村、21个村改居社区，总共27个村或社区中有25个村或者社区成立了股份经济合作社，仍然有2个村改居社区未进行产权制度改革成立股份经济合作社，完成比例为92.6%。

从现实的调研来看，村改居社区在城中村改造过程中已经进行过一次清产核资、成员身份认定等工作，此次产权制度改革相对其他传统村落主要任务落在集体资产的清产核资上。已成立合作社的村改居社区在2017年产权制度改革中成员人数完全是从第一次无形资产改造中“静态平移”过来，甚至有的村改居社区直接将原来集体成立的所有公司一揽子放入股份经济合作社中。因此，就有村改居社区干部认为：“股份经济合作社就像是一个大麻袋，所有与集体资产有关的产业都放在合作社里。”从目前改革趋势来看，村改居社区原来的集体经济组织形式即有限责任公司基本已转为农村股份经济合作社。

第二节 村改居社区集体经济治理法治化中的现实问题

通过对村改居社区集体经济产权制度改革及实际运行的考察，发现制约村改居社区集体经济治理法治化的问题主要表现在以下方面：

一、有条件的社区未成立股份经济合作社

从调研数据来看，深入调研的 13 个村改居社区都已经成立了股份经济合作社，但在 ZB 街办进行调研时发现 21 个村改居社区中仍有 2 个未成立股份经济合作社；即便已经成立合作社的村改居社区，较多的社区干部、原住民对此类社区集体经济改制成立农村股份经济合作社仍存有质疑。2017 年的产权制度改革对集体资产的确定、保护、发展及集体经济组织成员权益的实现意义重大。因此，对于实践中集体经济组织成员对产权制度改革的质疑必须重视并剖析原因，只有得到老百姓认可，合作社才能得以发展。

二、集体资产所有权未转移并与成员个人财产混同

（一）集体资产所有权并未转移到合作社

集体资产是集体经济组织体的血液、命脉，是集体经济存在的基础。《民法典》第二百六十条对农民集体经济组织集体资产的外延做了明确

规定,[①] 也就是通常说的农村集体经济的“三资”。改造后的村改居社区集体经济组织的资产和传统的农村村落是完全不同的。传统农村集体经济的主要资产为农民集体所有的土地，其他集体资产也基本都是附着在集体土地上的不动产。但村改居社区经过城中村改造后农民集体所有的土地已经转为国家所有，改造后集体拥有的资产基本都是不动产，并且这些不动产都是附着在国家所有的土地上的。实践中，基于各种原因，如自主改造或政府改造及每个村之前集体经济资产范围和发展的程度不同，城改后集体资产的数额大小也不尽相同。从对目前村改居社区的集体资产的实际调研来看，主要类型有现金、社区居委会办公楼、商铺、国有土地使用权、物业公司这五大块。[②] 现金基本属于改制前原村集体经济的各种收益及改制后提取的集体经济组织一定比例的公益金；居委会办公楼是由原来的村委会房屋置换而来；集体所有的商铺归属于原行政村不同的集体组织，即村集体经济组织和队集体经济组织,[③] 由改造前相应的集体组织的公产，如集体建设用地、戏楼、水井、房屋（寺庙）等置换而来；城改之后，土地所有权由集体所有转为国家所有，因特殊原因存在“留地安置”的情形，但鲜有发生。如 SQXY 社区在改造前将部分集体建设用地的使用权租给某车城使用，村民也进行了入股，改制后这部分土地虽转为国家所有，但改制后的村改居社区集体经济组织还拥有 49 亩国有土地的使用权。城改较早的城中村在回迁安置后基本都成立了自己的物业公司，是集体投资设

---

① 《民法典》第二百六十条规定：“集体所有的不动产和动产包括：法律规定属于集体所有的土地和森林、山岭、草原、荒地、滩涂；集体所有的建筑物、生产设施、农田水利设施；集体所有的教育、科学、文化、卫生、体育等设施；集体所有的其他不动产和动产。可以按照财产的性质将其分为三类，分别为农民集体所有的土地、森林、山岭、草原、荒地、滩涂等资源性资产；用于经营的房屋、建筑物、机器设备、工具器具、农业基础设施、集体投资兴办的企业及其所持有的其他经济组织的资产份额、无形资产等经营性资产；用于公共服务的教育、科技、文化、卫生、体育等方面的非经营性资产。”

② 在调研的 13 个村改居社区中，只有 SQXY 社区因历史原因拥有国有土地使用权，其他村改居社区并未拥有此种类型的集体资产。

③ 集体资产归属于队的情况只有在自主改造的村改居社区存在，政府主导的城中村改造模式下小组集体经济已经不存在，只有村集体经济这一种形式。

立，属于集体资产。从分类来看，村改居社区的集体资产已无资源性资产，都属于经营性资产的范畴，但集体资产所有权并未全部转移到合作社。产权制度改革的目的就是要成立合作社，将发展经济和公共事务分离，虽经过了新一轮的产权改革，但某些集体资产依然无法转移到合作社名下，这就使得合作社账面上的资产和实际所有的资产不相符合。如 JYMJ 社区有自己自办的物业公司，属于经营性资产，比较容易将该资产转入合作社名下，但对于集体资产都表现为商铺的村改居社区，商铺的价值都已评估作价，但并未转移所有权，合作社依然没有独立的财产所有权，资产实际上还是控制在居委会手中。

（二）集体资产和成员财产混同

村改居社区基本都位于城市的繁华地段，集体资产金额庞大但类型较为单一。例如 B 区的 XH 社区集体资产商业面积共计 150 000 平方米，社区办公房 500 平方米，主要部分为商业街，人均商业面积在 105 平方米，其中村集体经济组织占 40%，其余四个小组集体经济占 40%（在这 40% 中，因为改造前各小组集体经济拥有的集体资产数额不同，改造后拥有的商业面积也不尽相同，其中 1 组、2 组各占 30%；3 组、4 组各占 20%），所有被确定为集体经济组织的成员共计 1 878 人共占 20%。除此用于经营的商业面积外，该集体经济组织还有两家公司，一个是集体经济组织自办的物业公司，经营的较好；另一个是商贸有限公司，主要负责本集体经济组织和成员所有的商业面积的经营管理。Y 区的 JYMJ 社区商铺面积总计为 16 000 平方米左右，其中，集体经济组织拥有 2 600 平方米，集体经济组织成员共有 13 275 平方米（885 人 ×15 平方米）。该集体经济组织注册有自己的公司，一个是物业公司，实际运行良好；另外一个是配合城改注册的商贸公司，从未运行过，完全是一个空壳；集体经济组织成员人均分红在 7 000 元左右，按照一户三口的标准计算，一户的集体经济分红约为 21 000 元。Y 区的 SSM 社区，改制后的商业面积共计 31 300 平方米左右，其中，村集体经济拥有 700 平方米，集体经济组织成员合计拥有 30 600 平方米（1 530 人 ×20 平方米）；除商铺外，集体资产还有 2 400 平方米的办公楼一幢。吸取了周边的村改居社区自办物业的教训，集体经济组织并未成立物业公司，“撤村建居”后的社区物业管理经村民代表大会同意委托给了专门的物业公司进行管理，并签订了20年的委托管理合同。该村改居社区的集体经济资产及成员个人资产也是一并委托给商业公司进行经营管理，每年获取定额涨幅的租金收益，该集体经济组织成员每年的分红大概在7 000元。

成员个人所有生活依托商铺统一由改制后的集体经济组织经营管理，这属于典型的“两权分离”，即成员的财产所有权和经营权完全分离。无论是个人基于集体经济组织成员身份获取的生活依托的商业面积，还是原小组集体下的以及村集体下的资产置换的商业面积，都是由集体经济组织转型后的企业法人或者居委会来统一经营和管理，即使属于个人的也不允许个人单独经营、转让。改制后集体经济组织和社员所拥有的商业面积是不能进行交易的。对于集体资产，地方政府文件及法人章程中明确规定任何一届董事会或者成员大会都不得对集体资产进行变卖、转让、设定抵押担保等。原住民认为：“这是祖辈留给我们的财富，我们不能只顾自己这一代人的享受而将后代的生存发展抛掷脑后。毕竟我们是从农村而来，不管是对下一代的教育还是村民自身生存能力，目前来说都和城市居民有一定的差距，没有完全融入城市，必须考虑到子孙后代的生计。”这些产业的管理、运营与成员的利益直接相关。运营的好了，成员收益颇丰，若管理经营不善，会使成员蒙受重大损失。因此，各居委会或者集体经济组织为了稳妥、保险，一般并不投资或合作经营，只是单纯地进行商铺出租业务，收益虽少，但重在稳定安全。这种由集体经济组织统一运营的方式也使得集体资产和成员个人资产混同，并未被区别对待。

三、成员资格认定标准不一

法律对于集体经济组织成员资格认定的标准并无具体规定，地方政府在产改中也是给予一些指导性建议，并无具体标准。各村改居社区也是在法律的框架内、政策的指导下，结合社区实际情况自行认定。因此，每一个村改居社区对于成员的认定标准虽形成一些共识，但具体则不尽相同。

（一）一般规则

纵观全国，各村在进行成员认定时普遍以户籍作为一般认定规则，是集体经济组织成员认定中的核心要素。各村在城改前都会确定一个基准日，老百姓俗称“扎户口”，以基准日为标准，凡是基准日之前户籍在本村的村民且户籍性质为农业户口自然地拥有集体经济组织成员身份。此处也有一些特殊情况需要加以说明。如JYMJ社区的前身MJ村在城改中确定的基准日为2011年5月31日，那么5月31日之前出生的新生儿户口虽然还未在派出所进行登记，但依然赋予其集体经济组织成员身份；6月1日出生的新生儿自然就不再享有集体经济组织成员身份。这种充满人性化的规定在每一个村改居社区都会遇见，因为孩子出生上户口也是需要时间的，不可能出生当天父母就能立刻到派出所办理户籍登记。死亡则更好相反，基准日前去世的不再享有成员身份，基准日后死亡的则享有成员身份。可见，户籍时间、户籍性质以及基准日成为各村确定集体经济组织成员资格的基本要件，但又相对灵活有弹性，不失人性化。

（二）排除规则

因为法律对于成员资格的取得并未有明确的规定，因此，各社区还根据居民会议或居民代表大会决议确定一些排除规范，凡是符合其中的任何一条，都不能享有集体经济组织成员身份。从调研的资料来看，排除人员主要包括户籍在社区的城镇居民、超生人员、外嫁女、入赘男、居二代、经济院、祖遗户等。如国家公务人员，X市市区内公务员退休后都有约5 000元的退休金，如果赋予其集体经济组织成员资格，显然对其他人是不公平的，毕竟村改居这样的社区绝大多数原住民都是没有“工作”的，更谈不上退休金；村集体经济组织成员结婚后，其配偶将户籍转到该村，但配偶属于城镇户口的，仅可以享受65平方米的安置房，不能享受20平方米的商铺面积，也不是集体经济组织成员，当然不能参与集体收益分红。还有一些非普遍的情况，如HP村在改造中就对违反计划生育政策超生的、户籍也在本村的村民未给予集体经济组织成员的身份或者资格，也就是说会出现你是村民，但不是合作社成员的现象。但各村基本上都将大学生，即无论户籍是否在本村都赋予其集体经济组织成员身份。随着私权意识的觉醒以及相关司法判决案例的宣传来看，近几年很少再出现剥夺外嫁女集体经济组织成员资格的现象。但如果外嫁女将户籍变更至夫家并已经被赋予了夫家所在村的集体经济组织成员资格后，再将自己、配偶、子女户籍迁入娘家并想再次享受娘家集体经济组织成员资格的话，是毫无疑问会被拒绝的，即便户籍在册，户籍性质也是农业户口。所有的城中村都将面临拆迁改造，只是早晚的问题，许多人都想钻规则的空子，但显然农民也都是理性的“经济人”。也就是说每个人只能成为一个集体经济组织的原始成员并享受分红，这显然是符合老百姓朴素的公平正义观，也是符合法治精神的。

（三）成员资格认定存疑

从调研来看，13 个社区在本次产权制度改革中都采取“成员静态平移”的身份认定方式，即城中村改造中认定的成员人数和此次产权制度改革认定的成员人数完全闭合。也就是说城改后集体经济组织成员就一直奉行静态原则，即“生不添死不减进不增出不减”的原则。加之每个城中村的拆迁安置方案不尽相同，可谓“一村一案”，每个原住民、祖遗户、外嫁女等都站在自身的角度去做决议，在整个拆迁安置的过程中人性的自私自利赤裸裸地呈现出来。如 2018 年 8 月在 SQXY 社区进行调研时，社区干部也正在讨论是重新认定成员还是采取“成员静态平移”方式，但当时还未做决定。2020 年 12 月再次进行调研时，得知 SQXY 社区第二次产改还是依据城改过程中成员的范围，即“成员静态平移”，这种认定方式也引来一些原住民的不满。同时，在新一轮的产改中关于成员认定又产生了新的矛盾纠纷，如某社区在原来成员人数的基础上，又增加了 15 名新成员，但由于认定程序的不合法使得新的矛盾又出现了。

四、股份经济合作社内部治理机构法律问题突出

村改居社区集体产权制度改革还处于起步探索阶段，关于组织机构的设置，2020 年 11 月 4 日农业农村部印发的《农村集体经济组织示范章程（试行）》（农政改发〔2020〕5 号）和 X 市印发的《农村集体经济组织运

行管理规定（试行）》中都做了规定。在对X市Y区ZB街办的调研中得知，该街道办共管辖38个社区，其中传统的城市社区是11个，不在此次集体产权制度改革的范围内，另外27个自治组织（村改居社区占21个，剩余6个为城中村）均进行了产权制度改革。截至2020年12月，成立股份经济合作社25个，因各种原因有2个村改居社区未完成产权制度改革成立合作社。该街办辖区合作社成员总数为30 334人，25个理事长中有8个由支部书记担任，其中3个社区（村）书记主任一肩挑；15个由社区（村）居（村）委会主任担任，1个由居委会委员担任，1个由村委会副主任担任。25个理事长中研究生学历1人，大专学历18人，高中学历4个，初中学历2个。理事会成员76个，其中本科学历2个，大专学历18个，高中学历30个，中专学历8个，初中学历18个。这些村改居社区基本都已经从形式上完成了合作社的改造，也相应地设置了成员代表大会、理事会、监事会“三机构”的治理结构模式。但实践中基本都是换汤不换药，如成员代表大会依然被居委会或极少数的居民代表控制，理事会还是居委会的平移，监事会依然是党组织的平移，合作社与党组织、居委会成员交叉任职严重以及合作社理事、监事成员的任职资格宽泛等都成为合作社保持独立性和规范治理的制约因素，严重影响着合作社的发展及独立运营。

第三节　村改居社区集体经济治理法治化中的问题的成因分析

一、村改居社区集体经济产权制度改革受质疑的原因分析

（一）对产权制度改革适用依据的质疑

对村改居社区进行农村集体产权制度改革的依据是否合适？部分社区干部、街办工作人员、原住民认为村改居社区属于城市社区，显然不适合

适用专门用于农村的改革文件作为依据进行治理。从国务院出台的《关于稳步推进农村集体产权制度改革的意见》的名称来看，该文件适用的对象应当是中国乡村社会的行政村，即在制度设计上依据的是《村民委员会组织法》运行的农村行政村。但此次产权制度改革，不仅涵盖了行政村，还辐射到了曾经由行政村转变而来的村改居社区。村改居社区已经属于城市社区，但在产权制度改革中又将其划入农村社区，这显然是矛盾的。2018年8月，作者对3个村改居社区进行调研时，适逢X市农村集体产权制度改革进行的关键时期，对于已经历过城中村改造，将集体经济改为公司制的村改居社区来说不知该何去何从。集体经济组织到底应该以何种组织形态呈现出来？集体经济组织到底应该依据何种法律来运行或治理？对此，村改居社区干部、街办干部、集体组织成员都很茫然。2020年12月，在XH社区调研时，该村改居社区已经将城中村改造时成立的有限公司的牌子摘了下来，挂上了XH家村股份经济合作社的牌子。但不可否认的是制度之间有冲突，甚至“打架”。单从产权制度改革的文件表述来看，无论是中央层面的指导意见，还是地方省级、市级出台的相关文件的标题及内容来看，产权制度改革的对象是“村”，尤其提到“城中村”“城郊村”“经济发达村”等应建立健全农村集体经济组织。可见，产权制度改革的对象是非常明确的，并未涉及城市社区。提到“农村”，自然离不开和其密切相关的要素，如农民、农业、农地等，但是，村改居社区已经因城中村改造而撤村建居，农民已经转为市民，集体土地已经转为国有土地，集体经济组织所从事的产业也以商铺出租和物业服务为主，完全和“三农”没有瓜葛。因此，村改居社区干部和一些原住居民认为此次产权制度改革不应适用于村改居社区的集体经济，甚至一些街道干部也认为对村改居社区的集体经济进行农村集体产权制度改革从依据上是讲不通的。

（二）对产改后的合作社实效的质疑

除了改制依据上的不通顺外，有些社区干部、原住居民更多谈及的是产权制度改革后的股份经济合作社的实际运作效果，这是老百姓最为关心的实惠问题。原住居民首先提出的问题是为什么又要改？改了可以为他们带来何种好处？如果产改后成立的股份经济合作社不能为他们带来更多的经济收益，相反为了改制又要支付相应的费用，还不如保持原样。调研发现：第一，城改过程中进行的第一次产权制度改革成立的商贸公司，每个拆迁村因为清产核资、股权量化等内容都向第三方公司支付了20 万—30 万元不等的劳务咨询费用，而这些费用都是由当时的村集体经济组织支付，最终也就分走了村民的一块收益“蛋糕”。第二，城改中成立的商贸公司在城改之后并未实际运行，绝大多数都属于空壳运转，城改后的集体资产以及成员的资产皆由村改居社区的居委会来负责管理和运营。随后，在国家农村集体产权制度改革的大背景下又要将集体经济组织的表现形式从股份制公司改成股份经济合作社，依然需要第三方公司进入村改居社区进行清产核资，加上每年的审计费用或者社区干部任期和离任经济责任等专项审计费用等，定会是一笔不菲的开支。

（三）培训内容不合实际及优惠政策无从享受

一方面，从目前省级层面开展的关于产权制度改革成立合作社的经营项目培训会议内容来看，都是关于农户和农村股份经济合作社如何利用农村集体土地资源生金生财，如关于家庭农场、养殖大户、集体土地流转的培训内容等，并未涉及村改居社区集体经济这种以出租国有土地上的门面房和经营物业公司的现代商业经营项目的培训。另一方面，就目前关于股份经济合作社的优惠政策也都是和农业有关的项目，如贷款优惠、税收优惠，村改居社区的集体经济组织并未从事与农业相关的项目内容，优惠自然也就无从享受。因此，实际中有很多社区干部都采取观望的态度，看国家以后会不会对“农”字头的法人有优惠的政策，如果有就以合作社名义进行商业运营，如果没有还是以公司形式来运营。

二、财产所有权权利证书的缺失

集体资产是合作社保持独立法人资格的基础。在村改居社区中，集体资产的主要类型为商铺。但从实际来看，集体资产和成员个人资产的类型、金额虽是确定的，但因为商铺的整体性及不动产权证的缺失导致资产的混同以及集体资产所有权未能转移。

村改居社区回迁安置后，成员和集体各自拥有的商业面积虽在份额上是确定的，但具体位置并不明确，成员个人也并无独立不动产权证书，即使有也是集体共同拥有的一个“大证”。① 因为城改过程中集体拥有的商业面积和个人拥有的商业面积是混在一起的，虽然都有明确的份额，但从位置上却是无法判断和分割的。因此，实践中将成员拥有的商业面积往往也放入集体资产中进行评估作价。集体经营的资产好似一个蛋糕，有集体的，也有成员的，彼此份额确定但位置不明确，集体和成员的商铺连在一起无法分割。所以，村改居社区的集体经济组织资产也是一种非常特殊的存在，归属于集体的和归属于个人的同时并存，只有确定的份额，却又无法分割。成员拥有的商铺面积不能独立经营和转让，而是由居委会或者改制后的新经济组织统一经营管理，居委会或者新经济组织可以采取自营、出租、合营等多种形式经营城改商铺。这些商铺的管理、经营有的由居委会或者商贸公司进行打理，有的则由村改居后的居委会委托专业的商业公司进行管理。以上原因导致集体资产和成员个人资产无法分离，集体资产中的某些财产类型也无法转移到合作社名下。

三、成员资格身份认定不规范的原因分析

个体想获得集体经济组织权益的前提是成为集体经济组织的一员，那么如何成为其中的一员，就涉及资格认定的问题。《民法典》第二百六十一条规定：“农民集体所有的不动产和动产，属于本集体成员集体所有。”成员是农村集体经济组织即股份经济合作社的组织基础，在合作社成立之前，首先需要对成员的资格进行认定。对于集体经济组织成员资格的认定，可以说是“一村一策”或者“一社区一策”。成员资格的认定直接涉及每一个“成员”直接经济利益的分配和实现，因此，资格的认定就是一次没有硝烟的战争。

① 村改居社区的集体商铺和个人商铺基本都没有不动产权证书，不动产归属没有国家认可的证书去证明归谁所有。

（一）高位阶法律缺失下的“一村一策”

我国现行法律对成员资格认定标准的规定滞后于农村社会实践，集体经济组织成员身份的确认标准尚无统一立法规定。① 如《民法典》中涉及“成员”一词的条款较多，但法律却从未对成员界定给予标准。2020年11月4日，农业农村部印发的《农村集体经济组织示范章程（试行）》中有关于成员资格认定的指导性规定，各省或者较大的城市就成员身份认定标准皆只是给予指导性意见，也未有明确的认定规则，但司法层面却有较多案例值得借鉴。成员资格的认定标准目前在国家层面、地方层面并未形成具体的规则，皆是社区（村）集体结合实际按照自治规范和决议自行认定集体经济组织成员，任意性较大。也正因为缺乏立法层面的规则标准，导致社区（村）集体在成员认定中的权利较大，甚至存在超越边界，侵害成员合法权益的情形发生；另外，也会引发明显不具有成员资格的人在被排除为集体经济组织成员时大闹居（村）委会、街道办事处、无理上访等过激行为，给相关部门日常工作带来极大困扰。调研中，多次碰到一代居民、二代居民、经济院、祖遗户等群体为获取集体经济组织成员资格而纠缠社区干部、无理上访等行为。

（二）成员资格认定程序不合法

调研发现部分村改居社区存在成员资格认定程序不合法的情形。以JYMJ社区的成员资格认定纠纷为例说明，2011年城中村改造时MJ村在册人口共900人，其中有15人未被认定为集体经济组织成员，意味着这15人不能享受15平方米生活依托的商业面积，更不能享有以后每年年底集体经济组织的收益分配权。这15人中的12人多次到村上纠缠以求获得成员资格，均被村两委会予以拒绝。后来，通过一定渠道，这12人拿到了盖有村委会印章的成员资格证明，并在原村委会主任的带领下去和开发商谈判，开发商也答应给这12人每人15平方米商业面积。也就是说原本开发商只给提供885×15平方米的成员个人商业面积，最后给予897×15平方

---

① 肖新喜：“论农村集体经济组织成员身份的确认标准”，载《湖南师范大学社会科学学报》2020年第6期，第57页。

米的成员个人商业面积，并最终兑现承诺。回迁安置后，这12人要求集体经济组织分配年底收益，均被现任的居委会领导班子拒绝，原因在于这12人在城改中的成员资格认定中就没有被确定为集体经济组织成员。从当时周边城中村改造的一般认定标准来看，这12人不被认定为集体经济组织成员也是符合老百姓普遍认知的，并未像外嫁女群体那样，涉及权利被侵犯的情形，是合情合理合法的。这12人虽持盖有村委会印章的成员资格证明书，但这仅是原村委会主任一人的行为，并未经过党组织、居委会和村民代表大会的决议通过。虽然没有强行法对其资格加以排除规定，但从自治程序上来说显然也不合法，违反了《村民委员会组织法》的强制性规定，违背了村民自治的程序。

（三）成员资格的转让与继承无先例借鉴

X市村改居社区集体经济组织成员的管理模式均采取静态管理模式，即以城改时的基准日为时间节点，确定的成员及成员的股权份额永久不变。一方面，在成员资格转让方面，各村改居社区均禁止转让，即使有成员私下转让，集体经济组织也不予承认，更不会分配红利给受让人。按照静态管理模式，成员人数和姓名都是具体不变的，然而自然人终究会有生老病死，那么问题来了，如果某一成员去世后其因成员资格而获取的利益谁来继承？继承人为多人时，集体经济组织应将这份收益给谁或在继承人之间如何分配？另一方面，如果只是继承权益而不继承资格的话，随着时间的流逝，集体经济组织中成员人数必然会越来越少，又如何保证集体经济组织成员的数量呢？成员可是集体经济组织存在的基础条件。成员资格的静态性和股权的封闭性引发的问题，也困扰着诸多的村改居社区集体经济组织的治理。

四、股份经济合作社内部治理机构法律问题的原因分析

（一）权力机构虚置与成员大会功能虚化

集体经济组织权力机构在实践中有成员大会和成员代表大会两种组织形式。《农村集体经济组织示范章程（试行）》（以下简称《示范章程》）

对成员大会的性质、地位、代表人数、召开次数、表决方式，以及召开的有效要件和普通事项与特殊事项决议通过条件等均做了明确规定。① X市《农村集体经济组织运行管理规定（试行）》也对成员大会或成员代表大会人数设置、召开等事项进行了规定。成员大会是成员行使权利和实现权利的重要路径，然而，无论是在成员大会或者是成员代表大会的模式下，权力机构被虚置的情况都非常明显。在调研的13个村改居社区中，仅有1个社区因为集体经济比较发达，一般会在年底举行一次成员代表大会，对一年的情况进行总结，主要是营利和收益分配的信息公开事项，并对来年的规划进行介绍，以上事项最终由成员代表大会进行表决。然而，现实生活中绝大多数的村改居社区的集体经济组织成员大会或成员代表大会流于形式，根本未曾召开，甚至几年都不曾组织召开过1次。涉及集体经济组织的事项还是由居委会几位干部或居民代表协商确定，权力依然被少数人掌控，这严重地侵犯和阻碍了集体经济组织成员的参与权、知情权和表决权的实现。这种决策的不公开、不透明导致集体资产被少数人控制，进而引发腐败，严重侵害集体经济组织成员权益。

（二）理事、监事的任职资格过于宽泛

集体经济组织的理事会是由成员大会或者成员代表大会选举产生的理事组成的日常决策、管理和执行机构。监事会是由成员大会或成员代表大会选举产生的监事组成的监督机构。理事会和监事会都对产生它的权力机构负责，机构的职责则需要具体的自然人即理事和监事来执行和完成。

---

① 《农村集体经济组织示范章程（试行）》第十四条："成员大会是本社最高权力机构。成员大会由本社具有完全民事行为能力的全体成员组成。"第十七条："如果采用成员代表大会，则在章程中必须标明以户为单位选出成员代表的人数，并补充说明一般为每五户至十五户选举代表一人，但代表人数不得少于二十人；成员在五百人以上的集体经济组织，成员代表不得少于三十人。"第十八条："成员代表大会每年至少召开X次，成员代表大会实行一人一票的表决方式。召开成员代表大会应当有本社三分之二以上的成员代表参加。成员代表大会对一般事项作出决议，须经成员代表表决权总数过半数通过；对重大事项作出决议，须经成员代表表决权总数的三分之二以上通过。成员代表大会表决通过的事项应当至少公示5个工作日。"依据章程规定，第十七条、第十八条为选择性内容，设立成员代表大会的集体经济组织须在章程中写明相关条款。

《示范章程》对理事会成员、监事会成员的任职资格做了宽泛规定，但未就机构人数做出具体规定。① X 市出台的《集体经济组织运行管理规定》并未对理事、监事的任职资格做出具体规定，但就具体人数规定为 3 人或 3 人以上（应为奇数）。在近两年的调研中发现，关于什么样的人可以担任集体经济组织的理事、监事问题实践中争议较大。从《示范章程》来看，对于理事、监事的任职资格规定很是宽松，可以说年满 18 周岁是一条实质性的要求，而对于政治素养高、经营管理能力强都是一些模糊要素，并没有具体考量标准。调研中，很多社区干部就提到，对于理事和监事的人选地方政府应结合村改居社区的现实，秉持“宜窄不宜宽”的原则给出任职资格要求。甚至有社区干部提到，扫黑除恶专项斗争开展以来，村改居社区的两委会，尤其居委会选举已经风清正气，贿选、恶势力基本不存在，但集体经济组织的理事与监事的任职资格太过宽松，给“某些别有用心的人”提供了进入集体经济组织的机会，这条路径如果不堵死，一旦让“这些人”担任理事、监事，后果堪忧。以前之所以会出现贿选、拉票等现象，“这些人”就是看到了集体经济这块“肥肉”。对于理事与监事的任职资格要件，国家和地方也应该出台相关政策，杜绝“这些人”进入集体经济组织。那么“这些人”到底是什么人？范围有多大？应如何列举是目前实践中亟需解决的问题。

（三）党组织、居委会、合作社人事交叉任职严重

实践中，村改居社区党组织、居委会及合作社交叉任职严重，呈现“一套人马，三块牌子”的机构混同。从《示范章程》内容来看，并未提及主任或书记兼任合作社理事长职务。而 X 市则规定可以交叉任职，并提倡社区党组织负责人兼任集体经济组织负责人。② 在社区书记、主任一肩挑的现实下，也就意味着书记、主任、理事长三个职务集于一人之身。如 Y 区 ZB 街办 25 个合作社中有 8 个理事长是由社区党组织书记担任，15 个

---

① 《农村集体经济组织示范章程（试行）》第二十一条：“理事会成员须为年满十八周岁、具有一定文化知识、较高政治素质以及相应经营管理能力的本社成员。”

② X 市《集体经济组织运行管理规定》第十三条：“董事会成员、监事会成员可以与村三委会干部交叉任职……提倡村党组织负责人兼任集体经济组织负责人。”

理事长由社区居委会主任担任，1 个由居委会委员担任，1 个由社区居委会副主任担任。从调研的 13 个社区来看，合作社理事长基本都是由居委会或党组织“一把手”或副职来担任，这就使得机构之间任职严重交叉，不利于每个组织体自身的独立发展及功能的发挥。

第四节 村改居社区集体经济规范化建设的现实途径

地方政府在制定政策时应走进基层、深入群众，听取基层干部和老百姓心声，总结基层治理中村改居社区产权制度改革的经验和教训，在此基础上凝练共识，而非“一刀切”地制定集体产权制度，最后往往被实践证明政策的不适合而再去调整，政策的朝令夕改只能增加村改居社区原住民的怨恨及对政府的不信任。股份经济合作社是近几年集体产权制度改革的主要形式，现有的针对农村集体经济组织的有关法规政策不能完全适用于村改居社区的集体经济，需要适宜的法规政策来加大对村改居社区集体经济的规范和扶持。

一、厘清集体经济组织与村改居社区的关系

（一）从法律规定来看

村改居社区属于城市社区，制度设计完全不同于农村，从理论和制度设计上来看，农村集体经济组织和城市社区是没有任何交集的。但因其由传统村落而来，和农村有着千丝万缕的关系，虽然已经完成有形无形改造转为城市社区，但集体经济组织与社区一直并存且隶属于社区是客观现实，不可无视。依据《城市居民委员会组织法》的规定，城市社区是没有经济发展这一职能的，但城镇化进程中此类过渡性社区的出现，使得集体经济在城市社区得以存在。村改居社区不但承担着社会事务功能，还肩负着集体经济建设发展的功能。这一直是村改居社区治理的重点和难点所

在。那么村改居社区和集体经济组织到底应该是一种什么样的关系呢？我们在谈论这一问题时大部分人的思维是谁管谁？谁隶属于谁？为什么两者之间必须是一种隶属关系，而不能是平行与独立的关系呢？村改居社区是基层群众性自治组织，主要任务是服务社区居民，呈现出政治性、社会性、群众性的特点；而表现为股份经济合作社的集体经济组织属于特殊法人，以营利为目的，表现出成员之间具有封闭性、资产具有集体性、经营具有合作性的特征。[①] 一个是经济组织体，一个在某种意义上是政治组织，存在的目的、内部成员构成、功能、权能截然不同。[②] 可见，它们之间不存在谁隶属于谁，是两个完全独立平等的组织体，应在各自的制度轨道中运行。

（二）从实际需要来看

实践中集体经济发展的越好，村改居社区干部越能感受到集体经济和社区不剥离所带来的弊端。集体经济发展最好的XH社区主任认为："目前社区与集体经济组织关系上还是不顺畅。从理想的角度看，应该还是要分开的。"村改居社区已经是一个半熟人社会的社区，大量外来居民的流入使得社区居民人数远远大于集体经济组织成员人数，社区和集体经济组织的人员构成和服务对象并不像传统村落较稳定地保持闭合。如果不分离，极易发生社区居委会用集体经济收益补贴社区费用开支的情形，这是对集体经济组织成员财产权的侵害，也不利于集体经济的长远发展。

村改居社区属于新型城市社区，从其产生那一刻，地方政府一直未曾理顺社区和集体经济组织的关系，且越走越乱。随着此类社区的发展、国家政策的调整，集体资产发展较好的社区干部都对社区和集体经济组织之间的关系有着深刻的思考，从思想认识上经历了从混同到质疑再到分离的过程。这是一个非常好的转变，也是此类社区过渡性的体现。村改居社区

---

① 孙迎春：《农村股份经济合作社治理结构法律制度研究》，中国政法大学出版社2020年版，第4页。

② 中国社会科学院农村发展研究所"农村集体产权制度改革研究"课题组："关于农村集体产权制度改革的几个理论与政策问题"，载《中国农村经济》2015年第2期，第11页。

应以此次产权制度改革为契机成立股份经济合作社，建立起产权明晰、权责统一、经社分离、管理科学的特殊法人制度，依法享有独立进行经济活动的自主权，独立承担责任；实行自主经营、独立核算、自负盈亏、按股分红。逐步发展壮大集体经济，最终实现村改居社区居委会和集体经济组织的彻底剥离，集体经济组织即股份经济合作社仅作为村改居社区的一个驻地单位而存在。

二、推进村改居社区集体产权制度改革的必要性

集体产权制度改革意义重大而深远，对集体经济组织成员资格的落实、集体财产权的明晰和成员收益分配权的保护具有重要的功能和意义。股份经济合作社是集体产权制度改革的主要方式。股份经济合作社是在坚持成员集体所有的前提下，将集体资产可分配权益折股量化到成员个人，成员民主管理，并且根据所持股权比例分享红利的一种合作社法人。①

（一）对村改居社区产权制度改革适用依据质疑的回应

从产权制度改革的对象来看，虽针对的是行政村或者传统的农村，但其根本目的是基层群众自治组织中的集体资产，要实现集体资产和自治组织的分离，维护集体经济组织成员的利益。而村改居社区在城改前进行了农村集体经济的无形改造并成立了股份制公司，股份制公司就是农村集体经济组织的企业表现形式，是村改居后的客观存在。地方政府在无形改造中虽然依据现代企业法人制度成立了股份公司或者有限公司，完成了集体资产的股份制改造，将集体经济组织以现代企业法人的形式表现出来，但是，它依然是一种集体经济，只是当时苦于没有股份经济合作社这种能更好承载集体经济组织内容的特殊法人存在，所以X市政府只能结合当地实际，从保护原住民长远生计考虑，摸着石头过河成立有限责任公司，从形式上解决了对内分配和对外事务对接的问题。部分人只看到了农村变城

① 孙迎春：《农村股份经济合作社治理结构法律制度研究》，中国政法大学出版社2020年版，第4页。

市，紧抓村改居社区是城市社区、产权制度改革的政策文件不应该适用城市社区这两点不放，却忽视了此类社区集体经济存在的客观现实。

（二）推进产权制度改革的必要性

1. 实现集体经济组织人格独立。城改中成立的有限责任公司并未担负起发展集体经济的功能。因城改后成立的有限责任公司完全是一空壳公司，并未真正发挥集体经济组织的职能，因此，改制后集体经济组织依然和居委会混同，政企不分。X市各区对于改制后成立的有限责任公司的监管做法并不一致，如B区XH社区以前一直归属于城改办管理（前身是B区农村工作局），在2016年移交给ZJC街道办进行管理。社区归民政部门管理，经济组织归市场监管部门管理，但集体经济组织的执照审验没人管理，导致很多改制中成立的有限公司要么被注销，要么被相关机构拉入黑名单。因为无形改造中的公司并没有肩负起原村集体经济组织的管理、发展集体经济的职能，这又导致村改居社区居委会依然承担起经济发展的功能，使得集体经济组织和居委会又混同在一起，最初成立股份制公司的目的落空。从某种意义上来说，公司就是社区的，社区是所有者，公司和社区并没有分离，又回到了原点。单从这一点来看，撤村建居后的村改居社区似乎又回到了“城中村”，即居委会与集体经济组织关系混同的时代。从长远发展来看，分离是一种必然，对表现为有限责任公司的集体经济组织再次进行产权制度改革是现实的需要。

产权制度改革更有利于对集体资产的确定和保护。村改居社区虽在城改中进行了成员资格的认定，但是回迁安置后集体资产的清产核资、评估作价、股权量化等并没有重新估值和计算，集体资产到底有哪些，值多少钱，归谁所有依然是模糊不清的。集体资产虚化的问题本质上并未解决，依然是一种人人有份、人人无份的状态。尤其回迁安置后集体资产置换的不动产商铺因地理位置优越，价值巨大，出租后带来的租金收益可观，为了保护集体经济组织成员的利益，更应该将集体资产进行核算评估。调研中，XH社区主任语重心长地说道：“产权制度改革从顶层设计来说意义重大，对集体财产权利保护有着积极的意义。中央也意识到集体资产流失严重、吞噬恶劣。如我们隔壁的BM村，现在集体经济完全是空壳。经过两次征地、一次拆迁改造后集体经济早被当时的某些村干部勾结开发商等利益主体瓜分殆尽。后来原住居民集体上访，但采用了极端方式维权，一些带头的人被逮捕判刑。农民多次找政府询问集体资产到底有多少，去哪儿了？现在还是一个未解的问题，也引发了基层社会的不稳定。”由此可见，产权制度改革明确了集体资产的范围，确定了集体资产的所有权主体，对集体经济的保护和成员权益的维护意义重大。

2. 股份经济合作社成立的必要性。股份制公司属于现代企业法人，以资本的结合作为成立的基础，这种现代企业法人难以包容集体经济的成员、资产的特殊性，不能满足集体经济组织的特殊需要。

（1）无形改造中成立的有限公司并不能体现真正的民主协商。按照我国《公司法》对于股东人数的要求来看，村民人数众多，成立有限责任公司显然在人数上是不符合法律的规定的。为了规避法律对成员人数的强制性规定，所有的村改居社区在无形改造中只好让原村长、村民小组组长（此时社区还未建立）成为股东来满足法律对有限责任公司股东人数的限制要求。这种由原村长和村民小组组长代持股的方式虽然解决了制度上的困境，但股东出资全部划在各股东代表名下，这种公司的法律性质究竟是什么？将公司资产划在股东代表名下的风险如何预防和化解？股东的权益如何保障？如隐名股东和显明股东的问题，股东是否真正代表集体经济组织成员真实意思表示，股东行使权利等新问题的出现。如JYMJ社区在城改过程中成立的MJ商贸有限责任公司，该公司注册资本100万元，已全部实缴。股东人数则为20人，这20人皆是两委会成员、村民小组组长及村民代表。但是该社区原集体经济组织成员人数则为885人。像JYMJ社区这种公司股东人数算是比较多的，从调研的13个社区成立的有限公司股东人数的数量来看，还有更少的案例。这种规避法律的行为虽然在形式上满足了有限责任公司设立的股东人数要求，但确实是极少数人代表了绝大多数人的利益，根本不能体现民主协商和管理，不能满足集体经济中的集体治理。可见，城改中成立的股份制公司显然是不能解决以上问题的，并且还会引发新的问题出现。

（2）改制后的股份制公司基本为空壳公司。城改后的集体资产根本就未转移到成立的股份制公司中，还是掌控在由原来的村委会平移过来的居委会手中。X市的村改居社区虽在无形资产改造中将集体经济组织注册为有限责任公司，但村集体资产并未转入成立的“有限公司”。在X市所有的村改居社区，为了避税，几乎都未将资产转入公司名下，经济改制成立的公司大部分是有名无实，少有实际运营的，公司实际就是一个空壳。城改中成立的商贸公司仅是“稻草人”式的存在，改制后的公司既不生产产品，也不提供服务，根本就没有进入市场从事商事交易活动，只是为了满足城改中集体资产收益的对内分配以及对外与其他主体对接的需要。这样的公司难以适应现代市场经济风险，导致改造的股份制公司逐渐被束之高阁。从13个社区的调研情况来看，只有一个社区的股份制公司在运行，但业务也仅以不动产出租服务为主，根本没有涉及其他经营项目的开展。

（3）公司组织架构实行“两委”班子平移：村委会—董事会，党支部—监事会，此外，还会吸收部分村民代表进入监事会，并且董事会成员不得兼任监事会成员。由此可见，公司实际仍由原“两委”掌控，缺乏监督，很容易出现问题。

对村改居社区集体经济的产权制度改革有百利而无一害。村改居社区虽然是城市社区，但因其来源于农村，存在集体经济且集体经济组织与居委会混同是客观现实，这也是此类社区二元性的体现。而城改中的股份制公司显然在股东权益的保护、组织机构的运行管理以及集体资产的确定、作价、量化等方面都不能满足现实的需要，它之所以是空壳运转或者是“稻草人”式的存在，因为其名下并未有实际的集体资产的所有权，集体资产依然是掌控在“两委”干部的手中。足以说明股份制的现代企业法人并不能满足集体经济的所有要求，需要有一种更适合的组织形式代替股份制公司。股份经济合作社作为一种特殊法人与现代企业法人在成员构成、股权结构、股权流动、管理权力服从于资本权的表决规则等方面不尽相同，强行地给集体经济组织穿上不合身的衣服，只是完成了集体经济形式上的改造，并未从实质上得以改变。股份经济合作社这种集体经济组织的表现形式可以真正实现集体经济组织和村改居社区的彻底剥离，保护集体经济组织成员权益，最终使得村改居社区从治理体制上得以顺畅。此外，还需说明一点，此次产权改革的费用、每届干部换届选举时的审计费用都是由政府统一划拨支付的，不存在集体经济组织自掏腰包支付的情形。

（三）分类管理不同性质股份经济合作社

村改居社区的股份经济合作社是集体经济组织的一种表现形式，但已和农业、农村、农民毫无瓜葛，它的资产类型和经营项目也不同于传统的农村股份经济合作社，如果完全按照农村股份合作社的政策文件进行治理，显然是强行地将其拖回到城改前的状态，是执行政策“一刀切”的表现。地方政府在贯彻与执行中央的产权制度改革文件时应结合地方实际，在法律框架内对集体经济组织即传统的农村股份经济合作社和村改居社区股份经济合作社实行分类管理，细化制度。

第一，村改居社区集体经济改制后成立的合作社的成员只占社区居民的一小部分，若存在社区代管周边商品房小区的情形，原住民只能占极少一部分。如 YB 社区合作社成员只有 1 100 人，而社区居民人数则为 10 000 人左右。如果法律政策将这种具有较高开放性的村改居社区的合作社同传统行政村合作社同样对待，如每年向社区（村）党组织、社区（村）居委会提供一定的经费，显然是用少数人的财产服务社区所有人，是对合作社成员权益的侵害，这种做法既不合理也存在违法行为。

第二，村改居社区的集体资产和传统农村的集体资产虽都属于集体成员所有，都是集体公有制经济，但类型是不一样的。我国的集体所有制包括农村集体经济所有制和城镇的集体经济所有制。[①] 农村合作社的成员皆为农民，集体资产的类型更多的是农民集体所有的土地及其地上附着物，但村改居社区集体经济成员皆为由农民转变而来的城市居民，集体资产主要是附着在国有土地上的不动产。显然村改居社区的集体产权改制后成立的合作社属于城镇集体经济，肯定不能和农村股份经济合作社适用完全相同的制度。

第三，村改居社区集体资产改制后不能将其称为“某村股份经济合作

---

① 韩松：《集体所有制、集体所有权及其实现的企业形式》，陕西师范大学出版社 2000 年版，第 13 页。

社”，这一称谓又将村改居社区拉回到了改制前的农村。事实上无论是成员，还是集体资产类型、性质都已与农村无关。可以在其股份经济合作社前面加上符合法律规定的“字号”，但不能强制性地规定加上原行政村的名称。调研中一位社区书记谈到此问题时表示，如果是已经城改的社区在合作社前面加上“农”字去从事现代意义上的非农业商事主体的市场行为，可能和你发生交易的相对人也会对你的能力质疑，心存疑虑，认为你不专业，不认可你的市场主体身份。

第四，分类管理应体现在培训内容、优惠政策及组织机构设置等方面。首先，在产权制度改革的培训会上，应分类进行培训。对于传统的农村股份经济合作社主要从种植业、养殖业、土地承包经营权流转、引进工商资本下乡等方面进行培训内容的安排，主旨应是让土地如何“生金”的方式方法，而对于村改居社区合作社应以如何从城市商业模式管理集体资产、进行商业运营来获取更高的收益、提高集体经济组织成员收益为内容进行培训。如调研中一位社区主任认为：“村改居社区已经完全没有集体土地，如果举办相应的培训，培训内容不应该是如何依靠农业致富，而是在现代商业模式下，如何运用不动产商铺生金的问题。”其次，治理机构的弹性规定。对于只依靠出租商铺获取收益的这种集体经济组织，其在理事会和监事会人员构成上应简化，而非设置完备的组织机构。对于有经营项目的集体经济组织，如有自己的物业公司、集团公司且真实运行的，可以采取完备的组织机构，实现权力的制衡和监督。最后，从目前对合作社的优惠政策来看，都是针对与农业有关的项目，但村改居社区股份经济合作社凡是有商业运营的都是按照城市商业模式运作的，那么对于村改居社区这种集体经济组织根本与“三农”无关的合作社则被排除在享受优惠政策之外。例如，2020年疫情期间，国家提倡减免房租的政策，某村改居社区为了保留租客也对社区的驻地单位减免了房租，当社区主任向当地政府请求给予一定补偿时，得到的答复是国有企业减免房租会给予一定补偿。合作社是集体经济组织形式，集体经济是公有制的重要组成部分。而此时，村改居社区的集体经济不但没法享受公有制的好处，也享受不了“三农”相关的优惠政策，两头的好处都享受不了，处于一种很尴尬的位置。

因此，地方政府应结合实际制定出村改居社区集体经济组织的优惠政策，制定支持村改居社区合作社的税收政策，免征因权利人名称变更登记、资产产权变更登记涉及的契税，免征签订产权转移书据涉及的印花税等使政策向村改居社区的集体经济倾斜。让集体经济组织成员真正得到实惠，增加收入，才是产权制度改革的根本目的，否则原住居民对集体资产的再一次改革的质疑依然存在，思想上不顺，实际中要做到真心地跟着政策走是不可能的。

三、明确集体资产的范围及所有权归属

（一）明确集体资产和成员个人资产

产权制度改革的目的是明确集体资产的范围并评估作价，确权是明确所有权主体的前提。按照城中村改造拆迁补偿政策，地方政府会为每一位集体经济组织成员提供15—20平方米营业房安置来发挥社会保障的功能，集体经济组织同样会因原有集体资产的置换也获取一定的营业房安置。但这两种不同所有权的营业安置房因开发商“一揽子”的修建使得面积总数确定，但每个成员个人资产的位置与集体资产的位置是不确定的。集体资产是团体成员享有所有权，团体享有财产的管理和处分权，个人只有先成为团体成员，才享有集体财产的使用权和收益权，个体成员不得请求对团体财产的分割。成员个人资产是成员个体享有所有权，但经营权和管理权由集体统一运营，这种个人资产的权利特点是所有权和经营权分离的状态。目前，X市的政策是不允许成员对个人资产享有处分的权利。那么，从性质看个人资产不应作价入股，应与集体资产严格区分，防止财产混淆带来对集体经济组织成员权益的损害。那么在对集体资产进行确权和作价时，集体成员个人拥有的商业面积应从整体的商业面积中剔除出去。村改居社区的集体资产有多有少，但因优越的地理位置集体净资产价值总量都比较庞大。如集体资产最少的SSM社区的集体资产评估作价也在31 109 400元，集体经济组织成员人数为1 658人；XH社区是13个社区中集体资产最多的一个，集体资产总额共计243 400 000元，总折算为24 340股，集体经济组织成员人数为1 878人，每人13股，每股10 000元。明确集体资产的范围是产

权制度改革的关键环节，确保村改居社区的每一份财产在确权环节不被落下，严格划分集体资产和成员个人资产的界限，明确所有权主体。

（二）完成集体资产的所有权转移

股份经济合作社属于特殊法人，但也应具备法人的核心特征。法人拥有独立的财产是法人能够独立地参与民商事法律活动的重要前提条件，是法人所有或由其经营管理的全部财产。① 独立的资产对法人的重要性不言而喻。股份经济合作社作为法人，必须拥有独立的财产所有权。股份经济合作社的财产不仅独立于居民和社区内的其他社会组织，而且独立于法人组成人员的财产。多年来，我们过多地关注生产资料公有制，忽略了从财产法角度来设计财产权制度，而出现了所有权主体虚位现象，集体所有制名义上归全体集体成员所有，但现实中却又不归任何人所有的局面。因此，村改居社区产权制度的改革方向应是落实集体资产的所有权主体，使其符合私法物权的特征。如此，集体资产确权后就必须将其所有权转移到股份经济合作社中来明确所有权主体，实现产权明确，一权一主。那么原来掌控在居委会或商贸公司名下的经营性资产理应随着股份经济合作社的成立转移资产所有权，已经办理产权证的不动产应按照要求将不动产权证的所有人登记变更为合作社来完成集体资产所有权转移手续；对于未办理产权证的商铺控制权和经营权也应由居委会移交到合作社，真正实现集体资产所有权主体明确及合作社财产独立。②

四、科学自主认定成员资格

（一）明确成员资格的意义

集体经济组织成员资格的取得与继承的规定是集体产权制度改革中老

---

① 吴汉东、陈小君：《民法学》，法律出版社 2013 年版，第 83 页。

② 回迁安置社区商铺产权证书的办理是一件极为困难的事情，不仅涉及诸多行政机关，还牵扯相应费用由谁支付的问题，导致长期以来有商铺却无不动产权证书的窘况。但从合作社的长远发展来看，这些问题必须要解决，否则会导致确定的集体资产和登记在合作社名下的集体资产不符的现象。

百姓非常关心的问题。首先，成员资格是自然人获得成员权利、参与集体经济组织经营管理、分配集体利益的前提条件，谁有集体经济组织成员资格意味着谁可以分享股份经济合作社发展带来的红利。其次，成员资格反映了集体经济组织对其成员法律属性的特定要求，集体经济组织需要构建与其自身及改革相适应的成员资格得丧制度进而体现其功能和特征。最后，成员资格规范制度的建立对集体所有权的实现和立法表达至关重要。如果不能明确界定成员资格，就无法落实集体所有权，集体经济收益分配权的实现就会落空。

集体经济组织成员不同于现代企业法人的投资者，也不同于村改居社区的居民。第一，集体经济组织成员不同于现代公司法人的投资者。成员是社团法人成立的基础，表示的是股东和法人的关系。社员也是集体经济组织成立的基础，表示的是成员和集体经济组织的关系。但集体经济组织社员完全不同于营利性社团法人的社员，和现代公司的社团法人关于投资人的资格要件是完全不同的。对于营利性社团法人的社员，法律规定了积极要件和消极要件，如积极要件为必须具备完全的民事行为能力，不得是国家公务人员、军人等相关消极要件，但合作社社员的积极要件并不要求社员需具备完全的民事行为能力。第二，集体经济组织的成员一定是社区居民，但社区的居民不一定是集体经济组织的成员。在半熟人化的村改居社区，社区居民的数量远远大于集体经济组织成员的人数。如 XH 社区在城改时，原住居民的数量为 2 000 人左右，但最终认定成员资格的有 1 897 人，约有 100 人的差距，但目前社区的常住人口已达到 10 000 人左右。JYMJ 社区改造时在册户籍人数是 900 人，最终认定 885 人为集体经济组织成员。这也表明，社区居民和集体经济组织成员是分开的，作为成员在集体经济组织中享有的经济权益要和作为社区居民在社区中享有的政治权利相分离，不能混为一谈。

（二）成员资格“静态平移”的必要性

X 市村改居社区集体经济组织成员身份认定在 2018 年的产权制度改革中都采取“静态平移”的方式，即第一次城改过程中认定的集体经济成员人数永久不变。调研中，13 个村改居社区在此次产改中成员身份都未曾重新认定。问及原因多是因为成员资格认定涉及的矛盾纠纷最集中和尖锐，根本不可能照顾到每一个人的利益。这样来看，成员资格的“静态平移”是最省时省力，也是合情合理合法的。

首先，集体经济组织成员资格的取得由全体村民或村民代表在不违背法律的强制性规定、不侵犯他人合法权益之下民主协商决定，这为“成员静态平移”提供了法律支撑依据。

其次，社区原住民数量越来越多，原住居民的配偶、子女户籍都相继迁入社区，希望未来能分“一杯羹”。因村改居社区背后诱人的经济利益以及成员对集体经济组织成员身份重新认定依然抱有幻想，社区的户口在册人数只会增加，不会减少，利益就那么大，重新分割不如保持原样。如XH社区城改时认定的成员为1 787人，短短14年时间，集体成员以及家属人口已经增长到2 524人，那么新增的这737人如果要被认定为集体经济组织成员，就意味着原集体经济组织成员所享有的集体资产的股权份额会减少。调研中，遇到这样一户人家。A女离婚带有三个女儿，后来三个女儿相继结婚，大女儿和小女儿的丈夫系城镇户口，二女儿的丈夫是入赘，也是农村户口。结婚后，三个女儿分别生育2名子女，孩子及他们的丈夫都先后将户口迁到该村改居社区。单纯从这一户家庭成员的人数发展来看，因结婚生育增加的人口是9人，如果进行集体经济组织成员身份的重新认定，这个家庭无疑是最大的受益户。那么对于人口没有变动，甚至减少的家庭显然是不公平的。

最后，集体经济组织成员资格的认定成本高昂。成员身份的每一次变动都是利益的博弈，甚至会出现各种有违公序良俗、人伦纲常的事情。对于那些显然不符合社会公序良俗的行为引发的人员变动，到底给不给成员资格呢？像突击结婚的事情多不胜数，作为成年人都有自身利益的考量和为自身行为负责的能力，可以理解。但为了胎儿能够在“基准日”前出生而获得成员资格，孕妇在胎儿不足月份就采取剖腹产的生育方式将孩子“取出”这样不道德的事情，是否要给予孩子成员资格呢？孩子本身没有错，是被动地、人为地促使其在“基准日”前出生。为了避免矛盾的发生，村改居社区在此次产权制度改革中都未曾进行集体经济组织成员身份的重新认定。调研中有一位社区干部表示："这个问题我们是解决不了了，经历了一次就不想再经历第二次，还是把这个问题留给后人吧。"显然，集体成员资格的认定涉及重大经济利益，无论怎样去做，都不会让所有人满意，终会产生新的矛盾和纠纷。因此，为了维护村改居社区的和谐稳定，避免矛盾纠纷甚至有违人伦的事件重现，经过成员代表大会决议各社区都未重新认定成员身份。无论从哪一方面来说，成员范围的静止不动都是目前最好的选择，更是集体经济组织自治的一种体现，合情合理合法。

（三）科学自主认定成员资格

1. 明确实体要件：有法依法、无法依规、无规依民。集体经济组织成员身份的认定因无国家层面的立法规定，实践中体现出"一社（村）一案"的特点。但从各社区（村）的做法来看都坚持一个原则，即"有法依法、无法依规、无规依民"来确认集体经济组织成员身份。《关于稳步推进农村集体产权制度改革意见》以及地方规定对集体经济组织成员资格的认定给出了指导性建议，如依据有关法律法规，按照尊重历史、兼顾现实、群众认可的原则，统筹考虑户籍关系……做好集体经济组织成员身份确认工作，解决成员边界不清问题。成员身份的确认既要得到多数人认可，又要防止多数人侵犯少数人权益，切实保护妇女等特殊群体合法权益。因此，各村在确定成员身份时皆以某一"基准日"在册的农业户口为依据来确定成员身份。如XH社区集体经济组织成员身份界定结合在册户籍人口，户籍时间点为2004年7月1日。全村共确定股民1 878人：一组497人；二组511人；三组460人；四组410人。也就是说，要成为集体经济组织成员一般需具备的要件为：第一，"基准日"。即户口在"基准日"之前就在本村的；第二，户籍必须为农村户口。这就意味着城镇户口被排除在外。除此之外，还有一些特殊情况，如"基准日"之前户口就在册且也是农村户口的在读大学生和户籍迁出的在读大学生，这两种情况各村的认定不一。以XH社区为例，当时涉及7名大学生，在第一次成员认定中并未将这7人列入成员之中，这7人家长找到村委会，有理有据地阐释了应该列入的原因：一是这些考上大学的孩子生于村、长于村，对村子有着深厚的情感归属，考上大学也是为村争光；二是这些孩子都在念书，正是花钱的时候，如果“剥夺”了其集体经济组织的收益，从情理上讲不通；三是一个刚出生几天的孩子就给予成员身份，而一个在村子成长了18年以上的青年却要被排除在外，如论贡献，显然大学生的贡献更多，大学毕业后也有可能回归社区继续服务。基于此，在最后召开的成员代表大会上讨论并赋予了在读大学生的成员资格。从以上几点来看，将大学生确定为集体经济组织成员显然是合情合理的。但SSM社区则将这些大学生排除在外，完全是看“基准日”之前户籍是否在册以及户籍性质来决定成员资格。

从以上分析可见，对于成员资格的认定集体经济组织本身有很大的裁量权，只要是在法律的框架内且未侵害少数人利益，并经过公开透明的科学民主程序形成的决策就是合法有效的，就应该得到法律的保护。从现实的复杂性及团体自治的角度来看，国家层面没有必要对此进行高位阶立法来确定标准，应将此认定权利完全下放给集体经济组织，由经济组织科学自主决定。社区集体经济组织成员身份认定深刻地阐释了居民自治、民主决策在基层社会治理中的应用，同时体现了“情理法相融”的处事理念，这三项缺少任何一个都可能在这样一个仍具有强大血缘、宗缘的群众自治体中埋下不稳定的因素。

2. 健全程序规范。成员身份的取得与否是原住民日后获取集体经济组织成员资格及享有成员权的前提条件，除需具备一般的实体要件外，认定程序上还应公开、透明、合法、合规，由全体村民依法民主协商决定，避免暗箱操作和被村委会或居委会等少数人控制，才能将矛盾纠纷降到最低。为了确保实现真正的民主协商而不被少数人操控，在程序设计时要考虑以下几点：第一，会议召开的有效要件和决议通过的要件应遵循“绝对多数”的原则，即在表决成员资格的事项时，参加会议的人数必须有2/3以上集体经济组织成员出席会议才能有效召开，并且决议要通过需满足全体成员的2/3以上同意。第二，表决过程应当公开透明，并进行会议记录形成书面文本，接受全体成员的监督。为了防止在表决后任意篡改表决结果，整个会议及表决过程都应当公开进行，杜绝“暗箱操作”等不法行为，确保民主能够得到切实实现。尤其是居委会干部更不能私下操作，为极少数人谋取利益而不惜破坏居民自治与民主协商制度。第三，实行无记名投票制度。因为表决结果决定了所涉居民的切身利益，为了防止投反对票者在事后遭到打击报复，应当进行匿名投票。只有这样，才能消除全体成员的顾虑，放心大胆地投票，确保表决结果公平公正。①

（四）完善资格转让继承规则

1. 成员资格禁止转让。文化素质低与竞争力弱成为村改居社区原住民就业难的一大瓶颈。从现实来看，集体经济组织的收益分配依然是原住民重要的经济来源，是否取得集体经济组织成员资格，直接决定其能否享有参与这些收益分配的权利，也是其生存的保障。如果一味地借鉴现代企业法人股权的自由转让原则，原住民一旦自由转让股份而失去了生存的依靠，便可能引发重大社会问题，影响社会和谐稳定，无论是基层政府还是社区干部对此都非常清楚。因此，实践中X市对于有些学者倡导的股权流动一直持保守态度。从原住居民长远生计和社会稳定来考虑，我们赞成集体经济组织股份的转让目前采取“锁死”、不转让的模式。从调研的13个村改居社区集体经济组织的自治章程来看，都禁止成员向其他成员或成员以外的第三人转让自己的股份，即使转让，集体经济组织也不予承认。集体收益最终的分配还是由集体经济组织来执行和完成的，基于身份的特定性和股份的封闭性，第三人也不会去购买成员手中的股份。

2. 成员资格继承的规制。股权属于自然人重要的财产权，理应属于继承财产的范围，应适用《民法典》关于继承的规定。尤其当法定继承人为多人时，如何确定由“哪一个人”继承去世成员的资格，成为集体经济组织治理中较为棘手的问题。从调研来看，不乏一些民间智慧的做法，总结各村改居社区的经验，认为应考虑以下因素：

首先，继承人意思自治。如果有多个继承人时，尊重当事人之间的协商内容，由一名继承人继承去世成员的资格并享受集体经济组织的年底分红，所有继承人均需在协议上签字、按手印，集体经济组织对相关资料进

① 郑毓枫：“略论农村集体经济组织成员资格的认定”，载《农业经济》2018年第11期，第33—35页。

行审核后才会进行成员资格的变动登记。那么，对于获得成员资格后的财产收益在所有继承人之间如何分配则是另外的约定，本质上就是协议或者合同对内效力和对外效力的问题，继承人之间约定的内部分配方式集体经济组织无权干涉。

其次，尊重传统习惯。村改居社区很多方面都遵从乡村社会处理事情的传统方式和习惯。按照农村习俗，去世成员的财产一般由同其一起生活、给予其生活上照顾、赡养的继承人来继承，其他未尽到赡养义务的继承人的继承权被习惯剥夺了，这里依然存在一种“习惯”和法律相抵触的问题。如作者在XH社区调研中就遇到这样一起成员资格继承的案例。李老汉为集体经济组织成员，有三个儿子，其一直同小儿子一起生活。李老汉去世后，三个儿子因为成员资格继承问题无法达成协议，大儿子和二儿子分别要求集体经济组织将其登记为成员，遭到了集体经济组织（居委会）的反对。原因很简单，老大老二没有赡养老人，凭什么获得老人身后留有的遗产。用社区干部的话来说：“这种人来了我们压根不会理会，你就靠边站。你没有照顾老人，凭什么将成员资格转给你。如果我们干部变更登记了，其他原住居民也不答应啊。会觉得我们社区干部做事不公，这样的处理结果也会是一个错误的导向，似乎在提倡那些不赡养老人反而能够得利的行为。”这种传统乡村社会的熟人性使得社区干部对每家的情况都了如指掌。那么法律程序上的问题他们掌握得还是很到位的，集体经济组织虽然会将资格转移给照顾老人的那位子女，但同时在形式上还需要其他两位子女承诺放弃权利并签字画押，关于集体收益分配后所得的钱财在原有的继承人之间如何再分配，那就是他们兄弟三人之间的事情了。

再次，资格取得人的有限处分权。获得继承资格的人分为两类：一类本身就为集体经济组织成员；另一类为非集体经济组织成员。无论是哪一种只要其获得继承身份的资格，就有权将该股权登记在自己名下或者其继承人名下。但不得将其登记在非配偶和非直系亲属名下。如张老汉的小儿子取得成员继承资格，其本身就是成员，可以将成员资格登记在其家庭新增的人口名下，这样做的好处在于保证了每一位集体成员股权的平等性、成员数量的稳定性以及避免了日后因继承问题引发的纠纷。从成员资格继承的处理方式来看，在这种过渡性、异质性、二元性的村改居社区依然能看到传统乡村社会的身影，在治理事务的解决上以法律为准绳，但多种社会规范依然并存的格局。从资格继承处理的程序与结果来看，没有瑕疵，同时充分体现了对传统文化的尊重、传承及情理法的融合。

五、优化股份经济合作社内部治理机构的法律路径

（一）实行以户为代表的成员代表大会模式

1. 不同权力机构模式的优劣性比较。从 X 市的调研来看，集体经济组织的权力机构一般采取成员大会或成员代表大会模式，尤其是成员代表大会模式在每一社区的集体经济组织都存在，只是代表选举产生的办法不同。有的以一定数量的成员人数产生一个代表，有的以户数为单位产生一个代表，有的则以大户（宗族）为一个单位并产生一个代表。[①] 除此之外，也提倡在一些大户中，以户为单位推举一人代表这些具体的户来进行表决。以上都是民间关于民主管理和民主决策的不同方式的体现。同时，很多社区干部也一再强调社区内原住民的这些大户稳定了，社区基本就稳定了，这就是熟人社会的特质。对于小门小户的则按照传统的一户一人来参加社员代表大会进行表决，这些都是老百姓在国家无详细规则指导下的产权制度改革中摸索凝练的智慧结晶。成员大会和成员代表大会在实践中各有利弊。成员大会虽然能够最直接地体现成员真实的意思表示，是成员参与集体经济组织事务的最广泛的民主体现。但集体经济组织成员人数众多，成员大会决策成本高昂，加之成员大会召开的有效要件和表决要件等众多因素的综合，协商民主很难有效开展，不易形成有效决议。[②] 成员代表大会是由成员选举产生的代表进行决议，虽然解决了决议形成的效率问题，但成员代表在进行决议前是否小范围的进行协商表决，是否是成员意

---

① 这里的大户，不是我们一般意义上的以户口本或者门头作为一户的情形，而是乡村社会中以姓氏为单位，以血缘为纽带形成的宗族团体。

② 孙迎春：《农村股份经济合作社治理结构法律制度研究》，中国政法大学出版社 2020 年版，第 105—106 页。

志的传声筒？从实践来看，显然并非如此。成员代表往往在表决中依据自己的私利和主观好恶对集体经济组织的重大事项进行表决，甚至背离成员的意愿决定。

2. 建立以户为代表的成员代表大会。首先，股权证书的制作：一户一证。谈及成员大会或成员代表大会，就不得不说成员资格的证明文件，即股权证的制作方式。依照各级政府的指导规范，合作社在赋码发照后应向成员颁发股权证，股权证作为证权证书是成员行使权利和实现权利的重要凭证。然而，从目前的调研来看，村改居社区对于股权证如何制作，是一人一证，还是多人一证都是非常茫然的。结合各地实践并汲取有益经验，认为股权证书的颁发应坚持“一户一证”的方式，即以户为单位颁发股权证书，股权证上应包括本户所有成员的姓名及身份信息，确保权利具体到人。此外，股权证的持证人一般为该户“掌柜的”，即对外可以代表家庭意志的人。

其次，以户为代表组成的成员代表大会体现了最广泛最高效的民主。成员大会或者成员代表大会作为集体经济组织的权力机构，各有各的优势和弊端。以户为单位的成员代表大会构建了一种更加广泛的、民主的、高效的成员代表大会，即以户为单位选举代表组成成员代表大会，该代表为每户的户主或“掌柜的”。虽然都称为成员代表大会，但不同于 X 市关于集体经济组织运行管理规定中的每 20—25 名成员设 1 名代表的成员代表大会。以户为单位的成员代表大会吸收了选举成员代表组成成员代表大会和成员大会的所有优势。第一，以户为单位的成员代表大会模式，对内容易形成一致的意思表示或团体意志，并兼顾到了每户成员的个人诉求；对外又可以体现为更广泛的民主，避免集体经济组织的权力机构被少数成员代表或者“强势”的成员所控制。区别于现代企业法人的资本表决机制，民主协商是社会治理的重要规则，社员民主的根本追求应当要确保每一个社员均有权参与集体经济组织事项、内容并进行表决。这种模式既兼顾到了每一个家庭，又是更直接更广泛的民主协商的体现，也和我们现在提倡的村改居社区治理理念相契合。第二，不会增加每年变更参加成员大会名单的成本。如果权力机构采取成员大会的模式，那么按照现在《示范章程》和地方关于集体经济组织机构运行的规定，只有年满18周岁的完全民事行为能力人才能参加成员大会。随着时间的推移，每一年可能都会存在未成年的成员因成年而导致的成员大会人数的不断变化，这同样也为成员大会的召开增加了成本。第三，现代互联网技术以及智能手机的广泛使用为这种更广泛民主的成员代表大会提供了技术支撑。集体经济组织以户为单位颁发股权证的方式可以解决实践中产生的诸多问题，在权力机构的表决中，也可以借助互联网平台进行会议的召开和表决，民主和效率都考虑到了，如此，成员代表大会再也不会只是“精英”的碰面会。

（二）完善执行机构和监督机构的设置

首先，理事会和监事会的设置是可以而非必须。对于村改居社区集体经济组织是否一定要成立理事会和监事会，答案是否定的。在合作社的制度设计时应借鉴《公司法》关于有限责任公司组织机构的设置规定，适当增加多元化的选择路径，给成员更多的自主选择权。对于集体经济组织资产少、成员少、经营项目单一的合作社可以不设立理事会和监事会，设立1名执行理事和1名监事即可。合作社内部过多的机构设置，只会增加集体经济组织的运营成本。

其次，集体经济组织理事和监事的任职资格确定。法律明确集体经济组织是一种特殊法人，具有独立的人格和独立的意思表示，但其毕竟作为一种法律拟制的主体不同于自然人，法律也必须构建出其意思决策机构、执行机构及监督机构，而每一个机构具体职责仍然需要自然人去完成。这就涉及理事会和监事会的构成人员，这些人由什么样的人所组成？这些人必须具备什么样的条件？以及不能担任的条件有哪些？必须在制度层面上予以明确。结合村改居社区集体经济组织的实际，在借鉴我国《公司法》的基础上，认为集体经济组织的理事和监事的任职资格应更加严格，既有积极要件，又有排除要件的列举。第一，积极要件。理事和监事需年满18周岁，具有一定的文化知识、较高政治素质以及相应经营能力的本社成员。第二，消极要件。排除规则的制定方面更倾向于“宜窄不宜宽”的标准，除《公司法》第一百六十四条规定的关于公司董事与监事的任职限制外,① 合作社制度因不同于公司制度，在任职资格方面应更加严格，实际选举中应坚持“五选十不选”原则,② 以及凡是被扫黑除恶打击的对象或是在社区选举中存在贿选、拉票等破坏基层民主选举的行为人都应该拉入监事与理事被选举人的黑名单中。从实际来看，这样的人之所以要“努力”地成为理事、监事也都是奔着集体经济这块“肥肉”，而非真正用心服务于组织体成员。如 XH 社区主任认为：“十八大以后，选举环境好多了，被选举人的条件也越来越严格了。在社区干部选举中那些违法犯罪有过前科的人员都被清理了，但是集体经济组织这一块，没有人管，已经呈现失控的态势。例如，B 区有 15 个村改居社区股份经济合作社。在选出的一套集体经济组织的领导班子中，就有 3 个理事长是被打击过的对象。”在社区书记、主任、理事长“三合一”的情况下，凡是具备

---

① 《公司法》第一百六十四条关于不得担任公司董事、监事和高管人员的规定：“第一，无民事行为能力或者限制民事行为能力；第二，因贪污、贿赂、侵占财产、挪用财产或者破坏社会主义市场经济秩序，被判处刑罚，执行期满未逾五年，或者因犯罪被剥夺政治权利，执行期满未逾五年；第三，担任破产清算的公司、企业的董事或者厂长、经理，对该公司、企业的破产负有个人责任的，自该公司、企业破产清算完结之日起未逾三年；第四，担任因违法被吊销营业执照、责令关闭的公司、企业的法定代表人，并负有个人责任的，自该公司、企业被吊销营业执照之日起未逾三年；第五，个人所负数额较大的债务到期未清偿。”

② “五选十不选”是社区在换届选举中对两委会成员的要求。“五选”是指：政治素质过硬，严格遵守政治纪律和政治规矩，认真贯彻执行党的路线方针政策；发展本领过硬，适应乡村振兴战略和城市化发展需要，有见识、有头脑、有闯劲，能够带领群众共创美好生活；协调能力过硬，作风民主，办事公道，善于做群众工作；服务水平过硬，有较强的宗旨意识，对群众有感情，热心为群众办实事好事；作风品行过硬，为人正派、品行端正，严于律己、遵纪守法，勇于负责、敢于担当，自身形象好。“十不选”，即坚决反对把下列十类人员推选为村（社区）“两委”班子成员：被判处刑罚、现实表现不好的；欺压群众、横行霸道、群众反映强烈，涉及“村霸”、宗族恶势力、黑恶势力的；参加邪教组织，从事地下宗教活动，组织封建迷信活动的；受到党政纪处分尚未超过有关任职限制期限，以及涉嫌严重违法违纪正在接受立案调查处理的；参与或指使他人以暴力、威胁、欺骗、贿赂等违法手段参选的；长期无理上访或组织、蛊惑群众上访，影响社会稳定的；有恶意失信行为被法院纳入失信被执行人名单的；道德品行低劣，在群众中影响较坏的；原村（社区）干部近 3 年内被责令辞职和民主评议连续两次不称职的；患有严重疾病，不能正常工作等其他不宜提名的。

以上消极条件的“成员”皆被排除在外。但从城镇化进程中新型社区的发展趋势来看，其最终是要融入城市社区的，而多年来党中央也一直在强调政社、经社分离，居委会退出集体经济组织。如果退出后，实现了社会事务和发展经济的分离，缺少了书记或主任选举资格的第一层过滤，“这样的人”很有可能会成为集体经济组织中的理事或监事人员。调研时，集体经济组织成员及现任的社区干部对此都非常担忧。地方政府在出台相关的配套政策应作出明确规定，凡是符合以上消极要件的人员绝对禁止成为集体经济组织理事会和监事会成员，进入路径就应该“堵死”，这是非常必要的。合作社掌握着集体经济命脉，也是原住民主要生计来源，关乎此类社区的稳定。

（三）原则上不提倡交叉任职

对于是否交叉任职，调研中各有各的说辞。持反对意见的认为：一是这样的人太难选出来了，既要政治素养高，又要善于处理社区公共事务，还要有能力带领大家搞经济发展；二是分开可以实现权力的分割，不至于权力过于集中而滥用权力；三是不分开的话矛盾过于集中等。正如调研中的一位社区主任所言：“事情把你逼的没办法身兼数职。”同意交叉任职的社区干部是从事务的协调、高效决策、执行力来说。村改居社区集体经济组织自身的经营特点，即大多数都依靠出租商铺获取收益，实际并无其他商业运营行为。如果党政经人员完全分开，那么集体经济组织这块的理事和监事人员的工资就要由集体经济组织来支付，无形中增加了集体经济组织的支付成本，成员的分红自然就会减少。权力过度集中于一人，不但会使得矛盾过于集中，同样也会出现“一言堂”的情形，使得民主决策、不同机构之间的互相监督成为一种摆设。因此，是否要交叉任职，不应“一刀切”，应区分情况来定。

首先，原则上应保持不交叉状态。如X市集体经济发展最好的HP社区，合作社下除了物业公司之外，还有房地产开发公司、小额贷款公司、垃圾压缩公司、酒店等众多经营项目且都是完全市场化的现代企业法人，为了更好地各司其职、各尽其责，建议将经济组织的理事、监事及高管人员与居委会、党组织干部分开。如果合作社下还设有物业公司且持续地从事营利性行为，这种有实际商业运行的集体经济组织就不提倡交叉任职。人的精力和能力毕竟是有限的，政治素养高未必具备商事经营管理能力，高学历、有知识未必能处理好村改居社区中的矛盾纠纷。因此，在经社、政经分离的理念下，不同的自然人应发挥其自身的优势，在擅长的领域去发光发热，为基层老百姓服务。

其次，特殊情况下可以交叉任职。对于村改居社区的集体经济组织并无从事实际的经营性行为，而仅是将集体资产及集体享有统一经营管理权的成员个人资产委托专业的现代商业公司统一经营，经营项目单一、租赁业务已经稳定和顺畅的就可以交叉任职。就像社区干部说的："这种情况下集体经济这块就没什么事情可做，70 岁的老太太都能做好这个事。"此种情形下提倡实行"三合一"的制度，没有必要去强调任职分离，交叉任职无论是从成本的节约还是个人精力的考量都是可行的。是否实行交叉任职需要集体经济组织成员结合实际情况来做出决定，但作为制度的供给者，我们有责任提供多元模式供成员进行选择。

最后，是否交叉任职由成员自主决定。是否要交叉任职不是靠政府的行政命令施压村改居社区、集体经济组织，而是在不与强行法及国家政策相违背的前提下，尊重集体经济组织成员自治，由集体经济组织成员代表大会自主决定。基层政府应当尊重集体经济组织成员的选择，毕竟集体经济组织和居委会、党组织实行的是不同的选举制度。

第五章

村改居社区多元治理规范的协调与完善

第一节 村改居社区治理规范考察

一、国家与地方关于村改居社区治理的法律政策考察

（一）国家层面的法律政策考察

《宪法》是母法，是根本大法，是诸法之源，是治国安邦的总章程，在《宪法》之下，中央或全国层面的关于村改居社区治理的法律规范呈现多层次的规范体系。1990 年施行 2018 年作出修改的《城市居民委员会组织法》是村改居社区自治的依据，是村改居社区治理最重要的法律规范，同时也是城市社区自治的重要法律依据。除此之外，为了更好地服务村改居社区居民群众、做好城市管理工作、密切党群干群关系、推进社区的整体建设，2000 年民政部出台了《关于在全国推进城市社区建设的意见》。为进一步完善基层群众自治制度，健全城市基层管理和服务体制，2011 年中办和国办印发《关于加强和改进城市社区居民委员会建设工作的意见》来指导城市社区的治理工作。2015 年中办和国办又印发了《关于加强城乡社区协商的意见》。国家层面相关政策文件的频繁出台，都是为了调试我国基层社会巨变下社区传统的管理方式已无法适应经济社会发展需要的矛盾。以上法律政策是国家层面关于村改居社区建设和治理的重要依据。

（二）地方层面的法律规范考察

2012 年 11 月 28 日，X 市为了贯彻落实中央和 X 省关于加强和改进城市社区居民委员会建设的精神，结合市域实际发布了《关于加强和改进城市社区居民委员会建设工作的意见》，这是地方性法律规范关于城市社区建设与治理的重要依据。地方政府虽然在城中村改造过程中制定了诸多地方性规定来指导城中村改造工作，但并未制定专门的地方性规定来对城改后的村改居社区治理进行指导规范。

二、其他社会规范的考察

法律规范作为村改居社区治理中的正式规范无疑发挥着重要的维持秩序功能，但除此以外，村改居社区在治理中还存在着诸多社会规范，如习惯、道德、礼等长期以来社会自发形成的社区居民内心自觉遵守的社会规范，以及社区居民通过民主协商形式制定和生成的书面自治规则，如社区公约、社区居民代表会议形成的决议等。这些规范有的是成文的，如社区自治规范，有的是不成文的且只有在具体的生活情景中才会被体现出来，如长期以来形成的出嫁女儿户籍迁入夫家的习惯、父母一般都会跟随年龄最小的儿子共同生活等习惯。礼也是基层社会治理中的重要行为规范，如所有的村改居社区都有的社会组织——红白理事会，并为此建有专门的场地，娶媳妇（红事）、办葬礼（白事）等都有一套约定俗成的礼仪规范，这些并非是成文性的规定，而是依靠民间的口耳相传得以传承。这些约定俗成的程序性行为，简称为社会规范中的要式行为，如葬礼举行中的作揖、下跪、磕头等都有一套不成文的礼仪制度。以上这些礼行都是通过红白喜事仪式中的程序或行为模范被延续和传承下来。如果哪家“办事”没有严格依照公认的程序完成，就会被社区原住民认为不讲究“礼行”，甚至被“熟人”嘲笑而自觉脸面无光。这是一种社会性的约束，没有法律的约束力和强制力。道德规范同样在村改居社区治理中扮演着重要的角色，对日常生活中社区居民的行为进行引导和规范。相比其他社会规范，道德规范更具有渗透性，直击个体的内心，覆盖公共领域，如社会公德和私人生活，个人修养和品行。

人治到法治是一个漫长的过程，随着法治国家的推进，法治已经成为治国理政的基本方式。但人治或者权威治理在这种半熟人社会的村改居社区中依然存在，无论是原住居民或社区干部在较多方面都存有这种观念或思维。事实上，人治在某些方面确实能够有更好的成效，就一些简单的邻里纠纷、家庭矛盾的解决，人治更加简单、高效，这一治理方式在村改居社区治理的调研中得到多次体现。

综上，社区治理的规范是多元的，既包括相关的国家制定法、公共政策，又包含道德、习惯、礼、自治规则等不具有强制性的“软法”，他们都在各自的场域发挥着功能，维持着基层社区的秩序和稳定。

第二节 村改居社区多元治理规范存在的现实问题

村改居社区秩序的维系是法律规范和其他社会规范共同作用的结果，每一种规范都在自己的场域发挥着应有的功能和作用。通过多年的跟踪调研，发现村改居社区的治理规范本身及治理规范之间确实存在一些问题，亟需在理论、实践层面予以解决。

一、法律规范的缺失与适用困境

我国无专门针对村改居社区治理的法律规范。村改居社区是城市社区，但又不同于城市社区，其在各大城市均普遍存在，目前我国没有一部正式的有关回迁社区治理的法律规范，甚至连地方性法规、规章都没有。从考察来看，关于村改居社区治理的专门规范无论在中央层面还是地方层面都是缺失的，国家显然未曾将此类社区作为继城市社区、农村社区之外的第三类社区去进行制度设计。

法律适用的困境。无论是乡村社会传统的行政村，还是现代城市社区，作为一种基层社会组织样态，立法机关分别制定了相应的组织法来保障组织体的运行。撤村建居后，原有的行政村已经消失，取而代之的是以城市社区的面貌出现的村改居社区，在制度运行上应当依据《城市居民委员会组织法》进行治理。由农村转变而来的村改居社区建立时间虽已超过地方政府规定的3—5年的过渡期，但实践中此类社区在治理运行中依然依据《村民委员会组织法》进行两委会换届选举、“居民”自治、“社区”治理等。虽然两部法律皆为基层群众的自治法，但却针对不同的对象而制定，在自治机构及治理内容上很多规定是不相同的。组织体的定性和其运行所适用的法律不符，强行用乡村制度的设计套用在村改居社区的治理中，从而陷入法律适用的困境，并引发一系列自治问题，甚至导致村改居社区原住民以外的其他居民的政治权利因社区治理法律适用的错误而被剥夺，其他居民即使想参与社区治理也因为没有法律依据而被人为地隔绝在外。外来居民难以融入村改居社区，它依然是一个封闭的、新的“城中之村”。

二、道德失范

今日的村改居社区居民少了往昔传统乡村社会村民的质朴，多了些纷杂和利益考量。那些传统的优良美德、淳朴的民风随着现代开放的风潮在逐渐远离我们，甚至逝去。巨变时代，多元思想正冲击着中华民族千百年来非常重视的治理规范，即道德规范在基层社会被轻视甚至淡忘。金钱至上、享乐主义的价值观不仅加剧了拜金主义的社会风气，使得村改居社区道德滑坡现象明显，如不讲诚信、婆媳矛盾突出、不孝顺老人、兄弟姐妹因利益争夺关系恶化、邻里不睦、背叛婚姻等严重违背道德底线的不良行为比比皆是。此外，错误的价值观使得原住民尤其是年轻人满足于地租经济而缺乏活力、向上的精神，安于现状、啃老、躺平、坐吃山空、铺张浪费、大肆挥霍、攀比成风。如调研中多个村改居社区都曾出现赌博败家的案例，补偿款甚至安置房都被用于偿还赌债，那么行为人及其未成年子女的教育和生存又拿什么来保障呢？仅仅依靠每人20平方米左右的生活依托商铺显然是无法满足的。这些人没有一技之长傍身，苦力活又因“眼高手低”看不上，最终的问题都会统统丢给国家、社会，终将成为社会的不稳定因素。以上的不良行为或现象与社会主义核心价值观关于公民层面的要求“敬业、诚信、友善”背道而驰，道德现状令人担忧。道德的滑坡不仅影响着个人、家庭，还会给下一代传输错误的观念和行为示范，会戕害村改居社区的未来，文明和谐的社区将无法形成。

尽管村庄的物质形态被消灭，但居民与他们所构成的乡土社会却很大程度上被保留了下来。就地安置而建的村改居社区对于原住民而言仍然是一个由血缘、亲缘、宗缘和地缘结成的传统熟人社会，小农意识、乡土意识根深蒂固，成为安置社区居民融入城市生活一道难以逾越的无形壁垒。因城改过程中原住民获得丰厚的拆迁补偿款及回迁后的多套安置房屋与生活依托商铺，回迁安置社区绝大多数原住民思想散漫、游手好闲，依靠拆迁补偿款、安置房租金及集体经济分红赖以生存生活，他们的思想观念、价值取向更接近于农民，徒有市民之形，而无市民之神。

三、社区自治规范有形无实

自治规范是村改居社区全体居民行使自治权的重要体现。社区自治规范应该包括社区居民自治章程、社区公约、居民会议或者居民代表会议形成的决议等内部规范。社区自治章程是由社区居民大会制定并通过的社区居民委员会内部的宪法性行为规范，它是生成居民公约、居民会议或者居民代表会议的决定等内部规范的依据，[①] 其内容涉及居民委员会内部权力的行使、机构的地位及其职权以及居民基本权利的实现等规范性文件。这些规范的产生程序及内容都必须符合法律的规定且不得和国家制定法的强制性规定相冲突，也不得违背公序良俗，其约束力只限于社区及社区组织体的内部人员，对外并不具有普遍的约束力。因此，虽同属于社区治理的重要依据，但从其制定主体、制定程序、强制性及约束的范围上来看和法律规范有着明显的区别，并且其也不属于中国法律体系的范畴。但从调研来看，村改居社区有自治规范，但并未产生自治规范应有的效能。此外，还存在一些自治规范内容和生成程序与法律规定相冲突的情形，如何促进村改居社区积极地生成合法切实的自治规范并能发挥实效，这是目前基层社会治理中自治规范生成及践行面临的难题。

---

① 崔红：《地方治理法治化研究——规范立法和创新制度》，知识产权出版社 2016 年版，第 207 页。

第三节 村改居社区多元治理规范的现实问题的成因分析

一、社区治理中的法律适用错误与缺失的原因分析

（一）村改居社区自治法律适用错误的原因分析

村改居社区已是城市社区，却按照《村民委员会组织法》进行组织架构的设置和日常治理，主要有以下原因：首先，村改居社区集体经济的客观存在。《城市居民委员会组织法》中根本无集体经济组织建设这一功能，但集体经济在村改居社区中却是客观存在的，所以，权衡之下只能适用《村民委员会组织法》进行治理。其次，政府部门的决定。政府认为村改居社区更适合用《村民委员会组织法》的制度设计进行治理。经过城改后的村改居社区，原来的农民已转为居民，村庄转为社区，村委会改为居委会，集体经济已改制为股份制公司或股份经济合作社。从外在角度来看，“村改居”后的安置社区已不具备农村的特质，但其仍是一个由血缘、亲缘、宗族等深层网络连接的人们生活的共同体，原住居民在此类社区无论是心理还是行为上均处于强势主导地位。这一点区别于传统的陌生人社会的城市社区。① 从某种意义上来说，此类社区“外化而内不化”，虽经过“四个”转变，但政府依然认为村改居社区就是农村。访谈中曾就此类社区自治的法律适用问题请教 ZB 街道办事处的公职人员，得到的回复是：“这是10多年前我们区级政府经过调研决定对此类社区的治理适用《村民委员会组织法》，这是从传统观念、民意以及利益等各方面综合考量的结

① 孟存鸽、刘敏：“回迁安置社会的产生、法律属性与治理困境探析”，载《山西高等学校社会科学学报》2013年第10期，第35页。

果。”不得不说，“经费成本”在这里也是一个重要的考虑因素。因为农村和城市社区的经费拨付及社区干部的工资待遇是截然不同的。最后，社区干部及原住居民担心集体经济的掌控权旁落他人之手。村改居社区居民人员构成复杂，如果按照《城市居民委员会组织法》进行社区党组织、居委会的选举工作，那么很有可能将非原住居民或非集体经济组织成员选为村改居社区书记或主任。如此一来，在居委会控制集体经济的组织架构下，村改居社区的政治权利、经济权利将会被原住民以外的人掌控。尤其在商品房小区挂靠村改居社区中更易发生，这是绝对不能被原住居民或集体经济组织成员所接受的。那么，只能“剥夺”原住居民以外的其他居民的选举权和被选举权，保障选举人和被选举人都限定在原住居民或集体经济组织成员范围内，确保原住居民对村改居社区一切事务的话语权、掌控权。代管的商品房小区的居民在这种制度运行下根本就无法参与社区两委会的选举中来，既没有选举权，也没有被选举权。在村改居社区两委会中这类群体并没有“代言人”，出现了少数人领导多数人的非正常的自治。

综上，村改居社区虽为城市社区，具有城市社区的诸多属性，但依然保留着乡村社会的特点，典型的“城市的外表，村落的内心”。尤其是集体经济组织并未发挥建设集体经济的功能，集体经济一直被控制在村改居社区居委会手中，也使得村改居社区自治法律适用的困境长期无法回到正轨。村改居社区自治法律适用的困境并不是一个“过渡性”的问题，而是从一开始就是错误的，我们依然运用的是农村行政村的治理思维去进行村改居社区的治理，此类城市社区和集体经济组织的关系就未曾理顺。对于工业化、城镇化过程中出现的这类新型社区，我们无所适从，只能简单地将其嵌套在农村或者城市的组织法制度设计中，这是我国经济社会发展所不得不面对的规则治理的实践困境。

（二）国家层面立法对于现实的回应过于迟钝

四十多年的改革开放使得中国基层社会发生了深刻的变化，也使得1989年制定的《城市居民委员会组织法》无法满足基层社会治理的现实需求。如2018年修改后的《城市居民委员会组织法》就居民委员会的任期做了调整，由原来的3年改为5年，居民委员会任期的拉长与基层社会治理内容复杂度相匹配。3年任期太短的问题村干部或社区干部早有反映；作者所在的课题组早在10多年前就曾在研究报告中提出，任期太短不利于真正想干事的“领导人”发挥能力。所以，坊间也一直流传着一句话：“一年看、二年干、三年等换届。”期限太短，社区干部“撸起袖子加油干”的绩效难以短期内显现出来。这也反映出某些领域法律的修订过于迟缓，与经济社会发展严重脱节，旧的法律规定根本无法适应社会发展的需要，也不利于社区的长远发展。

（三）社区自治法律制度不健全

目前，指导城市基层社区运转的《城市居民委员会组织法》是唯一一部城市基层社会自治的法律，其通过时间为1990年，2018年经过修改，但修改内容有限，已有的规定内容与现实诸多情况不相适应。正是由于先天的法理授权不足，基层社会的行动能力受限，在涉及街区重大事项的应对与处置过程中，更多地需要上级行政权力的支持。经过多年发展，基层社区的自治功能并没有得到应有的发挥，公民自治的发展仍相当有限。社区居民参与和社区自治的不足仍然是制约我国社区发展水平的关键性因素。① 现行的《城市居民委员会组织法》对城市社区的治理起到了一定的规范作用，随着国家经济的快速发展，人们的社会生活发生了很大的变化，现在的社区已今非昔比。村改居社区人口数量多，人口构成复杂，社区功能多样化，居民之间隔阂增大等，《城市居民委员会组织法》已经不能满足新型社区自治的要求。由于与之相配套的管理体制、管理方式没有及时出台，使得村改居社区所需的各项规章制度仍严重缺失，诸如社区自治制度、社区议事协商制度、社区居务公开制度等都尚未建立起来，使社区的居民缺少参与社区事务的合法有效依据和渠道，打击了社区居民参与社区治理的积极性。

（四）地方性法规配套不足

社会治理向基层下沉，目前来看实践中并未全面理解和把握政策的内

① 郑杭生、黄家亮：“论我国社区治理的双重困境与创新之维——基于北京市社区管理体制改革实践的分析”，载《东岳论丛》2012年第1期，第24页。

容，仅仅是行政事务的下沉，使得村改居社区自治权的空间被压缩到极致。考察发现社区治理的地方性法规太少，在无中央层面及地方层面法规的约束下，基于政府的强势地位，使得大量的本应由政府承担的工作强制性地安排到了社区。因此，关于基层政府的派出机构街道办事处与社区之间的权力、义务、职责划分，急需要地方性法规做出详细规定，对法律的运转进行地方的配套规定，织密政府公权力的“笼子”，明确各自职责和工作范围。

二、道德失范与弱化的原因分析

道德规范是人们在社会生活的实践中逐步形成的对人们的道德行为和道德关系的普遍规律的反映和概括，用以调整人与人之间利益关系的行为准则，也是判断、评价人们行为善恶的标准，是社会规范的一种形式。道德规范在社区治理中的应用就是德治的体现。德治是中国传统社会治理体系的核心，发挥着极为重要的功能价值。新中国成立以来，乡村社会传统道德的合理性成分在乡村社会治理中依然发挥着积极的作用。

改革开放四十多年，经济的高速发展使得人们的价值观发生较大改变，很多我们曾经引以为傲的、视若珍宝的品质在现代社会似乎并不被瞧得上，整个基层社会的道德滑坡明显。村改居社区的道德失范更是让人担忧。究其原因有以下几点：

首先，金钱至上观念的冲击。随着经济社会的发展、思想消费观念的多元化使得人的价值观呈现出多元化，一切“向钱看”成为一部分人的行为准则。马克思将人类历史发展的过程划分为三大形态，即整体——分化——整体。目前，我们正处在第二阶段，这一阶段的特征是以物的依赖性为基础的人的独立性，人的价值不再取决于家族，而是取决于自己的努力勤奋，过度依赖于财产、商品这些可以用货币衡量的物质，从而导致人容易被物化，被物所左右，成为物的奴隶。

其次，丰厚经济利益的诱惑。经历过多次的征地补偿及最后的城中村改造拆迁补偿，村改居社区的居民在丰厚的经济利益诱惑下，传统美德在经济利益面前经受着巨大的考验和挑战，人的道德体系或者标准更容易受利益的诱惑而滑坡，甚至崩塌。村改居社区居民知识文化水平较低，经历过一夜暴富的他们面对如此巨额财富难免狂妄自大，迷失初心，不懂得合理支配财富，过分追求物质生活，贪图享乐、不思进取、见利忘义等各种违背伦理道德的社会丑恶现象也随之萌芽并生长起来。

最后，道德规范建设的弱化。在经济似乎衡量一切的时代，村改居社区居委会干部也忙着应付政府分摊的各种行政性事务，抓经济建设，抓社区服务，苦于社区干部精力的有限性，村改居社区的道德建设一定程度上存在着弱化的现象。村改居社区干部也认为，此类社区的经济建设和维稳工作相比传统城市社区和农村社区要投入更多的精力，对于道德建设曾经是有所疏忽。从调研谈及的道德建设来看，无论是社区干部还是原住居民，对于有违道德的事情都不愿意多谈，觉得丢人现眼。2015 年 3 月在 QD 社区进行调研时，有一幕至今让作者印象深刻。座谈对象中有一位 50 多岁的男性居民代表，当说及自己儿子已经 20 多岁，却整天窝在家里打游戏时，一时间竟无语凝噎。那一刻，会议室的空气似乎都凝固了，一片沉寂，在座的每一位都能强烈感受到一位父亲对子女无所事事、不思进取、安于现状的无可奈何。像这样的年轻人在村改居社区并不少见。从社区居民以及社区干部的回应来看，内心深处都觉得人做了违反道德的事情或者无所事事、碌碌无为地生活是一件极不光彩的事情，道德的内在性是刻在个体的基因里的，良知、进取心在个体内心深处依然存在。

三、社区自治规范有形无实的原因分析

（一）自治规范与法律相冲突的原因分析

社区自治规范显然不属于法律体系的内容，属于民间法的范畴。从近十年的调研来看，基层社区自治规范与国家法律体系中的内容存在冲突是在所难免的，尤其在一些经济利益较好的城中村或者村改居社区。一方面，从自治规范的生成来看，正常程序下它显然是社区居民绝大多数意思表示一致的结果，是民主协商的结果。随着社会多元化发展，当今社会我

们必须科学地看待民主，尤其在经济利益面前，不同利益群体从自身实际利益需要出发做出决定，少数群体的利益可能会被多数人打着民主决议的幌子“合法”地侵犯。如近些年出现的“外嫁女”权益被集体经济组织以“自治规范”作为依据“合法”侵犯的现象不在少数。另一方面，制定主体的能力有限。自治规范的制定主体并非是专业的法律人士，也确实没有能力去知悉、理解所有的法律条文，在自治规范内容的拟定中，更多是依靠习惯、传统和道德规范，那么这种已存在的传统的非正式规范中的某些内容难免会和现在的法治精神相违背。

（二）对居民参与制定自治规范及生效程序的忽视

在传统的管理观念下，社区居民、社区干部已习惯于作为法律实施的对象，对于村改居社区自治规范的制定缺乏参与性。[①] 这种对主体参与性的忽视使得自治规范的制定仅成为少数居委会干部要完成的政治任务，导致自治规范产生程序不符合《城市居民委员会组织法》的规定，即涉及全体村改居社区居民利益的重要问题，居民委员会必须提请居民会议讨论决定的程序性规定。村改居社区的自治规范或居民公约由居委会成员自行拟定、公布，并未经过居民会议或者居民代表会议的表决，显然是不能代表全体居民的意志，如此制定的自治规范在村改居社区治理中的执行力可想而知。这种纯粹是为了响应国家法治、德治、自治三治融合的政策引导而“编制”出来的“自治规范”，仅是写在纸面上的文字，并不能发挥自治行为规范应有的功能。

（三）自治规范可操作性欠缺

从村改居社区治理依据的规范形式来看，社区在治理中主要依据法律、行政法规或者地方性法规，即主要基于强行法作为社区治理的依据，社区自治不足也使得自治规范的功能较弱。如调研的13个村改居社区中有7个村改居社区都有自己的社区公约，但公约的条款稀疏，内容过于口号化，仅是写在宣传栏中的文字，并未在社区治理中发挥应有的效果。无论是从国家层面还是地方层面都有关于社区治理的法律政策文件，但每个村

---

① 张文显：《社会法与法治社会建设》，法律出版社2018年版，第198页。

改居社区的实际情况不尽相同，如风俗习惯、集体经济组织市场化的程度、社区原住居民数量、社区人口数量、物业管理情况等，这些差异性也给村改居社区自治规范的生成留下了空间，提供了土壤，有自治规范发挥的余地和场域。

现实治理中自治规范操作性欠缺的原因是多方面的。首先，经济社会的发展，很多优秀的传统文化被我们所渐渐遗忘。法治理念的普及致使有些老百姓甚至社区干部也错误地认为社区治理只能依靠法律，简单地将法治等同于法律进行理解。其次，自治规范的生成是一项极为繁琐的“工程”，大多数的居委会干部因社区人多事杂，实在无过多精力去做好这项工作，更多的只是完成区级政府安排的“法治、德治、自治”三治融合的政治任务。如XH社区的居民自治规范是非常用心的，每条规范的用词都非常工整，内容涉及广泛，有爱国守法的、邻里互助的、居住环境的、人际交往的、活动锻炼的、敬老爱幼的等等，但每条规范更像是一个口号，对社区居民并没有约束力。对比TJ社区，仅仅七条单薄的自治规范被打印在纸张上，孤独地被张贴在社区公示栏中，从未有人驻足去阅读、思考。村改居社区绝大多数的自治规范因欠缺可操作性，仅是写在纸张上的文字，并没有发挥自治规范应有的效果。

第四节　村改居社区多元治理规范的协调与完善

一、多元治理规范的协调

法治国家首先是指一个国家的治理是一种规则性治理。[①] 村改居社区

① 刘作翔：“当代中国的规范体系：理论与制度结构”，载《中国社会科学》2019年第7期，第85页。

在治理法治化中体现出多种规范的应用，有强制性的法律法规，不具有强制性的道德规范、礼、习惯以及仅具有内部约束力的社区居民自治规范，这些规范都在村改居社区治理中的不同事项、不同场域发挥着重要的价值功能，每一种规范都无法被忽视、去除。当多种治理规范并存时，它们之间的关系及适用的先后问题就成为我们在社区多元治理规范应用中首先要解决的。

（一）分清法律体系外在形式的层级

法治的核心要义是完备的法律规范。法律体系是指一个国家的全部现行法律规范，按照一定的原则和要求，根据法律规范所调整的对象和方法不同，划分为既相互区别又相互联系的不同法律部门，从而构成一个内在统一的整体。[①] 法律体系是一个国家法的内在结构，而他们的外在表现形式则是由有权创制法的不同国家机构所颁布的规范性法律文件。因此，研究一个国家的法律体系，一方面要研究其内在结构，即法律部门的划分；另一方面要研究其外在表现形式，即法律渊源。前者是法律体系的横向的划分，后者是纵向的划分。我们说中国特色社会主义法律体系是由宪法、刑法、民法等相关法律部门组成时，就是指我国法的内在结构；由法律、行政法规、地方性法规等组成时，则是指我国法的不同层次的规范性文件，即法律渊源。[②] 在当代中国的规范体系中，第一大体系是法律规范体系。建设法治国家和法治社会，法律规范体系应是第一个规范体系。[③] 中国特色社会主义法律体系是立足中国国情和实际，集中体现党和人民意志的，以宪法为统帅，以法律为主干，包括行政法规、地方性法规、自治条例和单行条例等多个层次分明的法律规范的总称。呈现一元两级多层次的构架，各法律规范层次分明又协调统一。这样一个法律体系以及这样一个多层级的立法位阶，就是我国现在法律体系的基本框架。

---

① 法理学编写组：《法理学》，人民出版社、高等教育出版社2010年版，第319页。

② 朱景文：《中国特色社会主义法律体系的形成与完善》，中国人民大学出版社2013年版，第2页。

③ 刘作翔：“当代中国的规范体系：理论与制度结构”，载《中国社会科学》2019年第7期，第89页。

（二）充分认识法律体系的局限性

法律无疑是最规范的制度，也是社会治理首要的和最重要的依据。然而，社会关系复杂多样，法律也仅仅是调整一定的社会关系，而非全部，总有一些关系或领域是法律无法触及的。加之法律本身的滞后性及村改居社区这种新兴“活体”的特殊性使得法律在村改居社区治理法治化中表现出一定的局限性，即村改居社区治理不可能、也不会仅依靠法律进行规制。2014 年 10 月 25 日，时任中央纪委书记王岐山就曾在中纪委第四次全体会议上明确指出：“我们中国这么大一个国家，有 13 亿人，不可能仅仅靠法律来治理，需要法律和道德共同发挥作用……我们的传统文化中蕴含着深厚的治国理政、管权治吏思想，有着丰富的礼法相依、崇德重礼、正心修身的历史智慧。”无论是在社会治理的哪个层级或者领域，法律都不可能做到面面俱到、无所不及地包揽着一切。古今中外的实践已经证明，即使再发达完善的法律体系也不可能涵盖社会生活所有的领域和角落。对于这一点，无论是立法者或者学术界都承认这样一个事实。巨变中的社会过于复杂，社会关系盘根错节，利益冲突不断涌现，法律始终有其不能触及的角落，为此，我们既要高度重视法律的主导地位和引领作用，也要重视其他社会规范的建设以及践行，去填补法律的缺失或粗放适用，使社会生活在规范层面而不能出现真空地带。①

（三）明确多元治理规范并存的适用规则

1. 坚持科学立法。科学的法律规范是严格执法、公正司法、全民守法的基础，是善治的前提条件，是对法律规范的价值要求。“科学立法”蕴含着非常丰富的含义，即立法的内容必须要达到科学化，同时也包括了立法的过程也要科学化，更重要的是它强调立出来的法必须是符合科学规律的一种法律。民主立法主要解决的是程序问题，立法的过程要体现民主。我们现在的立法，不论是国家层级的立法还是地方层级的立法，都要贯彻程序化原则。法律规范只有实现了价值和形式的和谐统一，老百姓才能从

---

① 秦国荣：“法治社会中法律的局限性及其矫正”，载《法学》2005 年第 3 期，第 35 页。

内心深处去信仰法律、遵守法律，真正实现良法善治。

2. 下位法不得与上位法相冲突。法律位阶是法律体系中一个非常重要的概念，我国法律体系外在表现呈现一个正三角形的形态。宪法位阶最高，其次是法律。法律规范之间存在着纵向的等级关系，是由不同的权力机关或者行政机构制定出来的，体现出两级多层级的关系。下级的规范不得与上级的规范相冲突，属于同一法律部门的法律规范之间层次分明、位阶有序，上下左右相互衔接、紧密配合。下位法服从于上位法必须要按照《中华人民共和国立法法》（以下简称《立法法》）规定的法律形式准确概括，这是我们的基本原则。观察中国的法律体系，有一个值得关注的现象，就是越是下位法，规定的内容就越具体、越详细，越往上就越宏观、越抽象，这是中国法律的一个特点。规章规定的内容是非常具体的，和公民权利义务的联系密切度也是最高的，这也符合一般的立法特点。为什么要制定下位法呢？因为上位法没有规定的内容需要下位法去配套规定，上位法宏观的规定需要下位法去具体化，上位法有明确规定的就没有必要制定下位法了。例如，地方人大在立法时首先要考察上位法有没有规定，如果上位法有规定了，就没有必要再制定下位法了。只有上位法没有规定，下位法才要制定，而且下位法在制定的时候不能越权，“不抵触原则”是我国《立法法》的一个基本原则，就是上位法高于下位法。下位法在制定的时候必须要遵照上位法的规定，如果不依据上位法的规定，制定出来的不同位阶的法律就会出现冲突。在法律规范的适用中，只有当前一位阶的规范类型缺位时，才有后一位阶的规范类型的适用。①

3. 其他社会规范符合良法善治的法治精神。法律思维所根据的法律主要是指国家制定法，而法治思维所根据的“法”则是包括国家制定法、政策、习惯、道德、自治规范等制定主体多元、形式多样的规则体系。② 多元规范类型是被法律所确认了的规范类型。不同位阶类型的法律在适用时有着严格的等级规定，只有在上位阶法律缺位时才能适用下位阶法律。但

① 刘作翔：“社会治理法治化的几点思考——‘新法治十六字方针’对社会治理法治化的意义”，载《河北法学》2016 年第 5 期，第 3—4 页。

② 吕廷君：《民间法与法治社会》，人民出版社 2016 年版，第 1 页。

是，法律与政策、习惯、道德、自治规范之间归属于不同的规范种类，他们之间并无效力位阶关系，那么在村改居社区事务的治理中当遇到多元规范并存时，如何适用呢？

第一，政策不得违反宪法和法律，只有在法律缺位时才能适用政策规范。法律和政策的制定主体不一样，政策的制定主体范围要比法律的制定主体更广泛，县级政府或者乡镇政府都可以作为政策制定者，但法律的制定主体是《立法法》明确规定的且范围较窄。法律的制定者和政策的制定主体不同，它们之间没有一个效力关系。它们属于不同的规范种类，但是它们内部都要坚持“下位阶规范不得违反上位阶规范这样一个原则”。如《城市居民委员会组织法》第十二条是政策作为社区治理依据的法律规定，[①] 适用时排在法律之后，也就是说只有在法律缺位时才可以适用政策。社会转型期新的事务的社会关系呈现特殊性、不稳定性，难以用法律或者目前用法律规制的时机还不成熟时，就可以发挥政策的灵活性，但任何主体制定的政策都不能违反宪法和法律，在相对稳定时，可以将政策在实践中应用形成的经验与共识法律化。政策的制定者在各项政策和决策出台前要多次调研，征求相关领域专家和群众代表意见，减少和防止政策出台的随意性。严格把控政策出台关，做到没有兼顾各方利益的政策不出台、得不到绝大多数群众支持的政策不出台、与民争利的政策不出台、配套措施跟不上的政策不出台。

第二，习惯与礼应不违反宪法和法律，在法律缺位时方可适用。习惯与礼是民间规范的主要内容，也是一个民族、地域独特的文化传承，如果剥离了习惯和礼，民间规范将会缺少底色与鲜活。费孝通先生在《乡土中国》一书中这样说：“法律是靠国家的权力来推行的……而礼却不需要这有形的权力机构来维持。维持礼这种规范的是传统。”[②] 虽未对“礼”给出定义，但不可否认千百年来“礼”作为一种公认传统的行为规范在维系社会秩序中的作用，是一种现实的存在。习惯与礼的形成不是建立在政治

---

① 《城市居民委员会组织法》第十二条：“居民委员会成员应当遵守宪法、法律、法规和国家的政策，办事公道，热心为居民服务。”

② 费孝通：《乡土中国》，人民出版社2008年版，第60—61页。

权威的基础之上，而是在长期的生产生活中由社会自身产生的一种不成文的规范。习惯与礼同政策、法律不同，不是事先制定好的规则，只有在具体的情景下或社会治理事务中才能得以体现，而且是通过市民社会力量得以维系的，是与国家强制法律对应的内生性、自律性规范，为社会秩序提供了最基本的自律规则。①《民法典》第十条明确了习惯作为治理依据和司法裁判依据的法律规定。② 可见，不管是习惯，还是礼在法律缺位时，可以作为村改居社区治理依据，但这种习惯与礼不得与法律及公序良俗相冲突。

第三，法律与道德相结合。我国《民法典》规定：在民事活动中，不得违反法律和公序良俗，这是道德作为治理依据和裁判依据的法律规定。关于道德的形成原因，博登海默这样分析："制定社会道德，是为了约束群体间的过分行为、减少掠夺性行为以及违背良性的行为，培育对邻人的关心，增加和谐共处的可能性。"③ 博登海默将法律与道德的关系总结为："法律与道德代表着不同的规范性命令，然而它们控制的领域却在部分上是重叠的……其目的就在于强化和确使人们对一个健全社会所必不可少的道德规则的遵守。"④ 法律与道德之间是不可分离的，是一种互补关系。法律应服从道德评判和伦理价值指向，以此为基础制定的法律才能获得普遍的规制效力。⑤ 法律是守道德的底线，法律制度要建立在道德基础上。但

---

① 马长山："法治社会中法与道德的关系及其实践把握"，载《法学研究》1999年第1期，第7页。

② 《民法典》第十条："处理民事纠纷，应当依照法律；法律没有规定的，可以适用习惯，但是不得违背公序良俗。"

③ ［美］E. 博登海默：《法理学——法律哲学与法律方法》，邓正来译，中国政法大学出版社1999年版，第373页。

④ 法律与道德代表着不同的规范性命令，然而它们控制的领域却在部分上是重叠的。从另一个角度来说，就是道德中有些领域是位于法律管辖范围之外的，而法律中也有些部门在很大程度上是不受道德判断影响的。但是实质性的法律规范制度仍然是存在的，其目的就在于强化和确使人们对一个健全社会所必不可少的道德规则的遵守。参见［美］E. 博登海默：《法理学——法律哲学与法律方法》，邓正来译，中国政法大学出版社1999年版，第379页。

⑤ 马长山："法治社会中法与道德的关系及其实践把握"，载《法学研究》1999年第1期，第4页。

同时也要看到，法律在村改居社区治理中的社会关系调整的有限性，必须以道德规范来弥补法律规则调整的缺失和不足。否则，社会生活便会存在失序的领域。如果法律规范背离了人们普遍认同的道德标准与道德要求，就会失去老百姓的诚服，实际运行中将寸步难行；如果一切都依靠道德，就难以有效地制止与制裁那些破坏社会秩序、侵犯公共利益和他人合法权益的行为，也难以促进社会主义精神文明建设，甚至会妨碍公共道德的形成。因此，立法必须重视法律规范的道德基础。① 所立之法必须是讲理的法，是良法，是符合道德价值的法，才能起到善治的效果。②

第四，社区治理中自治规范优先于法律适用。自治规范不得违背法律的禁止性规定，在作为社区治理的依据时，优先于法律适用。民间规范除不成文的礼、习惯、道德外，还包括自治体制定的自治规范，有学者将之成为“软法”，其与传统“硬法”相区别的一种社会规范。法国学者弗朗西斯·斯奈德（Francis Snyder）将软法定义为“软法是原则上没有法律约束力，但有实际效力的行为规则。”③ 姜明安教授认为：“软法是人类一定共同体通过其成员参与、协商方式制定或认可的，对人们的行为具有拘束力的行为规则。”④ 虽然学者对软法的定义不同，但有一个基本的共识，即软法是无须依靠国家强制保障实施，但对一定组织体的人的行为具有约束力并能产生实际效力的规范。村改居社区作为群众生活的自治组织体，自

① 上海市行政法制研究所编：《依法行政与法治政府》，法律出版社2006年版，第14—15页。

② E. 博登海默将道德价值分为两类要求和原则：第一类包括社会有序化的基本要求，它们对于有效地履行一个组织的社会必须承担的任务来讲，被认为是必不可少的、必要的或极为可欲的。如避免暴力和伤害、忠实地履行协议、协调家庭关系、也许还有对群体的某种程度的效忠，均属于这类基本要求。第二类包括那些有助于提高生活质量和增进人与人之间的紧密联系的原则，其要求远高于第一类。如慷慨、仁慈、博爱、无私和富有爱心等价值都属于此类。参见［美］E·博登海默：《法理学——法律哲学与法律方法》，邓正来译，中国政法大学出版社1999年版，第373—374页。

③ Francis Snyder，Soft Law and Institutional Practice in the European Community，in Steve Martin eds，The Construction of Europe：Essays in Honor of Emile Noel，Kluwer Academic Publishers，1994，P. 198.

④ 姜明安，“软法的兴起与软法之治”，载《中国法学》2006年第2期，第36页。

然存在相应的“软法”。《城市居民委员会组织法》对居民自治规范的制定和适用有明确要求，也是自治规范作为村改居社区治理依据的法律依据。[①]社区治理规范的类型众多，但“软法”的制定必须不得违反宪法和法律的强制性规定及公序良俗。在作为治理依据进行社区事务的处理时，应遵循“软法”优先适用原则，即“软法”有规定时适用“软法”，“软法”无规定时适用法律。因为“软法”生效的前提条件是合法，在制定和生成程序中体现了村改居社区高度的民主协商性，在应用中更具有针对性并能产生更好的实际效果。

二、完善中央与地方的社区立法建设

（一）回归正确的自治法律制度设计

村改居社区应适用《城市居民委员会组织法》的制度设计进行自治。[②]在我国，乡村和城市社区适用不同的自治制度设计，因村改居社区的出现，甚至有学者认为应针对此类社区制定专门的村改居社区组织法来区别于农村和城市社区。作者认为，村改居社区应适用《城市居民委员会组织法》进行自治，回归正确的自治法律制度轨道。

首先，乡村和城市几乎是每个国家都存在的样态，我国农村依据《村民委员会组织法》进行自治，城市则依照《城市居民委员会组织法》进行自治。村改居社区的前身行政村已经消失，取而代之的是一个新型的城市社区“活体”，理所应当按照《城市居民委员会组织法》进行自治。村改居社区最终是走向城市、融入城市的，《城市居民委员会组织法》的适用

---

① 《城市居民委员会组织法》第十五条：“居民公约由居民会议讨论制定，报不设区的市、市辖区的人民政府或者它的派出机关备案，由居民委员会监督执行。居民应当遵守居民会议的决议和居民公约。居民公约的内容不得与宪法、法律、法规和国家的政策相抵触。”

② 这一问题本身并非是立法的问题，而是法律适用或者说是执法的问题。因文章统一将法律适用与立法问题放在一起进行分析、论证，且涉及更多的是立法的问题，故将“回归正确的自治制度设计”这一法律适用问题也放在了“完善中央与地方的社区立法建设”这一标题下进行论证。

一方面可以实现形与实的一致，避免法律适用逻辑上的尴尬，使村改居社区在治理依据上名正言顺，从而逐渐树立起村改居社区居委会在法治化治理道路上的权威性；另一方面也促使村改居社区居民民主法治意识的培育和提升，逐渐转变原住居民旧有的与现代城市文明不相符合的意识、陋习和行为，逐步融入城市。① 实在没有必要再以法律的形式出台一部村改居社区的自治法律制度，如此，只会将事务复杂化，反而不利于村改居社区城镇化的推进和融合。

其次，集体经济从社区居委会剥离出来为村改居社区依据《城市居民委员会组织法》提供了实践支撑。司马迁在《史记》第一百二十九章“货殖列传”中写道：“天下熙熙，皆为利来；天下攘攘，皆为利往。”从社区多元治理主体存在的问题及法律适用困境的分析可知，村改居社区在实践中之所以依据《村民委员会组织法》进行自治，最核心和关键的问题在于集体经济组织和居委会的混同。产权制度改革后，绝大多数的村改居社区已成立了具有法人资格的股份经济合作社，集体资产从理论上来说已脱离了村改居社区居委会的控制进而转入股份经济合作社中，实现了集体资产的所有权转移及集体经济组织与村改居社区居委会的完全剥离。从理论上看，社区应该按照《城市居民委员会组织法》去实行自治和运行，股份经济合作社应按照《合作社章程》和相应的地方政策法规去运行，两者是完全独立的、平行的制度设计。如果实现了社区和集体经济组织的分离，社区按照城市的自治法律作为依据，即可以保障村改居社区其他居民参与社区治理的政治权利实现，又可以保护集体经济组织成员的财产权益不被侵害。应以此次产权制度改革为契机，使得村改居社区的自治法律依据回归正轨，实现村改居社区的有序治理。

（二）提高立法中的公众参与度

法律的生命在于经验，而非逻辑。法律生成的过程就是民意制度化和规范化的过程，公众参与村改居社区治理的法治化首要的衡量标准应为公

① 韩怀清：“城市扩张过程中基层转型社区治理困境与路径选择——以村委会转居委会为视点”，载《上海法学研究》2019 年第 12 期，第 130 页。

众在多大程度上参与了社区治理的法律规范的制定，此处的法律为广义的法律，不仅包括狭义的法律，还包括地方性法规和行政规章。首先，法律应及时对社会现实做出回应。社区是社会治理的末梢，与立法机关距离甚远，尤其是中央层面的法律制定。因此，立法机关在制定、修改基层自治法律时，应聘请相关领域专家学者深入社区社会进行调研，察民情，访民意，了解村改居社区居民的主观愿望、意见和态度，发现最真实的情况，制定出切合实际需要的法律规范。其次，提高公众参与立法的途径和比例。公众参与立法政策的途径有各级人民代表大会、听证会等，要提高基层社区干部、群众、街办干部在各级人大代表中的比例，这类人是最了解村改居社区的现实情况，最能抓住问题的症结所在。选举权和被选举权是公民的基本政治权利，积极正确行使选举权和被选举权对社区治理和公民利益至关重要。在人大代表选举前应在村改居社区进行积极宣传，让居民知悉选举活动与自身利益息息相关，增强社区居民的参与感、责任感，提高居民的主人翁意识；应不断提高居民民主选举的素养，端正参加选举的态度，提高参加选举的能力；应进一步提高基层社区居民代表比例，确保社区居民的利益诉求能够得到很好的反映，使村改居社区居民在各级国家权力机关拥有话语权和影响力，充分发挥好“传话筒”的功能，将不适宜社会生活的法律条款以议案的形式提请修改或删除，有利于改变法律对现实回应迟滞的现状。再次，重视村改居社区居民结社组织建设。不同于居委会，居民结社组织的建设可以提高居民的政治参与权，弥补居民单个的、非理性的、无组织的非制度性诉求和维权方式，以组织的形式来实现居民的政治权利以及由政治权利所反映的经济权利。居民结社组织既可以代表居民与政府进行制度性沟通，又可以把单个居民力量凝聚起来与社区治理中的其他利益主体进行谈判、协商、共治，无论是对居民利益的维护还是村改居社区稳定都具有重要的意义。[①] 最后，强化听证程序。使听证程序成为重大决策前的一个必经程序，并对听证结果予以客观严肃认真回

---

① 孟存鸽：“农民公平分享征地增值收益的制度保障研究”，载《理论导刊》2019 年第 6 期，第 84 页。

应，避免听证会沦为一个过场和形式。如《哈尔滨市立法听证规定》规定了具备特定情形的地方性法规草案“可以”举行听证会，公众可以提出举行听证会的建议。① X市目前还没有关于听证方面的专门法律，虽关于垃圾分类、室内控烟、销售燃放烟花爆竹等方面的涉及民生的听证会已举行多次，但确实需要将听证制度规范化来确保公众对相应立法的参与。菲利普斯认为：“若没有公众舆论的支持，法律是丝毫没有力量的。”政府让公众参与立法，给了社会公众一个表达诉求的机会和平台，政府部门也能听取广大群众的意见和建议。对于不适应经济社会发展需要的法律、法条及时修改、调整，出台符合民意的法律，自然会得到群众的认可和支持，如此，法律才能更好地为经济社会发展服务，满足人们对美好生活的需要。

（三）制定《居民自治法》

“十四五”规划在“改善人民生活品质，提高社会建设水平”中提到“推动社会治理重心向基层下移，向基层放权赋能”。没有对基层政府公权力的限制，就无所谓村改居社区居民自治权利的前进。村改居社区居民参与社区治理的权利是一项政治权利，高位阶法律对居民参与社区治理权利的确认并不意味着权利的自动实现，要使社区居民参与社区治理的权利得到便捷、有序、有效的实现，就必须建立一套权利行使的范围、程序、效力等内容规范的制度。

加强社区自治领域的立法，有效规范社区自治活动，建立一套具有起承转合功能的社区自治基本法规体系，从整体上推动基层社会自治可持续发展。现行法律关于居民自治相关的规范较少，该制度实践的主要法律依据仅是《城市居民委员会组织法》。2018 年虽对《城市居民委员会组织法》进行了修订，但修改的内容有限，显然是不能满足转型社会巨变的现实需要。《城市居民委员会组织法》中有关居民自治的规范整体呈现原则性，实践过程中遭遇的很多情形在法律中都没有明确规定。更为重要的是，村改居社区民众自治涉及民主选举、决策、管理以及监督四个环节，而不仅只是组织一方面内容。《城市居民委员会组织法》虽然对民主决策、

---

① 武小川：《论公众参与社会治理的法治化》，中国社会科学出版社 2016 年版，第 109 页。

管理以及监督也做出相关的具体规范，但是整部法律主要还是以居委会组织体为中心，侧重于居委会的产生、职权和运行的规范。即便是决定居委会组成的民主选举环节也存在很多不具体、难以操作的问题，以至于理论和实践部门都有专家建议确立具体的基层社区的选举法。《城市居民委员会组织法》应对自治实践时显得力不从心，是居民民主决策、管理以及监督普遍流于形式的重要原因。因此，在对居民自治多年实践中宝贵经验以及教训进行总结的基础上，制定专门的《居民自治法》，从选举、决策、管理和监督各个环节制定具体的、具有操作性的规则，从社区这个自治组织体的内部制度的完善实现组织体自治的活力和能力，真正实现社区全体居民对社区的完整自治权。①

（四）加强地方性法规的制定

地方立法能够体现时代特征和地域特点。我国地域广阔，区域性差异较大，各地方经济、文化、社会发展不平衡不充分是客观现实。每个城市的情况各不相同，应从本市的实际出发，使地方性法规具有针对性和可操作性，把制度优势固化为地方特色，实现地方立法的本土化。② 通过地方立法权扩容进行社会治理，正是纵向国家权力结构和行使方式的转变。③地方立法应遵循“不抵触”“可操作”原则，即地方权力机构应对国家的法律法规进行跟踪研究，掌握国家立法的动态，避免出现地方性法规与国家法相冲突的尴尬。不得和上位法相冲突是立法坚持的一个基本原则，有必要建立各级权力机构和行政机构的法律顾问制度，以保障法律之间不冲突、不打架。从村改居社区治理的主体困境可知，正是由于先天的法理授权不足，基层社区的行动能力受限，在涉及社区重大事项的应对与处置过程中，绝大多数是被安排及无条件服从。④ 诸多的不明使得村改居社区承

① 兰红燕：《我国乡村社会治理法治化研究》，河北师范大学 2019 年博士论文，第 161 页。

② 刘平：《法治与法治思维》，上海人民出版社 2015 年版，第 104 页。

③ 王勇、金成波：《社会治理法治化研究》，中国法制出版社 2019 年版，第 137 页。

④ 杨健：“基层社会治理中行政色彩过浓”，载《江淮时报》2016 年 11 月 11 日，第 6 版。

担着大量的政府行政性事务，但却陷入事多人少、资金紧缺的治理困境，外部诸多事务的涌入极大地挤压了村改居社区的自治权。可以说村改居社区自治权的进与退在很大程度上取决于政府公权力的收与放。当务之急是应制定地方性法规对基层政府和村改居社区的事项进行边界划定，避免村改居社区过多过度地受基层政府控制，确保社区拥有足够的自治空间。我国曾于 1954 年颁布过《城市街道办事处组织条例》，在实行五十多年后，缘于城市街道办事处的设置、人员构成和职能权限发生了很大变化，规定内容已明显不适应当前经济社会发展的需要，已于 2009 年被废止。目前，关于城市街道办事处的全国性法律文件未曾出台，但就村改居社区的外部治理主体而言，社区与街道办事处关系最为密切，现已有部分城市专门制定了街道办事处条例来满足国家层面法律政策缺失的现实需要。如《北京市街道办事处条例》于 2019 年 11 月 27 日通过，2020 年 1 月 1 日起实行；上海市、天津市、武汉市等皆有相关条例来明确街道办事处的权力边界和下放社区事务范围。建议 X 市可以结合区域实际，借鉴其他城市的先进经验出台地方性法规，利于因地制宜和实践中的具体操作，确定街道办事处和村改居社区之间的指导关系，对政府部门的工作、召开的会议和向社区推行的工作严格界定，明确对政府权力和社区权利、事务进行边界划分，把公权力做小，权力的笼子才能更牢靠、结实。对上位法中的原则性规定进行细化和具体化，才能更符合区域性和地方性，更具有针对性，保证社区居委会正常履行职责，拓展社区自治的空间。完善而又接地气的地方法律规范是社区治理自治制度建立的保障。①

三、强化社区道德建设的现实途径

在中华民族源远流长的历史进程中，孕育了深厚的中国传统道德文化，蕴藏着宝贵的传统道德资源。在我国新时代道德建设中，必须传承中

① 滕晓慧、姜亦泽：《城市社区规划与治理法律机制》，中国政法大学出版社 2016 年版，第 169 页。

国优秀传统文化，夯实文化自信的根基。

（一）充分认识道德治理的重要价值

古人关于道德对个人、家庭、国家、社会的重要性有着非常多的论述。孔子曰："智及之，仁不能守之，虽得之，必失之。"司马光在《资治通鉴·周纪一》中写道："才者，德之资也；德者，才之帅也。"《诗经·大雅》首篇《文王》一诗云"周虽旧邦，其命维新。"它的意思是说周虽是一古老的邦国，但其命却是新的，或解释为文王建立新王朝是天地意旨，是得天命而兴国。按照周人"天命无偿""唯德是从"的政治逻辑，文王之所以能承受新的天命，是因为文王具有敬德保民的高尚品德和治国安民的卓越才能。正是这种贤德之人承担了崇高使命，使旧邦焕发出新的气象，具有了新的生机。西周王朝的"明德慎罚"更是作为贯穿整个统治时期的指导思想，后世的"德主刑辅"更是对这一思想的发展和深化，并成为统治者治理国家的主流观点。早在奴隶社会时期，人们已经意识到"德"并将"德治"运用到具体的社会生活与国家治理当中。

可见，中国自古以来高度重视德治。古人认为无论是个体、统治者、国家都应拥有着崇高的道德。道德是人生价值确立的根本，是才能知识的统率，是事业成功的基础，所以孔子认为修德最重要。西周以来的德治观念酝酿和构建了中国古代绵延三千年深厚的德治主义政治传统，为国家的长治久安、社会的和谐稳定起到了持久而积极的功能，也为今天国家治理模式创新实践提供了重要资源。①

（二）强化道德对法治文化建设的支撑作用

党的十五大以来，党中央总结古今中外成功的治国经验，明确提出了依法治国与以德治国相结合的治国思想。② 这一思想提出后，引起了法学界的大讨论，在一些法学家的视野里，法治和德治是两种完全对立的治国方式。如何能把这两种治国方式结合起来呢？党的十六大进一步把依法治

---

① 韩星："由明德慎罚到德主刑辅——西周明德慎罚思想及其历史影响"，载《观察与思考》2015 年第 9 期，第 63 页。

② 中共中央文献编辑委员会：《江泽民文选（第三卷）》，人民出版社 2006 年版，第 200 页。

国与以德治国相结合确定为党领导人民建设中国特色社会主义必须坚持的基本经验，并把依法治国纳入政治文明的范畴，把以德治国纳入精神文明的范畴。这一深刻论述突破了法治与德治不能并存的传统思维定式，阐明了一种现代法治与新型德治相结合的治国新思路。它们并非彼此对立、矛盾冲突，而是互相补充、互相促进。法治强调的是政治文明范畴的概念，强调的是中国制定法的适用；德治属于精神文明范畴，是思想建设的主要方式，主要是“以德教民、以德化民、以德育人”。两者适用于不同的场域，在强制性法律的手段难以解决的思想道德问题，要注重弘扬和培育民族精神，提高全民族的思想道德素质。党的十八届四中全会进一步强调“国家和社会治理需要法律和道德共同发挥作用。必须坚持一手抓法治、一手抓德治，弘扬中华传统美德，培养社会公德、职业道德、家庭美德、个人品德，既重视发挥法律的规范作用，又重视发挥道德的教化作用。以法治体现道德理念、强化法律对道德建设的促进作用，以道德滋养法治精神、强化道德对法治文化建设的支撑作用，实现法律和道德相辅相成、法治和德治相得益彰”。这就是把法治与德治关系的问题提高到了全面推进依法治国的基本原则的高度，使之成为中国特色社会主义法治理论的重要内容之一。法治与德治的关系问题应当被视作法治社会中法与道德的关系问题，或者说在建立法治社会的过程中法与道德的各自地位和作用问题。① 党的十九大强调：“坚持依法治国和以德治国相结合……提高全民族法治素养和道德素养。”2018 年，习近平总书记在北京大学师生座谈会上的讲话中引用“才者，德之资也；德者，才之帅也”这句话，旨在强调德才兼备、以德为先的重要性，是对高校培养社会主义建设者和接班人提出的新要求。2019 年中共中央国务院印发实施《新时代公民道德建设实施纲要》，目的是加强公民道德建设、提高全社会道德水平达到新高度，实现人的全面发展。十四五规划中多次出现社会主义核心价值观、道德素质、文明风尚、诚信建设、勤俭节约等词义均属于道德治理的范畴，足见国家对道德建设的重视程度。

① 郁建兴：“法治与道德衡论”，载《哲学研究》2001 年第 4 期，第 11 页。

法律与道德作为社会调控的两种手段，有其各自的运行方式和机制。法治是依靠国家强制力来实施法律达到国家和社会治理的目的；德治是依靠社会舆论和说服教育，通过道德规范来约束人们的行为达到国家和社会治理的目的。德治并不与法治根本对立，而是能够兼容且相互促进的。虽然在某一时段，我们在谋求建立法治国家时，德治、礼治都因曾被当成与法治互不相容的东西而遭到否定，但在事实上，无论从中国古代还是世界的经验来看，凡是社会治理比较有效的国家，都坚持把法治作为治国的基本原则，同时注重用道德调解人的行为。① 显然，新一届中央领导集体治理国家的思路已经很清楚，就是借鉴几千年来古圣先贤、历代大儒修身齐家治国平天下的治国理念和治理模式，在批判继承的基础上创新，推进国家治理体系和治理能力现代化，② 真正做到“传承不守旧，创新不忘本”。

（三）强化社区道德建设的现实途径

无论在哪个团体中，道德建设的工作都是必须和持续的。在传统的乡村熟人社会以及半熟人社会的村改居社区，道德建设的基础性会更强、效果也会更好。道德治理依靠的是舆论和内心的教化，熟人社会大家低头不见抬头见，道德规范所发挥的这种社会舆论性会更强。居民如果有违反道德的行为自然更容易感到羞愧，因羞愧而得以改正不道德的行为，德治就是发挥道德规范在村改居社区治理中的规范效果。结合村改居社区道德失范的原因分析，应从以下方面由多元主体共同参与建设村改居社区道德建设。

第一，深化道德教育引导。首先，应在社区积极开展理想信念教育。人民有信仰，国家有力量，民族有希望。信仰信念指引人生方向，引领道德追求。应在村改居社区积极开展理想信念教育，把社区成员理想的实现融入国家富强、民族振兴、人民幸福的伟大梦想之中。其次，培育和践行

---

① 李婧：《中国特色社会主体法律体系完善和发展》，人民出版社2016年版，第139页。

② 韩星：“由明德慎罚到德主刑辅——西周明德慎罚思想及其历史影响”，载《观察与思考》2015年第9期，第63页。

社会主义核心价值观。社会主义核心价值观是中国精神的集中体现，是凝聚中国力量的思想道德基础。① 习近平总书记指出："核心价值观，其实就是一种德，既是个人的德，也是一种大德，就是国家的德、社会的德。"② 要持续深化核心价值观宣传教育，增进认知认同，梳理鲜明导向，强化示范带动，引导人们把核心价值观作为明德修身、立德树人的根本遵循。最后，坚持德法兼治，以道德滋养法治精神，以法治体现道德理念。道德规范的生成和发展离不开良好的法律环境。全面贯彻实施宪法法律，将核心价值观体现到地方性法规、地方政策、村改居社区自治规范的制定中以及社区治理改进完善中，为弘扬主流价值提供良好的村改居社区环境和自治制度保障，确保各治理主体在道德建设中的不同职责、任务以及道德治理的持续性。这对于净化村改居社区社会风气，维护道德环境无疑是最有利的制度保障。

第二，推动道德实践养成。从性质上看，道德体现的是"人类精神的自律"，它包括人们关于善与恶、美与丑、公正与偏私、诚实与虚伪、正义与非正义等观念形态，也包括与这些观念相对应的伦理行为规范。道德的规范作用来自于社会舆论、内心信念和传统习惯等精神力量，实际上是通过成员的自觉性来发挥作用的。③ 整个村改居社区道德水平的提升有赖于每一个社区成员水平的提升。④ 人的社会性决定了人不仅是一个独立存在的个体，还生活在与他人形成关系的群聚性社会结构中，并在这种社会结构的制约中通过参与行动去生存、发展，而这种社会结构的制约最原始的规范就是道德。每一个组织体中的个人必然会受到群体以及群体中的其他个体的影响，通过外在的言与行，尤其是行为示范对道德建设的引领作用去感染村改居社区成员，让每个居民内心的教化得以萌发、成长，形成

① 参见中共中央国务院印发的《新时代公民道德建设实施纲要》。

② 习近平："青年要自觉践行社会主义核心价值观"，载《人民日报》2014年5月5日，第2版。

③ 吴汉东："法律的道德化与道德的法律化——关于法制建设和道德建设协调发展的哲学思考"，载《法商研究》1998年第2期，第3页。

④ 沈永福："新时代我国道德建设的现实途径"，载《光明日报》2018年2月12日，第11版。

内心的自律。村改居社区多数的居民对于道德建设的重要性有着共识，这为道德建设的强化提供了良好的群众基础。从村改居社区的实际来看，道德建设的推进必须先解决村改居社区老百姓普遍关注的突出道德问题。结合调研，应从两个方面去推动道德实践的养成：

一方面，广泛开展弘扬时代新风行动。良好的社会风尚是社会文明程度的重要标志，涵育着公民美德善行，推动着社区和谐有序运转。村改居社区两委会要紧密结合社区发展实际，广泛开展文明居风、淳朴民风、敬老爱幼、邻里和睦等活动，引导居民自觉遵守社会交往、社区公共领域的文明规范，为居民增强公共意识、规则意识创造良好环境。基层政府、社区应多举办一些形式多样的道德讲堂，把高大上的语言表达转化为基层老百姓能够理解和接受的话语进行宣传。如 XH 社区从 2013 年开始逐渐探索出一条传承弘扬孝德文化的有效路径。为了引导社区居民学习、传承和弘扬孝德文化，营造良好的孝亲敬老的社会和谐氛围，XH 社区成立了孝德教育工作小组并设立了工作室，组建“尚德文化宣讲队”“尚德文化演出队”“尚德文化爱心队”，已经在社区小学、道德讲堂、妇女儿童之家全面展开工作，取得了良好的效果。同时，社区为了树立清新淳朴的民风，传承优秀文化基因，挖掘传统文化精髓，大力培育和践行社会主义核心价值观，开展了“XH 榜样，致敬模范”等系列活动突出道德建设的内涵。

另一方面，发挥好典型事例引领道德建设的基础性作用。以先进模范事迹引领道德建设。道德建设不仅仅是一句口号和宣传标语，更重要的是体现在实际行动中，必须通过社区中的道德示范行为去感染周围的每一位居民。针对村改居社区老百姓普遍关注的问题，社区通过在组建的道德建设的相应系列活动中，评选出先进的道德模范加以表彰来激励与感染社区的其他居民。如评选出孝老敬亲的“社区最美人物”、展现中华美德的“最美家庭”、有敬业奉献的“平凡岗位之星”、励志进取的“创业之星”以及“好媳妇”“好母亲”“好丈夫”等道德示范的典型人物和事例，社区为榜样人物颁发荣誉证书和给予一定的物质奖励，肯定其行为价值和道德引领示范作用。系列活动的持续开展旨在引导村改居社区居民成为道德的传播者和实践者，不断传播至善至真的孝行美德，展现家风家教、社风新貌。

此外，对于村改居社区还举办勤俭持家系列活动的宣传、教育，正确引导居民消费，避免挥霍补偿款而使生活陷入窘境。社区的党员干部带头不讲排场、喜事不攀比、白事不大办，切实发挥好身边鲜活事迹在突出道德问题上的正向引导作用，引导人们认识和改造自身，向善向真向美去前行，做最好的自己。通过个体道德的提升逐步提高村改居社区整体道德水平，通过长期持续的系列文化活动，将社区的人心凝聚，风气扶正。最终实现村改居社区居民安居乐业、和谐友善、孝老爱亲、崇德向善的美好生活。

四、重视社区自治规范的生成及践行

"软法"本身就是中华民族优秀的文化，对其加以选择性地继承，也是文化自信中规范自信的一种体现。村改居社区治理法治化离不开国家强制性的法律规范，但也要重视村改居社区自治规范的生成与践行，充分发挥其功能。社区自治规范在制定和实施过程中体现了对村改居社区多元主体治理的充分尊重，强调了主体的多元参与、平等协商、自我管理和自我规制，应成为村改居社区治理的重要规范。此外，村改居社区从乡村社区而来，它的开放性和人员构成的异质性程度远不如传统城市社区那么高，这种半熟人社会为自治规范的生成和践行提供了基础。从某种意义上来说，它依然是一个由血缘、宗缘组成的社区群体。他们有着相同的历史文化背景，更易形成自治规范。自古以来乡村社会就是"皇权不下县"的小型自治共同体，自治规范是乡村社会最原始、最基本的一种治理规范，在乡村社会发挥着重要的秩序维护功能，是中华民族的文化瑰宝。作为村改居社区居民内部管理与约束的自治规范，一直是基层社区治理依据的重要渊源，在基层社会运行中发挥着举足轻重的作用。因其是结合村改居社区治理实际的、体现了绝大多数居民意志的自治规则，更易在社区治理中得到遵守。那么，法律管不上，行政也不好管的问题，或者说是国家法律不禁止的领域，如属于道德范畴、家庭邻里、社区内部的问题我们可以用自治规范来进行治理和约束，用社区自治规范去弥补国家法的空白或补充和细化国家法。

（一）鼓励自治规范的生成

村改居社区自治规范是社区共同体成员绝大多数的意志体现，是村改居社区成员约束自身行为的非强制性规范，但自治规范的生成和践行离不开地方政权的支持，离不开居民自治法及地方性法规的保障。

首先，以习近平同志为核心的党中央高度重视发挥乡规民约等基层自治规范在社会治理中的重要作用。党的十八届四中全会提出："要支持各类社会主体自我约束、自我管理、发挥市民公约、乡规民约等社会规范在社会治理中的作用。"党的十九大以来，习近平总书记多次就发挥村规民约作用，教育和引导贫困群众改变陈规陋习、树立文明新风等做出重要指示。从国家关于治理依据的顶层设计来看，一贯主张坚持和完善自治制度，健全充满活力的基层群众自治制度，从中央层面来说，对于村改居社区自治规范的生成国家是大力支持和提倡的。如 2018 年 12 月民政部、中组部等七部门联合出台《关于做好村规民约和居民公约工作的指导意见》（以下简称《指导意见》），对规范、加强村规民约和居民公约工作做出了全面部署，是第一次以中央和国家机关有关部门名义联合出台的关于村规民约和居民公约工作的全国性指导性文件。民政部办公厅连续几年开展优秀村规民约征集活动都是中央层面对基层自治规范重视的直接表现。

其次，基层政府应大力提倡、鼓励村改居社区治理依据中的自治规范的生成行为，深挖自治规范作为基层社会治理中的依据这座文化传统宝藏，充分发挥其在社区治理机制中的积极作用。将国家法律政策结合村改居社区自身特点表现为自治规范这一形式，促进国家制定法与社区自治规范的衔接，使其更好地延伸到社区治理中，成为村改居社区治理的重要依据。自治规范生成的开展离不开对基层政府行政权的限制和社区自治权的扩容，如此才能给予社区应有的自治空间，社区自治规范才有生存的土壤，社区干部有精力去组织实施，居民有参与意愿，真正做到多元主体参与、多元规范治理的要求。另外，自治规范生成后，在处理一些社区事务时，国家强制法应尊重社区自治规范，赋予社区自我解决问题的决策权，使社区规范的自我约束性在社区得到彰显。

（二）重视自治规范生成的合法性和可操作性

自治规范必须体现村改居社区居民的参与性、内容和程序的合法性以及规则的可操作性。

首先，重视社区自治规范制定的公众参与性。国家法具有强制性和不可选择性，而社区自治规范的效力源于其成员的承认，因此，自治体内的全体成员是否参与自治规范的制定就显得尤为重要，直接关系到社区自治规范在社区治理中的实效问题。自治行为规范的生成是居民行使自治权的体现，但自治行为规范的生成必须符合《城市居民委员会组织法》的程序规定，即民主协商。法治下的民主首先表现为社区居民的“公众参与”，如果没有社区居民的参与很难实现民主决策。由于长期以来管理观念根深蒂固，我国公民的主体参与意识仍较为薄弱。这在法治领域主要表现为：公民仍习惯作为规则实施的对象而存在，忽略了自身在规则制定和适用过程中的主体性。除治理主体中关于提高社区居民参与社区治理的意愿和能力的措施外，《指导意见》中也多次强调，自治规范的制定必须发扬民主、征集民意。因此，公开透明和民主参与是村改居社区自治行为规范的程序正当性要求，也是公众参与社区“立法”的践行。

其次，自治行为规范的内容和制定程序合法。村改居社区居民的自治权是有边界的，并不是民主通过的决议或者规则就一定是有效的。民主决策体现的是社区自治行为规范的内容和制定生效的程序问题，但有时候民主决策并不能解决自治规范的科学合法的问题，如司法实践中时常会出现社区某一类群体中的个人权利被集体民主生成的自治规范予以剥夺的情形。因此，从自治规范的内容上看自治行为规范不得与国家法律相抵触，凡是国家法律所确定的强制性规范不得由自治规范予以变更，凡是国家法律赋予个人的权利不得以执行自治规范而予以剥夺，[①] 村改居社区自治行为规范必须符合良法善治的法治精神。此外，自治规范的制定和生效程序

---

① 刘恒、徐武：《基层治理法治化与法律风险管理》，中国法制出版社2018年版，第330页。

是一个过程，是社区居民参与基层社会治理的载体，是社区居民自治权的实现手段，程序的正当性至关重要，[①] 程序瑕疵或者违法将导致程序不具有正当性，进而导致决议的无效性。因此，村改居社区应严格依据《城市居民委员会组织法》第九条对居民会议召开的前提条件、居民会议决议通过的生效要件来完成社区自治行为规范生效的程序性要求，即村改居社区自治规范的制定、生效必须由全体社区居民通过民主形式决议通过，而非仅是原住居民或者原住居民中少数居民代表的“特权”。

最后，村改居社区自治规范条款应具有实效性。村改居社区自治规范的制定是一项非常浩大、繁琐的工程，通过对村改居社区自治规范的内容考察，发现自治规范虽有，但仅是纸张上简单的文字组合，因不具有可操作性而难以发挥实效。社区治理中社区成员虽发生了违反自治规范的行为，但自治规范对此种行为从哪些方面进行约束或惩戒并无相关规定，自治规范并没有发生应有的自我管理、自我约束及自我救济的效果。久而久之，村改居社区成员也会认为自治规范仅是一个“形式的存在”，没有任何意义，使得其权威性和生命力遭受打击。调研中，社区干部也认识到社区自治规范存在的这一问题，并表达了制定可操作性规范的意愿，但苦于精力及自身能力有限，很多工作只能是应付差事。自治规范的制定内容也应该像法律一样，既有详尽的规则去规制什么样的事情不能为，又要规定如果违反规则将会接受何种惩罚的措施。如社区相关机构对违反自治规范行为的居民进行批评、教育，甚至一定的劳动惩罚，如规定参加一定期限的社区义务劳动。基层政权可以聘请法律人士、居委会可以邀请社区中的乡贤能人协助社区居民制定具体的、可操作性的自治规范来发挥其应有的效果。

（三）健全社区自治规范的审查登记备案制度

如何避免社区自治行为规范与国家强行法相冲突的尴尬呢？可以采取以下措施来保障自治规范与国家制定法的统一性。首先，引入纠错机制。《城市居民委员会组织法》规定了社区居民自治规范的内容要求和生效要

---

① 陈光中：《法治思维与法治理念》，清华大学出版社2016年版，第42页。

件，即不得和国家法及国家的政策相抵触，其生效条件为居民会议通过即可发生法律效力，登记只是备案而非生效要件。① 从该条的规定来看，只要符合程序要件和实质要件，自治规范一旦经社区居民会议决议通过即可生效，登记只是起到备案的效果，并非国家机关审核后才能生效。而国家法种类繁多，涉及内容广泛，村改居社区居民根本就没有能力或者根本就不具备这样的法律专业素养知悉制定的自制规范中的哪一条内容会同国家法相冲突。即使是地方权力机构或者行政机构制定的地方性法律也会偶尔存在和中央法律相冲突的情况发生，更别说是社区居民自治规范。《村民委员会组织法》中有关于村民自治章程、村规民约以及对自治行为规范与法律法规政策冲突时的纠错措施，② 但《城市居民委员会组织法》中对于城市社区的自治规范并无纠错机制的规定。对于城市社区的自治规范在无纠错机制的现实情况下，地方政府可参照《村民委员会组织法》的纠错机制来解决其与法律政策相冲突的问题。其次，引入事前审查制度。村改居社区自治规范的内容若存在侵犯居民权利的条款，该条款只有在应用的过程中才会被发现，而私法领域本身又实行“不告不理”的原则，被侵权人提起诉讼成本较高，甚至会影响被侵权人在村改居社区中的人际关系。可见，对于社区自治规范引入事前审查制度就显得非常必要。村改居社区自治行为规范拟定完成后、生效前可以由居委会报请基层政府相关部门对其合法性进行审核，对于内容合法的自治规范返回社区进行生效表决，对于违反法律规定的条款要求社区自治体成员进行改正，再提交社区居民会议进行表决。基层政府在对社区自治规范进行审核时，可以通过购买服务的

---

① 《城市居民委员会组织法》第十五条：“居民公约由居民会议讨论制定，报不设区的市、市辖区的人民政府或者它的派出机构备案，由居民委员会监督实行。居民应当遵守居民会议的决议和居民公约。居民公约的内容不得与宪法、法律、法规和国家的政策相抵触。”

② 《村民委员会组织法》第二十七条：“村民会议可以制定和修改村民自治章程、村规民约，并报乡、民族乡、镇的人民政府备案。村民自治章程、村规民约以及村民会议或者村民代表会议的决定不得与宪法、法律、法规和国家的政策相抵触，不得侵犯村民的人身权利、民主权利和合法财产权利的内容。村民自治章程、村规民约以及村民会议或者村民代表会议的决定违反前款规定的，由乡、民族乡、镇的人民政府责令改正。”

方式，如委托律师事务所、大学法学院等主体或者具备此能力的企事业单位专业机构进行合法性审核，避免社区居民会议通过的“生效”自治规范因违反法律的强制性规定而陷入无效结果的尴尬。

（四）建立社区评理会践行自治规范

只有被实际运用在村改居社区治理的中的自治规范才能真正发挥其应有的功能，因此，自治规范的践行意义重大。如X市Y区设立自治行为规范评理会制度，该制度是Y区利用社会自身资源进行社区居民自我教育和自我管理的一项新型居民自治组织和纠纷解决的方式。自治规范是社区群众自发制定和自愿执行的规则，经居民集体讨论共同遵守，居民之间发生矛盾纠纷，组织公开评理会裁断，使矛盾纠纷在社区自治规范的约束下自我化解。从组织结构上看，Y区自治规范评理会一般实行常务理事制。通常设常务理事3—7人，其中会长1人，副会长1人。会长由社区支部书记或主任来担任，副会长、常务理事由社区居民代表推选产生，经居民会议或居民代表会议确定，理事中至少有一名女性居民。评理会会员可根据本社区的人口数量一般由9—15人组成。评理会成员中社区干部比例不超过20%，社区群众居民的比例不少于60%，女性居民比例不少于20%。一般来看，自治规范评理会的成员熟知社区情况，熟悉纠纷的各方当事人，对所要解决的矛盾纠纷来龙去脉较为清楚；同时，他们知悉本区域的风俗习惯，通晓人情世故，对某些特定的矛盾纠纷，相比于居委会、调委会等更加具有人缘优势。

党的十九大报告强调文化自信是一个国家、一个民族发展中最基本、更深沉、更持久的力量。对于优秀的传统文化我们一定要继承、保留和发扬，推动中华优秀传统文化创造性转化、创新性发展，不忘本来、吸收外来、面向未来。村改居社区自治规范的生成与践行不仅是基层社区居民自治权的落实和实现，更是文化自信的体现。

“法安天下，德润人心。”村改居社区治理必须要将教化与法律、自治规范相结合。德治、法治和自治是道德规范、法律、自治规范在社会治理中的体现，也是社会治理的重要方式。法律主要是一种制度形态的上层建筑，体现的是国家意志的“他律”，依靠国家强制力来保证实施，保证着每一个个体得到公平的对待以及不得侵害他人，让人与人之间的关系更加有序。① 道德体现的是人类精神的“自律”，依靠社会舆论、内心信念等精神力量，是一种意识形态的上层建筑，它使人与人之间的关系更加有温度、有幸福感。自治规范充分尊重了村改居社区的自治权，在法律的框架内灵活自主地决定群体的事务，是社区居民自我管理、自我约束的体现和依据。在基层治理过程中，既要注重法、讲法，增强法律意识，同时应当吸收传统文化合理元素，全面开展制定、修订社区自治规范，不断增强村改居社区居民的公德意识、契约意识，形成法治、德治、自治相融合的村改居社区治理机制，实现村改居社区的有序治理。

① 吴汉东：“法律的道德化与道德的法律化——关于法制建设和道德建设协调发展的哲学思考”，载《法商研究》1998年第2期，第3—4页。

第六章

结论与不足

习近平总书记在福建调研时强调：“社区在全面推进依法治国中具有不可或缺的地位和作用。”可见，社区治理能否实现法治化是国家治理走向现代化和全面推进依法治国的基础和关键。村改居社区是工业化、城镇化发展中出现的一类新型社区，是社区治理不可或缺的一块，它的治理能否实现法治化是社区实现治理法治化的关键。提升村改居社区治理法治化水平是一个漫长的过程，需要我们持续地跟踪调研、深入剖析、积极探索。通过对X市村改居社区治理法治化的研究，形成了以下主要结论：

第一，村改居社区属于城市社区范畴。村改居社区已完成“农民转居民、村委会转居委会、农民集体经济转股份制经济（股份经济合作社）及集体土地转国有土地”的四个转变，村改居社区居民的户口性质、生活方式、劳作方式、居住房屋所附着的土地性质等皆与“农业、农村、农民”毫无瓜葛，属于城市社区的范畴。法律属性的确定为村改居社区最终的走向、发展指明了方向和目标，即村改居社区应依据城市社区的自治法律制度设计进行治理，回归到正确的制度运行轨道，用城市社区的治理思维和办法去解决村改居社区治理中的问题。

第二，村改居社区治理法治化必须吸收多元主体参与。协同共治是村改居社区治理的理想状态，是我们所追求的目标。但从X市村改居社区治理法治化的实证考察来看，当下最重要的是提升村改居社区内部主体参与社区治理的意愿和能力；社会治理向基层下沉绝非是行政性事务向社区下沉、安排，而是通过“权力清单”的设置、严格执法的加强等方式织密基层政府公权力的笼子，为社区放权赋能，扩充自治空间。通过内因的“扩”与外因的“控”来激发基层群众自治组织的活力，完善基层自治制度。

第三，股份经济合作社的分类指导和管理。村改居社区存在集体经济是客观事实，集体经济组织是村改居社区的治理主体，也是村改居社区治理的重要内容和客体。地方政府在2017年的农村集体经济产权制度改革中也对村改居社区的集体经济进行了改造，成立了股份经济合作社并和传统乡村社区的股份经济合作社同样对待。股份经济合作社是目前集体所有制实现的最佳组织体形式，虽同为集体所有制，但村改居社区集体所有制不同于传统乡村社区的农村集体所有制，属于城镇的集体所有制经济。地方政府不应“一刀切”地制定制度，而应在具体的制度设计中分类指导和管理，区别对待。

第四，实现集体经济组织和村改居社区的彻底剥离。集体经济组织与村改居社区是两个完全独立的、地位平等的组织体，不存在谁隶属于谁的问题。村改居社区的集体经济组织一直存在用自身收益贴补居委会开支、社区物业费用、社区活动费用的情形，这些行为严重地侵害了集体经济组织成员的财产权益。应从集体资产的确定与转移、成员资格的科学自主认定、以户为单位的成员代表大会的权力机构模式设置、理事与监事“宜窄不宜宽”的任职资格、交叉任职的避免以及集体经济组织理事会和监事会的弹性设置等方面来确保集体经济组织人格的独立性。最终实现集体经济组织和村改居社区的彻底剥离，使其作为村改居社区的一个驻地单位而存在。

第五，完善法治、德治、自治相融合的村改居社区治理规范体系。村改居社区多元治理主体的存在使得多元治理规范的运用成为一种必然。随着法治国家建设的不断深入，法律规范成为社区治理的重要规范。村改居社区从乡村社会而来，它的开放性和人员构成的异质性程度远不如传统城市社区那么高，这种半熟人社会为道德规范及自治规范在村改居社区治理中的应用提供了良好的成长土壤和群众基础。村改居社区治理规范的多元化是客观存在，应从完善社区自治法律规范、加强社区道德规范建设、科学制定切实可行的自治规范来构建多元治理规范体系。让每一类社会规范都在相应的场域发挥其应有的价值功能，让村改居社区中的每位居民都能生活在一个有序的、有温度的、灵活的组织体中，是社会主义核心价值观的本质要求，也是美好生活的必备要素。

村改居社区治理的法治化就是全体社区居民权益保障和发展之治。村改居社区产生的被动性、“亦城亦乡”“非城非乡”的二元性，注定它的治理法治化必将是一条漫长的道路，但应该行进在正确的道路上，即依据《城市居民会员会组织法》的制度设计进行治理。如此，不仅可以保护集体经济组织成员的财产权益不被侵害、加快原住民身份的转变，也保障了原住民以外的社区居民的选举权和被选举权的实现，提高了外来居民对社区的认同感及融入度，实现村改居社区治理体制的顺畅和法治化水平的提升，避免村改居社区沦为新的“城中之村”，最终使其融入城市社区。

村改居社区治理法治化的研究是一个复杂、立体的系统工程，不仅涉及治理、法治、思想观念、制度等方面的理论知识，还需要有丰富的调研经验。由于学术功底和能力的不足，在对理论进行研究的过程中，以及运用理论知识对现实问题进行剖析时，表现得不够深入。还需对治理、法治理论及法律思维继续学习和研究，提高自己的理论知识和学术素养。村改居社区治理法治化是一个系统工程，涉及方方面面的问题，有些问题是所有社区的共性问题，但有一些问题却是村改居社区所特有的问题。因能力所限，使得研究不可能做到面面俱到、事无巨细，仅就村改居社区与城市社区治理法治化中的差异部分的特殊、突出问题进行了研究。法律的生命在于经验而非逻辑。只有通过实地调研才能发现社会生活中的真问题，“立法者”才能推陈出新，保持法律与非法律规范的与时俱进。书中所有资料均来源于 X 市村改居社区治理的调研，因调研范围存在一定的局限性，所得结论不具有全国性。村改居社区是我国特有的“活体”，相关国外文献仅可提供理论上的部分借鉴，无法提供实践经验。

参考文献

一、著作类

1. ［古希腊］亚里士多德：《政治学》，吴寿彭译，商务印书馆 1965 年版。

2. 吴文藻：《人类学社会学研究文集》，民族出版社 1990 年版。

3. ［法］孟德拉斯：《农民的终结》，李培林译，中国社会科学出版社 1991 年版。

4. ［美］文森特·奥斯特罗姆：《复合共和制的政治理论》，毛寿龙译，上海三联书店 1999 年版。

5. ［美］E. 博登海默：《法理学——法律哲学与法律方法》，邓正来译，中国政法大学出版社 1999 年版。

6. 韩松：《集体所有制、集体所有权及其实现的企业形式》，陕西师范大学出版社 2000 年版。

7. 俞可平：《治理与善治》，社会科学文献出版社 2000 年版。

8. ［美］迈克尔·麦金尼斯：《多中心治道与发展》，毛寿龙译，上海三联书店 2000 年版。

9. 王景新：《中国农村土地制度的世纪变革》，中国经济出版社 2001 年版。

10. 郑航生：《社会学概论新修》，中国人民大学出版社 2003 年版。

11. 曹国栋：《转制社区干部培训实用读本》，广州出版社 2006 年版。

12. 上海市行政法制研究所：《依法行政与法治政府》，法律出版社 2006 年版。

13. ［英］约瑟夫·拉兹：《自由的道德》，孙晓春等译，吉林人民出版社 2006 年版。

14. 中共中央文献编辑委员会：《江泽民文选（第三卷）》，人民出版社 2006 年版。

15. ［美］詹姆斯·罗西瑙：《没有政府统治的治理》，张胜军、刘小林等译，江西人民出版社 2006 年版。

16. 孙立平：《守卫底线》，社会科学文献出版社 2007 年版。

17. 何雪峰：《乡村的前途》，山东人民出版社 2007 年版。

18. 费孝通：《乡土中国》，人民出版社 2008 年版。

19. 赵振宇：《程序的监督与监督的程序》，社会科学文献出版社 2008 年版。

20. 田玉荣：《非政府组织与社区发展》，社会科学文献出版社 2008 年版。

21. 于丽娜、聂成涛：《社区矛盾纠纷化解机制》，中国社会出版社 2010 年版。

22. 法理学编写组：《法理学》，人民出版社、高等教育出版社 2010 年版。

23. 黄文艺：《中国法律发展的法哲学反思》，法律出版社 2010 年版。

24. 范愉：《多元化纠纷解决机制与和谐社会的构建》，经济科学出版社 2011 年版。

25. 罗红云：《中国农村土地制度研究（1948—2008）》，上海财经大学出版社 2012 年版。

26. 陈晓莉：《新时期乡村治理主体及其行为关系研究》，中国社会科学出版社 2012 年版。

27. 叶汝贤、王征国：《以人为本与科学发展观》，社会科学文献出版社 2012 年版。

28. 叶传星：《转型社会中的法律治理：当代中国法治进程的理论》，法律出版社 2012 年版。

29. 仇保兴：《城镇化与城乡统筹发展》，中国城市出版社 2013 年版。

30. 吴汉东、陈小君：《民法学》，法律出版社 2013 年版。

31. 李俊夫：《城中村改造》，科学出版社 2013 年版。

32. 黄立敏：《社会资本视域下的“村改居”社区治理研究——以深圳市宝安区为例》，武汉大学出版社 2013 年版。

33. ［美］理查德·C. 博克斯：《公民治理：引领 21 世纪的美国社区》，孙柏瑛等译，中国人民大学出版社 2014 年版。

34. 俞可平：《论国家治理现代化》，社会科学文献出版社 2014 年版。

35. 季卫东：《大变局下的中国法治》，北京大学出版社 2014 年版。

36. 杨贵华：《转型与创生：“村改居”社区组织建设》，社会科学文献出版社 2014 年版。

37. 张永理：《社区治理》，北京大学出版社 2014 年版。

38. 季卫东：《法治秩序的建构》，商务印书局 2015 年版。

39. 张大维：《城乡社区公共服务体系一体化建设研究》，华中科技大学出版社 2015 年版。

40. 赫然、张凌竹：《社会治理的法治保障研究——以吉林省社会治理为例的调查与研究》，知识产权出版社 2015 年版。

41. 苏力：《法治及其本土资源》，北京大学出版社 2015 年版。

42. 王利明：《良法与善治》，北京大学出版社 2015 年版。

43. 江必新：《领导干部的法治思维与法治方式》，中国法制出版社 2015 年版。

44. ［美］伊恩·夏皮罗、卡西亚诺·海克考登：《民主的价值》，刘厚金译，中央编译出版社 2015 年版。

45. 高海燕：《二十世纪中国土地制度变迁》，法律出版社 2015 年版。

46. 刘平：《法治与法治思维》，上海人民出版社 2015 年版。

47. 崔红：《地方治理法治化研究——规范立法和创新制度》，知识产权出版社 2016 年版。

48. 余永波：《社会治理法治化研究》，光明日报出版社 2016 年版。

49. 于凤瑞：《城中村改造中财产权法律制度研究》，法律出版社 2016 年版。

50. 李婧：《中国特色社会主体法律体系完善和发展》，人民出版社

2016 年版。

51. 武小川：《论公众参与社会治理的法治化》，中国社会科学出版社 2016 年版。

52. 陈光中：《法治思维与法治理念》，清华大学出版社 2016 年版。

53. 吕廷君：《民间法与法治社会》，人民出版社 2016 年版。

54. 赵秀玲：《中国基层治理发展报告》，广东人民出版社 2016 年版。

55. 滕晓慧、姜亦泽：《城市社区规划与治理法律机制》，中国政法大学出版社 2016 年版。

56. 陈小军等：《我国农村集体经济有效实现的法律制度研究》，法律出版社 2016 年版。

57. 包刚升：《被误解的民主》，法律出版社 2016 年版。

58. 于显洋：《社区概论》，中国人民大学出版社 2016 年版。

59. 张文显：《法治中国的理论建构》，法律出版社 2016 年版。

60. 曾宪明：《城市化进程中的农地制度变迁：国际比较研究》，武汉大学出版社 2016 年版。

61. 张帆：《多民族地区社会治理法治化建设研究——以贵州省为考察中心》，法律出版社 2016 年版。

62. 张德峰：《合作社社员权论》，法律出版社 2016 年版。

63. 何勤华：《法治社会》，社会科学文献出版社 2016 年版。

64. 邓国良、李毅：《法治思维与依宪治国》，法律出版社 2016 年版。

65. 费孝通：《江村经济》，北京大学出版社 2016 年版。

66. 本书编委会：《社区治理与服务创新的“天宁模式”》，人民出版社 2016 年版。

67 边燕杰、宗力：《转型中的西部社会：发展现状与社会治理》，社会科学出版社 2016 年版。

68. 王浦劬、臧雷振：《治理理论与实践（经典议题研究新解）》，中央编译出版社 2017 年版。

69. 李少伟、赵俊劳：《私法文化与民法典编纂》，法律出版社 2017 年版。

70. 高鸿钧：《法治漫谈》，译林出版社2017年版。

71. 任颖：《中国的人权话语及规范治理》，人民出版社2017年版。

72. 费孝通：《社会调查自白》，北京出版社2017年版。

73. 李俊夫：《城中村的改造》，科学出版社2017年版。

74. 冯俊锋：《乡村振兴与中国乡村治理》，西南财经大学出版社2017年版。

75. 李强：《协商自治·社区治理》，社会科学文献出版社2017年版。

76. 程关松：《以人为本的法治观》，法律出版社2017年版。

77. ［英］丹宁勋爵：《法律的正当程序》，李克强、杨百揆、刘庸安译，法律出版社2018年版。

78. 周琦：《多元视域中的规范逻辑研究》，四川大学出版社2018年版。

79. 汪海波：《中国经济体制改革》，社会科学文献出版社2018年版。

80. 俞可平：《中国如何治理？通向国家治理现代化的道路》，外文出版社2018年版。

81. 李国清、续慧杰：《中国农村社区治理报告（2018）》，中国社会科学出版社2018年版。

82. 国务院发展研究中心公管所：《社会治理的理论与实践探索》，中国发展出版社2018年版。

83. 袁方成：《国家治理与社会成长：中国城市社区治理40年》，上海交通大学出版社2018年版。

84. ［英］科林·斯科特：《规制、治理与法律：前沿问题研究》，安永康译，清华大学出版社2018年版。

85. 张文显：《社会法与法治社会建设》，法律出版社2018年版。

86. 俞可平：《中国的治理变迁（1978—2018）》，社会科学文献出版社2018年版。

87. 王振海：《新型农村社区治理研究》，人民出版社2018年版。

88. 刘恒、徐武：《基层治理法治化与法律风险管理》，中国法制出版社2018年版。

89. 陈晓莉：《城中村治理中的政府管理与村民自治研究》，中国社会科学出版社 2018 年版。

90. 吴莹：《上楼之后：村改居社区的组织再造与秩序重建》，社会科学文献出版社 2018 年版。

91. 徐祥民：《法治与社会主义法治》，人民出版社 2018 年版。

92. 张志铭、于浩：《转型中国的法治化治理》，法律出版社 2018 年版。

93. 谭维克：《北京社区治理机制研究》，中国社会科学出版社 2018 年版。

94. 陆军等：《营建新型共同体——中国城市社区治理研究》，北京大学出版社 2019 年版。

95. 徐药：《中国特色社会主义法律体系的“中国特色研究”》，中国科学出版社 2019 年版。

96. 张德淼：《中国地方法治实施效能评价指标体系研究》，法律出版社 2019 年版。

97. 陈光：《区域治理多元规范及其结构优化研究》，科学出版社 2019 年版。

98. 王勇、金成波：《社会治理法治化研究》，中国法制出版社 2019 年版。

99. 张静：《社会治理：组织、观念与方法》，商务印书馆 2019 年版。

100. 吴素雄：《农村股份合作社的治理转型——村社自治研究》，光明日报出版社 2019 年版。

101. 李皋：《基层治理七十年》，中国民主法制出版社 2019 年版。

102. 贺雪峰：《乡村治理与农业发展》，华中科技大学出版社 2019 年版。

103. 中国城市和小城镇改革发展中心：《中国城镇化进程中的土地管理制度改革》，社会科学文献出版社 2019 年版。

104. 吴次芳：《中国农村土地制度改革总体研究》，浙江大学出版社 2019 年版。

105. 甘藏春:《当代中国土地法若干重大问题研究》，中国法制出版社 2019 年版。

106. 郭亮:《土地流转与乡村秩序再造》，社会科学文献出版社 2019 年版。

107. 杨庆媛:《新型城镇化背景下农民土地财产性收益研究》，科学出版社 2019 年版。

108. 徐勇:《乡村治理的中国根基与变迁》，中国社会科学出版社 2019 年版。

109. 顾保国、崔友平:《组织振兴：构建新时代乡村治理体系》，中原农民出版社 2019 年版。

110. 王登举:《可持续土地管理制度框架与政策机制研究》，科学出版社 2020 年版。

111. 蔡昉、魏后凯:《中国农村改革 40 年》，经济管理出版社 2020 年版。

112. 刘守英:《土地制度与中国发展》，中国人民大学出版社 2020 年版。

113. 黄祖辉:《我国土地制度与社会经济协调发展研究》，经济科学出版社 2020 年版。

114. 桂华:《中国土地制度的宪法秩序》，法律出版社 2020 年版。

115. 贺雪峰:《乡村治理的社会基础》，生活·读书·新知三联书店 2020 年版。

116. 丁惠炯:《中国乡村社区治理体制变革探索》，经济日报出版社 2020 年版。

117. 孙迎春:《农村股份经济合作社——治理结构法律制度研究》，中国政法大学出版社 2020 年版。

118. 苏力:《送法下乡——中国基层司法制度研究》，北京大学出版社 2020 年版。

119. 苏力:《制度是如何形成的》，北京大学出版社 2020 年版。

120. 唐亚林等:《社区治理的逻辑：城市社区营造的实践创新与理论

模式》，复旦大学出版社 2020 年版。

121. 邓大才：《中国乡村治理：从自治到善治》，中国社会科学出版社 2020 年版。

122. 史卫民：《城乡融合发展与农民权益保障研究》，中国法制出版社 2020 年版。

123. 张健：《城中村改造途径和方法——基于上海实践》，同济大学出版社 2021 年版。

二、期刊论文类

124. 周志山："人是社会发展的本质"，载《浙江社会科学》1996 年第 6 期。

125. 吴汉东："法律的道德化与道德的法律化——关于法制建设和道德建设协调发展的哲学思考"，载《法商研究》1998 年第 2 期。

126. 马长山："法治社会中法与道德的关系及其实践把握"，载《法学研究》1999 年第 1 期。

127. 郁建兴："法治与道德衡论"，载《哲学研究》2001 年第 4 期。

128. 李培林："巨变：村落的终结——都市里的村庄研究"，载《中国社会科学》2002 年第 1 期。

129. 秦国荣："法治社会中法律的局限性及其矫正"，载《法学》2005 年第 3 期。

130. 李志刚、于涛方、魏立华、张敏："快速城市化下'转型社区'的社区转型研究"，载《城市发展研究》2005 年第 5 期。

131. 严存生："法治社会的'法'与'治'"，载《比较法研究》2005 年第 6 期。

132. 孟勤国："物权法如何保护集体财产"，载《法学》2006 年第 1 期。

133. 姜明安："软法的兴起与软法之治"，载《中国法学》2006 年第 2 期。

134. 郑杭生：“社会学视野中的社会建设与社会管理”，载《中国人民大学学报》2006年第2期。

135. 吴家庆、王毅：“中国与西方治理理论之比较”，载《湖南师范大学社会科学学报》2007年第2期。

136. 刘广栋、程久苗：“1949年以来中国农村土地制度变迁的理论和实践”，载《中国农村观察》2007年第2期。

137. 林苇：“论农村集体经济组织成员资格的界定——以征地款分配纠纷为视角”，载《湖北行政学院学报》2008年第3期。

138. 韩松：“农民集体所有权主体的明确性探析”，载《政法论坛》2010年第1期。

139. 袁振龙：“社区认同与社会治安——从社会资本理论视角出发的实证研究”，载《中国人民公安大学学报（社会科学版）》2010年第4期。

140. 向德平：“发展型社会政策及其在中国的建构”，载《河北学刊》2010年第4期。

141. 傅鼎生：“‘入城’集体土地之归属——‘城中村’进程中不可回避的宪法问题”，载《政治与法律》2010年第12期。

142. 程又中、李增元：“农村社区管理体制：在变迁中重建”，载《江汉论坛》2011年第5期。

143. 杜国明：“‘村改居’后农村集体经济组织面临的新问题探讨——基于广东省的调研分析”，载《农村经济》2011年第8期。

144. 孟存鸽：“城中村改造拆迁补偿问题研究”，载《特区经济》2011年第9期。

145. 吴晓燕：“从文化建设到社区认同：村改居社区的治理”，载《华中师范大学学报（人文社会科学版）》2011年第5期。

146. 王利明、周友军：“论我国农村土地权利制度的完善”，载《中国法学》2012年第1期。

147. 郑杭生、黄家亮：“论我国社区治理的双重困境与创新之维——基于北京市社区管理体制改革实践的分析”，载《东岳论丛》2012年第1期。

148. 林聚任："村庄合并与农村社区化发展"，载《人文杂志》2012年第1期。

149. 卢维良："整合农村社会资本的内在张力，促进农村社区治理"，载《理论与改革》2012年第2期。

150. 姜明安："再论法治、法治思维与法律手段"，载《湖南社会科学》2012年第4期。

151. 陈晓莉、白晨："回迁安置社区社会管理创新的语境与思路"，载《学习与实践》2012年第4期。

152. 项继权、李增元："经社分开、城乡一体与社区融合：温州的社区重建与社会管理创新"，载《华中师范大学学报（人文社会科学版）》2012年第6期。

153. 刘作翔："规范体系：一个新体系结构的思考"，载《东方法学》2013年第1期。

154. 吴雪芹、王宏波："农民群体性事件动态演化过程分析"，载《西北农林科技大学学报（社会科学版）》2013年第1期。

155. 林瑞瑞、朱道林、刘晶："土地增值产生环节及收益分配关系研究"，载《中国土地科学》2013年第2期。

156. 姜明安："论法治国家、法治政府、法治社会建设的相互关系"，载《法学杂志》2013年第6期。

157. 许经勇："新型城镇化有赖于户籍、土地制度改革同步推进"，载《学习论坛》2013年第7期。

158. 陈晓莉："新型城市化发展中村改居社区治理变革"，载《求实》2013年第10期。

159. 陈晋："城镇化进程中农村集体成员资格研究"，载《现代经济探讨》2013年第10期。

160. 孟存鸽、刘敏："回迁安置社会的产生、法律属性与治理困境探析"，载《山西高等学校社会科学学报》2013年第10期。

161. 俞可平："推进国家治理体系和治理能力现代化"，载《前线》2014年第1期。

162. 俞可平："民主法治：国家治理的现代化之路"，载《团结》2014年第1期。

163. 姜晓萍："国家治理现代化进程中的社会治理体制创新"，载《中国行政管理》2014年第1期。

164. 王浦劬："国家治理、政府治理和社会治理的基本含义及其相互关系辨析"，载《社会学评论》2014年第2期。

165. 徐延辉、龚紫钰："城市社区利益相关者：内涵、角色与功能"，载《湖南社会大学社会科学学报》2014年第2期。

166. 郑迎修："我国城市社区治理法治化探析"，载《郑州大学学报（哲学社会科学版）》2014年第2期。

167. 张长东："国家治理能力现代化研究——基于国家能力理论视角"，载《法学评论》2014年第3期。

168. 曹龙虎："国家治理中的'路径依赖'与'范式转换'：运动式治理再认识"，载《学海》2014年第3期。

169. 顾永红、向德平、胡振光："'村改居'社区：治理困境、目标取向与对策"，载《社会主义研究》2014年第3期。

170. 陈晓莉："村改居社区及其问题：对城中村城市化进程的反思与改革"，载《兰州学刊》2014年第3期。

171. 窦玉沛："从社会管理到社会治理：理论和实践的重大创新"，载《行政管理与改革》2014年第4期。

172. 张文显："法治与国家治理现代化"，载《中国法学》2014年第4期。

173. 徐勇、贺磊："培育自治：居民自治有效实现形式探索"，载《东南学术》2014年第5期。

174. 李增元："'社区化治理'：我国农村基层治理的现代转型"，载《人文杂志》2014年第8期。

175. 周雪光："中国国家治理及其模式：一个整体性视角"，载《学术月刊》2014年第10期。

176. 章平、唐娟："大城市城中村治理困境成因分析及对策研究——

以深圳城中村社区城市管理为例”，载《现代城市研究》2014年第11期。

177. 张志铭、于浩：“现代法治释义”，载《政法论丛》2015年第1期。

178. 中国社会科学院农村发展研究所“农村集体产权制度改革研究”课题组：“关于农村集体产权制度改革的几个理论与政策问题”，载《中国农村经济》2015年第2期。

179. 王利明：“法治：良法与善治”，载《中国人民大学学报》2015年第2期。

180. 陈剑、彭颖：“村改居背景下农村集体经济组织转型研究——基于法人地位的视角”，载《创新》2015年第2期。

181. 王新松：“国家法团主义：新加坡基层组织与社区治理的理论启示”，载《清华大学学报（哲学社会科学版）》2015年第2期。

182. 郑杭生、邵占鹏：“治理理论的适用性、本土化与国际化”，载《社会学评论》2015年第3期。

183. 钱弘道、王朝霞：“论中国法治评估的转型”，载《中国社会科学》2015年第5期。

184. 张平、隋永强：“一核多元：元治理视域下的中国城市社区治理主体结构”，载《江苏行政学院学报》2015年第5期。

185. 郭祎：“城市社区治理的法治化路径探究”，载《宁夏党校学报》2015年第6期。

186. 吴晓燕、关庆华：“‘村改居’社区治理中社会资本的流失与重构”，载《求实》2015年第8期。

187. 马光川、林聚任：“分割与整合：‘村改居’的制度困境及未来”，载《山东社会科学》2015年第9期。

188. 张克俊、付宗平：“‘村改居’社区集体经济面临的困境及出路”，载《农村经济》2015年第9期。

189. 韩星：“由明德慎罚到德主刑辅——西周明德慎罚思想及其历史影响”，载《观察与思考》2015年第9期。

190. 刘云：“地方治理法治化困境与路径”，载《人民论坛》2015年第35期。

191. 李少伟："私法文化：一种文化语境下的私法研究"，载《政法论丛》2016年第2期。

192. 丁轶："权利保障中的'组织失败'与'路径依赖'——对于'运动式治理'的法律社会学考察"，载《法学评论》2016年第2期。

193. 张善喜："'村改居'社区居委会选举困境与治理路径——以城乡协调发展为视角"，载《中国农村观察》2016年第4期。

194. 刘作翔："社会治理法治化的几点思考——'新法治十六字方针'对社会治理法治化的意义"，载《河北法学》2016年第5期。

195. 周孟珂："国家与社会互构：'村改居'政策'变通式落实'的实践逻辑——基于Z街道'村改居'的案例分析"，载《浙江社会科学》2016年第5期。

196. 胡振光："'村改居社区'治理体制的变革与重构"，载《安徽理工大学学报（社会科学版）》2016年第6期。

197. 吴春香："农村集体经济组织成员资格界定及相关救济途径研究"，载《法学杂志》2016年第11期。

198. 陈惠敏："集中'村改居'社区经济的功能及其发展"，载《人民论坛》2016年第17期。

199. 吴庆国："'村改居'社区治理的评价与建议——基于2560份调查问卷的实证分析"，载《福建论坛（人文社会科学版）》2017年第2期。

200. 张鸣鸣："农民上楼后财产权利变化"，载《中国农村经济》2017年第3期。

201. 李慧："中西方的治理理论：背景、理念及其比较"，载《中共石家庄市委党校学报》2017年第4期。

202. 俞可平："中国的治理改革（1978—2018）"，载《武汉大学学报（哲学社会科学版）》2018年第3期。

203. 邓大才："走向善治之路：自治、法治与德治的选择与组合——以乡村治理体系为研究对象"，载《社会科学研究》2018年第4期。

204. 刘红、张洪雨、王娟："多中心治理理论视角下的村改居社区治理研究”，载《理论与改革》，2018 年第 5 期。

205. 张文龙：“城市社区治理模式选择：谁的治理，何种法治化?”，载《河北法学》2018 年第 9 期。

206. 马海韵：“共建共治共享社会治理格局的理论内涵”，载《北京交通大学学报（社科版）》2018 年第 10 期。

207. 韩俊英：“农村集体经济组织成员资格认定——自治、法治、德治协调的视域”，载《中国土地科学》2018 年第 11 期。

208. 夏芸芸：“城市社区治理法治体系构建研究”，载《学习与实践》2018 年第 12 期。

209. 周建军、刘明宇：“迈向新时代的社会治理法治化”，载《云南民族大学学报（哲学社会科学版）》2019 年第 1 期。

210. 张翼：“社会转型与社会治理格局的创新”，载《中国社会科学评价》2019 年第 1 期。

211. 许奎：“社会治理法治化民间规则之维”，载《学术前沿》2019 年第 1 期。

212. 张雪峰：“城镇化背景下‘村改居’社区集体经济组织面临的问题及创新模式”，载《青海社会科学》2019 年第 2 期。

213. 马翠萍、郜亮亮：“农村集体经济组织成员资格认定的理论与实践”，载《中国农村观察》2019 第 3 期。

214. 赵姗姗：“村改居社区治理：困境及破解之策”，载《中共山西省委党校学报》2019 年第 4 期。

215. 刘竞元：“农村集体经济组织成员资格界定的私法规范路径”，载《华东政法大学学报》2019 年第 6 期。

216. 孟存鸽：“农民公平分享征地增值收益的制度保障研究”，载《理论导刊》2019 年第 6 期。

217. 刘作翔：“当代中国的规范体系：理论与制度结构”，载《中国社会科学》2019 年第 7 期。

218. 刘海鹰、徐晴：“村改居社区治理的现实困境与路径选择”，载《山东理工大学学报》2019 年第 5 期。

219. 李红娟、胡杰成："中国社区分类治理问题研究"，载《宏观经济研究》2019年第11期。

220. 韩清怀："城市扩张过程中基层转型社区治理困境与路径选择"，载《上海法学研究》2019年第12期。

221. 赵秀玲："城镇化进程中的农村社区重塑"，载《东北师大学报(哲学社会科学版)》2020年第1期。

222. 卢福营："融合型治理：城中村治理创新的目标与依据"，载《中国治理评论》2020年第2期。

223. 朱静辉、林磊："村社理性中的国家与农户互动逻辑：基于苏南与温州'村改居'过程比较的考察"，载《南京农业大学学报（社会科学版)》2020年第2期。

224. 韩雪："基层治理的'内卷化'与行政权运行逻辑"，载《四川行政学院学报》2020年第3期。

225. 杨荣、吴玲："村改居社区的空间重构与整合——以三里社区为研究个案"，载《社会建设》2020年第3期。

226. 黄建洪、高云天："构筑'中国之治'的社会之基：新时代社会治理共同体建设"，载《新疆师范大学学报（哲社版)》2020年第3期。

227. 崔宝琛、彭华民："空间重构视角下'村改居'社区治理"，载《甘肃社会科学》2020年第3期。

228. 王杨："治理转型何以可能：'过渡型社区'的'过渡'逻辑——对'村居并行'治理模式的案例研究"，载《中国农业大学学报(社会科学版)》2020年第4期。

229. 刘作翔："构建法治主导下的中国社会秩序结构：多元规范和多元秩序的共存共治"，载《学术月刊》2020年第5期。

230. 任克强、胡鹏辉："社会治理共同体视角下社区治理体系的建构"，载《河海大学学报（哲学社会科学版)》2020年第5期。

231. 黄成亮："村改居社区公共性治理机制重构研究——基于四川省某市H社区的个案分析"，载《云南大学学报（社会科学版)》2020年第5期。

232. 肖新喜："论农村集体经济组织成员身份的确认标准"，载《湖南师范大学社会科学学报》2020年第6期。

233. 王海成、张丽君："'三治'结合背景下乡村德治的定位与转型"，载《西北农林科技大学学报（社会科学版）》2020年第6期。

234. 陈荣卓、刘亚楠："新时代农村社区协商的实践效能与制度延展"，载《湖北大学学报（哲学社会科学版）》2020年第6期。

235. 张锋："农村社会组织参与农村社区治理的利益机制与制度建构"，载《学习与实践》2020年第8期。

236. 卢福营："第三类治理：城中村社会的兼容型治理"，载《浙江社会科学》2020年第9期。

237. 华汛子："乡村振兴战略背景下农村社区福利建设的转型与路径"，载《江汉论坛》2020年第11期。

238. 陈沛然、汪娟娟："城乡融合发展背景下新型农村社区公共服务能力提升路径研究——基于南京市江宁区的案例分析"，载《中州学刊》2020年第12期。

239. 纪芳："集体主导型双轨治理：城中村治理的实践路径——基于武汉市一个城中村的实践调查"，载《天津行政学院学报》2021年第1期。

240. 周大鸣、周博："村改居后集体资产问题的思考——以珠三角为例"，载《社会学评论》2021年第1期。

241. 刘彬、周国华、贺艳华、易纯："乡村社区可持续性研究进展与展望"，载《人文地理》2021年第1期。

242. 郑中玉、梁本龙："国家的视角与被贬低的社区：村改居社区治理的新问题"，载《天津行政学院学报》2021年第2期。

243. 王晓莉："'十四五'时期推进乡村治理现代化的若干思考"，载《天津社会科学》2021年第2期。

244. 陶传进、杨亚亚："党建引领社区治理：政治目标及其落地方式"，载《新视野》2021年第2期。

245. 郑姗姗："参与式社区治理的实践路径与建构机制——基于互动仪式理论的多案例研究"，载《中国地质大学学报（社会科学版）》2021

年第2期。

246. 徐行、王娜娜："社会治理共同体视域下社区协商治理的梗阻与突破路径"，载《北京行政学院学报》2021年第2期。

247. 韩玉祥："乡村振兴战略下农村基层治理新困境及其突围——以农村人居环境整治为例"，载《云南民族大学学报（哲学社会科学版）》2021年第2期。

248. 龚艳："社会流动背景下农村社区协同治理体系建设研究"，载《农业经济》2021年第3期。

三、报纸类

249. 段进军："探索安置社区发展的新模式"，载《苏州日报》2011年9月3日，第A10版。

250. 杨继承："村改居社区建设需要理顺三大关系"，载《太原日报》2011年11月18日，第10版。

251. 俞可平："民主法治：国家治理的现代化之路"，载《民主与法制时报》2013年12月23日，第14版。

252. 习近平："青年要自觉践行社会主义核心价值观"，载《人民日报》2014年5月5日，第2版。

253. 蒋昆生："推进城乡社区治理法治化"，载《中国社会报》2014年11月24日，第2版。

254. 黄海平："'村改居'后的社区服务生态"，载《中国社会报》2015年7月31日，第5版。

255. 杨健："基层社会治理中行政色彩过浓"，载《江淮时报》2016年11月11日，第6版。

256. 沈永福："新时代我国道德建设的现实途径"，载《光明日报》2018年2月12日，第11版。

257. 张万逵："为官'八德'"，载《人民武警报》2018年3月3日，第4版。

258. 高洪军："治理之道：依靠人才推动高质量发展"，载《人民日报》2018 年 6 月 29 日，第 7 版。

259. 孟存鸽："构建基层社会治安持续稳定的政社互动机制"，载《西部法制报》2019 年 10 月 15 日，综合版。

260. 步超："不断深化对'治理'的认识"，载《人民日报》2019 年 11 月 27 日，第 9 版。

261. 殷铬："在实践中找准自治、德治、法治结合方式"，载《中国社会科学报》2020 年 10 月 14 日，第 10 版。

262. 林华："法治社会是构筑法治国家基础"，载《中国纪检监察报》2021 年 1 月 7 日，第 7 版。

四、学位论文类

263. 宋庆森："农村党组织凝聚力研究"，中共中央党校 2017 年博士论文。

264. 兰红燕："我国乡村社会治理法治化研究"，河北师范大学 2019 年博士论文。

265. 刘小春："中央企业公司治理法治化研究"，南京大学 2019 年博士论文。

五、外文文献类

266. Gollege R. G. , Sydney's Metropolitan Fringe: A Study in Urban—rural Relation, Australian Geography, Vol. 7, No. 6, 1960.

267. Clawson Marion, Urban Sprawl and Speculation in Suburban Land, Land Econmics, Vol. 38, No. 2, 1962.

268. Pyror R. J. , Defining the Rural Urban Fringe, Social Forces, Vol. 47, No. 2, 1968.

269. Erickson R. A. , The Evolution of the Suburban Space Economy,

Urban Geography, Vol. 4, No. 2, 1983.

270. Elisabeth J. Croll, Reform, Local Political Institutions and the Village Economy in China, Journal of Communist Studies and Transition Politics, Vol. 3, No. 4, 1987.

271. Gladwin C. H., Rural Entrepreneurship: One Key to Rural Revitalization, American Journal of Agricultural Economics, Vol. 71, No. 5, 1989.

272. Mitchell, Shannon, M. et al., The Governance and Management of Effective Community Health Partnerships: A Typology for Research, Policy, and Practice, Milbank Quarterly, Vol. 78, No. 2, 2000.

273. Newton, K. Trust, Social Capital, Civil Society and Democracy, International Political Science Review, Vol. 22, No. 2, 2001.

274. Vangen S. and Huxham C., Nurturing Collaborative Relations: Building Trust in Inter – organizational Collaboration, Journal of Applied Behavioral Science, Vol. 39, No. 1, 2003.

275. Merilee S. Grindle, Good Enough Governance: Poverty Reduction and Reform in Developing Countries, Governance, Vol. 17, No. 4, 2004.

276. Fields Gary, A Welfare Economic Analysis of Labor Market Policies in the Harris – Todaro Model, Journal of Development Economics, Vol. 76, No. 1, 2005.

277. David Bray, Building Community: New Strategies of Governance in Urban China, Economy and Society, Vol. 35, No. 4, 2006.

278. Chris Ansell and Alison Gash, Collaborative Governance in Theory and Practice, Journal of Public Administration Research and Theory, Vol. 18, No. 4, 2008.

279. Patrick J. Carr and Maria J. Kefalas, Hollowing Out the Middle: The Rural Brain Drain and What It Means for America, Beacon Press, 2009.

280. Michael Kull, Kettunen, et al., Local Governance, Decentralization and Participation: Meta – Governance Perspectives – Introduction to the Special Issue, Haldus kultuur, Vol. 14, No. 1, 2013.

281. Varol Onur Kayhan, The Nature, Dimensionality and Effects of Perceptions of Community Governance, Information & Management, Vol. 52, No. 1, 2015.

282. Paul O' Hare, Resisting the 'Long - Arm' of the State? Spheres of Capture and Opportunities for Autonomy in Community Governance, International Journal of Urban and Regional Research, Vol. 42, No. 2, 2018.

致　谢

至此搁笔，思绪万千，想说的又何止万千。至此搁笔，不是大功告成，而愈觉任重道远。至此搁笔，也非马放南山，而是重整装革再出发，是回到村改居社区治理法治化的伟大社会实践中再学习、再总结、再检验，是为了更好地再出发。

当下，中国经济社会高速发展，无论是党中央关于振兴乡村的伟大战略，还是当今城镇化进程的社会规律，再或是中国社会治理法治化、现代化，无不将村改居社区治理推向实践探索和理论研究的前沿，而法治化必将成为人类现代社会文明不可回避的一课。在实践调研和逐字落笔的过程中，村改居社区治理法治化恰如浩瀚河海，其千丝万缕，又各具形态、自成体系。自觉穷尽调研、比较、借鉴等多种方法手段难窥其一二，唯有对实践负责、对未来负责，字字斟酌，句句修正，艰难前行，个中悲喜酸甜，也只有静夜自知。唯愿文中所述能起到抛砖引玉、鸣枪举旗的作用，至少为各位大家竖起靶牌、唤起关注，让更多的法学人投入浩荡的社会实践和理论探索中，更早更快地推动中国社会村改居社区治理法治化进程，不负多年来各位老师对自己的培养爱护，略尽自己作为法学新人的责任和初心。

我要感谢我的老师、同事，用他们的专业知识和宝贵经验，从调研范围、研究方法、撰写内容等方方面面给予了非常珍贵且受用一生的帮助，在我思绪不畅的时候为我拨灯引路、厘清雍赘；还要感谢我调研过的村改居社区的书记、主任、居民和街办的书记、主任、工作人员，他们作为村改居社区治理法治化这一伟大进程的实践者、推进者之一，体现出了超人想象的睿智和务实精神，是我研究的源泉。

文已就，而心忐忑。是为书中所述是否正确缜密担心，也为中国社会村改居社区治理法治化研究事业踌躇。在此，恳请各位老师和各界不吝批评指正，以使本人在此研究道路上不断进步，明天更好出发。

2022 年 9 月